穿越生命
散发的芬芳

孙昌顺 著

中国海洋大学出版社
·青岛·

图书在版编目（CIP）数据

穿越生命散发的芬芳 / 孙昌顺著 . — 青岛：中国
海洋大学出版社，2023. 12
　　ISBN 978-7-5670-3733-5

　　Ⅰ. ①穿… Ⅱ. ①孙… Ⅲ. ①教育－文集 Ⅳ.
① G4-53

　　中国国家版本馆 CIP 数据核字（2023）第 245596 号

CHUANYUE SHENGMING SANFA DE FENFANG

穿越生命散发的芬芳

出版发行	中国海洋大学出版社		
社　　址	青岛市香港东路 23 号	**邮政编码**	266071
出 版 人	刘文菁		
网　　址	http://pub.ouc.edu.cn		
电子信箱	2627654282@qq.com		
订购电话	0532-82032573（传真）		
责任编辑	赵孟欣	**电　　话**	0532-85901092
装帧设计	青岛汇英栋梁文化传媒有限公司		
印　　制	日照日报印务中心		
版　　次	2023 年 12 月第 1 版		
印　　次	2023 年 12 月第 1 次印刷		
成品尺寸	170 mm × 240 mm		
印　　张	19.5		
字　　数	345 千		
印　　数	1—1000		
定　　价	89.00 元		

发现印装质量问题，请致电 0633-2298958,由印刷厂负责调换。

我看着摇曳的树枝，想念万物的伟大。

——泰戈尔

行者昌顺

　　认识昌顺校长，是在 2012 年，那时五莲县实验学校刚建校一年，他是办公室主任，我是一名普通老师，我们无甚交集，我偶尔去办公室盖个章，觉得这位年轻的主任话不多，沉静平和。

　　2014 年初秋，他被任命为小学部校长，于是有机会去慢慢了解他，我发现个头并不高大威猛的他，实则是一个能量爆满的小宇宙。

　　当上校长的昌顺，极少在他的办公室，他天天在教室或老师们的办公室转悠，看看班级文化，翻翻学生作业，和老师、学生唠上几句。

　　后来我们才知晓，他其实是在做关于课程的民意调查。

　　在他上任后主持的第一次教学研究会议上，他诚恳地对老师们说，课程改革在许多名校都有成功的经验，这是利于学生发展、促进教师成长的好事，人家能做，我们也能做，我们许多老师在教学上也有一些好想法，我们和课程研发只隔着一层纸的距离，不能因为身处小城镇就小瞧了自己、耽误了学生。

　　在他的鼓励和指导下，教师们激情饱满投入到课程研究中，历时三年，形成了一套较为完备的课程体系，五莲县实验学校成为县域内在课程研发领域第一个"吃螃蟹"的学校，并为县课程建设会议提供了现场。

　　"让儿童站在舞台中央"是他一直倡导的，课程研发基于这样的立场，一切教育教学活动都是如此。

　　童年要有童趣，能留下美好回忆，这是他常讲给教师听的一句话。只要为了学生幸福快乐地成长，花多少时间他都舍得。

　　每年各种全民参与的花样赛事且不说了，单一个读书节就年年有惊喜：从学生、家长、教师提报的 5000 余份创意中评选出一个读书主题，清风明月下的朗读者，疫情防控之下的线上读书小队，建党百年激情澎湃的千人诵读……

　　学生更忘不了的，莫过于 2020 年的六一儿童节，那个儿童节，泡泡、气球、童话小屋……学校被装扮成了童话小镇，而且这个儿童节是 6 月 2 日过的，因为一二年级的小同学恰好延至这一天开学，享受快乐的节日，一个也不能少！那一天，学生们欢呼着、雀跃着，而他——那个时刻把孩子放在舞台中央的活动策划者，在一边默默微笑着。

是的，在他心中，学生至上。

那老师呢？老师第一。"老师不幸福，学生就不快乐；老师不优雅，学生就不大气。"这也是他常讲的。

他本是善解人意之人，和他相处，让人舒服，故管理工作中，他亦时时处处体谅教师。必要的工作做精，繁杂无效的工作删除，走出去开开眼界，读读书开阔心胸，艺术体验增加情趣，特长培养陶冶情操……这还不够，他深知那是一种短时的快乐，老师真正的幸福是拥有职业认可度和获得感。

一个人可以走得很快，一群人才能走得更远。于是在他的策划下，老师专业发展共同体成立了。"主题学习""归心艺术""一捧爻""原点数学"……水本无华，相荡乃成涟漪；石本无火，相击乃发灵光。一群群思想相近的人走在一起，交流、碰撞，共享研究的快乐。

他总是想着尽自己最大的努力让学生有快乐、阳光的笑脸，让老师有从容、优雅的气度，而他自己也在孜孜不倦地学习、思考、沉淀。繁杂的工作之余，每日读书写作，时至今日，他把自己近几年的所做、所思、所感整理成书——《穿越生命散发的芬芳》。

这个名字让我心生感动，"为了寻找生活中的光，终其一生，行走在漫长的旅途上，穿越生命散发的芬芳"——这恰恰是这位年轻校长的真实写照，怀揣着美好的教育理想，走在教育的旅途上，孜孜不倦，追求不止，他在发现美好，又在创造美好。寻觅的路上，他自己也成了一束光，照亮了别人，温暖了自己。

亲爱的朋友，翻开这本书，你将触摸到山区小城一位教育者的初心、领导者的智慧、从教者的执着、阅读者的深刻。他像一束光，在你人生某个灰暗的片刻，将你照亮，让你鼓起勇气，重拾前进的希望。

在教育的旅途上，祝福我的同事、我的朋友，行者昌顺！

王成凤

2021 年 7 月 7 日

自　序

　　一位友人说，行走中寻见生命的光，是发现美、创造美的一种心旅，特喜欢"寻光"这个词，因为"寻"和"光"都是很美好的两个字，温柔的一线光，将归途照亮，让星辰仰望，让万物生长。

　　"格物致知，大道至简。"从事教育多年，面对一个个独立的个体，向学生学习，令我真正体会到了这个世界的善良和光，如果有能力，我愿为这个世界添加温暖。有时也无须为自己做不到的事而伤感，承认自己的有限，也是对自己的一种善良。世间万物，没有谁是一座孤岛。每一个人都是自己的作品，每一个人都是自己的导演，每一个人都是教育变革的力量。不管生活如何，我们每天都应该给自己的生命升旗，努力做一个精神明亮的人，做一个温暖世界的人。

　　书中浅显的文字，没有高深的理论，没有遥远的理想，也没有太多的诗和远方，仅仅是教育生活的日常，仅仅是行走中读书、思考、践行的一点点收获，是从生活的角度去窥见教育的另一种含义，去发现教育中幸福的细节，努力去寻求生命哲学和精神美学的瓦尔登湖。

　　人间有美，处处清欢。"那些因舍而空出的，必有更好的东西来填补。那些舍去的也并未消失，是为了生发更好的存在。"一切美好都源自内心，每一个优雅人生的故事，每一次触动心灵的开始，都始于它镌刻在你内心深处的那一刹那。

　　世界愈繁，此心愈简。

　　感谢给我提供灵感和素材的教育同仁，感谢陪我一路走来的亲人、朋友、同事和学生们……

孙昌顺

2021 年 7 月 7 日作于格致楼

目 录
Contents

让教育浸润童年的味道

行走中寻见生命的光

教师是学校第一资源，只有我们的老师发展，学校、学生才能发展，才能更加优秀。学校一直想为每一个有才华的人提供绽放的舞台，想让每一位师生在五莲县实验学校（简称"莲实"）留下灿烂的笑容，能幸福诗意地生活。今天成立的名师工作室，无论是领衔人还是将来的成员，都直接从事教育教学，有鲜活的实践经验和体验，不仅仅有工作的需求，更有相同的爱好和共同的远方。借此机会，我有三句话送给我们的名师，在座的各位还有我自己。

第一句：无所为而为，做最好的自己

最近在读著名美学家、教育家朱光潜的《谈美》一书。他说："人要有出世的精神才可以做入世的事业……无论是讲学问或是做事业的人都要抱一副'无所为而为'的精神……才可以有一番真正的成就。伟大的事业都出于宏远的眼界和豁达的胸襟。"

"无为"一词，出自老子《道德经》，"为"强调的是"实践"。老子说"无为而治"，不是"不治"，而是顺应自然，尊重规律。无所为而为，不是不为，"无所为"是为的方式。

朱光潜本意是讲艺术不能有太大的功利性，不然就难以产生高雅的艺术作品。无所为而为，方有极致成就。如果把这样的实践态度用到教育工作中，就是把自己的每一项工作当作一件艺术品看待，只求满足理想和情趣，醉心于个人的学问或事业，不斤斤计较当下的利害得失，才可以有一番真正的成就，才会有"众里寻他千百度，蓦然回首，那人却在阑珊处"的惊喜。

第二句：没有哪一种跋涉不留足痕

我们经常说"不忘初心，方得始终"。初心是什么？初心就是在成长的过程中，运用可能的方法去一点一点理解生命的本源，认识自我，沉淀自我，创新自我。"如今你的气质里，藏着你走过的路，读过的书和爱过的人。"多读书，重视内心世界的构建，在你的人生旅途中是件多么重要的事，它让我们在跌宕起伏的生活中,依然能够拥有处变不惊、温柔的内心。你读了很多书,后来大多都记不清了,但是书里的道理多少懂得了,它融入你的骨头和血肉,赋予你智慧和感情。

　　未来已来,无人可以幸免。我们要努力回到我们自己,回到人的起点,人的需求,人的可能,回到教育人和被教育者生命内在的原始场景,然后安静下来,找个地方坐下,吐纳,呼吸,以饱满的内在,让我们手中的教育,在这个时代拐角,向未来拐弯。余生很贵,愿我们不负此生!

第三句:若有光芒,必有远方

　　"梧高凤必至,花香蝶自来。"人生旅途中,我们会遇到、接触和认识许多形形色色的人,要想遇到更多优秀的人,首要条件是,你必须是个优秀的人。正如孔子所说:"人不敬我,是我无才;我不敬人,是我无德;人不容我,是我无能;我不容人,是我无量;人不助我,是我无为;我不助人,是我无善。"因此,我们要对自己有个正确的认识,在成功道路上你的敌人永远只有你自己!认识并改变自己,是成功人生的敲门砖。

　　所以,请努力让自己优秀起来,这样,你才能遇见更多优秀的人,才能改变你的人生厚度和宽度。船到中流,人到半山,除了拼尽全力,没有其他捷径可走!当你沮丧时,请你抬头看看远方,目标是否还在那里?当你失望时,请你将理想,再一遍细细擦拭!当你决定放弃时,请再问一遍自己,是否已经拼尽全力?决不放弃,就会有光;若有光芒,必有远方!

　　最后,祝福大家历经时光洗礼依然心怀热忱;匠心育人,收获桃李芬芳;不改初心,成就教育之美。

追寻有品位的教育生活

今天坐在这里听大家述职，不由地感慨，在过去的时间里，我感动于大家对三尺讲台的坚守。在此，我代表学校对大家的付出表示由衷的感谢。李芸老师注重在阅读中提升学生素养，将大阅读常态化；张善花老师性情温和，精心细批学生的每一次作业；王玉翠老师和风细雨，关爱每一位学生；姜玲玲老师积极上进，踊跃参加学校的各项活动，尤其是我们的大学生，刚刚接触社会，就把最美青春给了实验学校，在此，我代表学校对大家的选择表示由衷的感谢。借此机会有以下两句话送给各位同仁。

一、校园有你才如此多娇

歌中唱道："相逢是缘，于千万人之中遇见你所有遇见的人，于千万年之中，时间的无涯的荒野里，没有早一步，也没有晚一步，刚巧赶上了。"你看，我们不就是这样吗，在座的各位于那么多的学校中选择了实验学校，遇见了实验学校小学部近百名教师，这不是缘分是什么？外域的老师到咱们实验学校，总是感叹于校园环境的优雅大气，可咱们多是本乡本土的熟人，知道实验学校班额大、课时多、任务重，可大家在选择学校时还是义无反顾选择了实验学校，选择就意味着认可、意味着厚爱。

《诗经·卫风》曰："投我以木桃，报之以琼瑶，匪报也，永以为好也。"意思是说你赠送给我鲜美的桃，我要用美玉来回报。回报的东西价值要比受赠的大得多，可这并非只是为了报答，这是一种人类高尚情感的体现，因为看重的并不是礼物价值，而是那一份心心相印的心意，表达的是对他人对自己情意的重视。各位同人，大家来到实验学校，就把自己当成了实验学校人，心往一处想，劲往一处使，这点很令我欣慰。你们在实验学校最困难的时候，给予我们最大的帮助，我代表所有师生表示最真诚的感谢，谢谢你们。不管以后你们有什么需要，实验学校也将竭尽所能。

不久，你们可能会轻轻地走，正如你们轻轻地来；当然也有人还会继续留在莲实的校园，但不管怎样，你们为实验学校的付出，都会在莲实师生的心头荡漾。

你们已经是莲实的一分子。莲实的大门对你们永远都敞开着。从今年开始,我们将把每一个为实验学校发展做出贡献的人记录下来,让我们的学生记住,让我们的老师记住,更让莲实校园记住。朋友们,您不来,江山再美都是浪费!

二、用一杯咖啡吸收宇宙能量

华为园区内到处都是咖啡吧,他们推崇"一杯咖啡吸收宇宙能量",倡导开放的思想交流与智慧碰撞。一杯咖啡吸收宇宙能量,并不是咖啡因有什么神奇作用,而是借助西方的习惯,表述开放、沟通与交流的人际交往态度,形式不重要,重要的是精神的交流。你们在实验学校的教育教学、言谈举止、为人处世……都是一种交流。无论何时、何地都是交流的机会与场所,要用品位去吸引别人。每一个人走过的路,经历的每一个岁月瞬间都将成为人生中不可磨灭的一刻。你们不同的文化,不同的社会阅历,都为实验学校增添了靓丽的景色。你们每一个人独特的人文素养,发光的人格魅力,有温度的教育信念,都将拓宽实验学校前行的生命维度。

尼采说:"每一个不曾起舞的日子,都是对生命的辜负。"我们热爱生活,不是因为我们习惯于生活,而是因为我们习惯于爱。我们的心是怎样,生活就会怎样,热爱生活,生活才会厚爱你。希望我们,尤其是大学生们,一定努力,努力再努力,一定记住,青春是用来拼搏的,幸福是奋斗出来的!

朋友们,祝福我们想有所得,得有所乐,乐有所至!

让学校成为温暖孩子一生的风景

同学们，当老师们在校门口迎接你们时，当你们在阳光列车上写下自己的名字时，我相信，实验学校这个名字，已经刻在了你们记录岁月的年轮上，已经写进了你们生命履历里。从那天起，你们和学校里的3200名师生成为一家人，从那天起，你们人生最纯真、最阳光的一段岁月开始了！

一、我们的家

孩子们，你们在学校已经生活5天了，刚才你们的发言说我们的学校很美，有大树、有鲜花，有金鱼、有白鸽，有明亮的教室、有宽敞的操场。学校不只景色美，这里的同学、老师，包括传达室的保安爷爷也很美，因为大家都在努力去做一个阳光的人，永远带着一颗温暖、希望的心前行，同时也给别人带来温暖和希望。这就是我们的校风——握手阳光。我们学校的学风是"又日新"，希望大家在学业上、品德修养上、与人交往上，有更高更新的追求和进步，哪怕进步一点点，也是可喜可贺的。只有这样，在你走出校门的那一天，才会始终用一颗阳光的心去面对人生——积极、豁达、善良……并将这些生命的正能量传递下去。

二、我们的课程

刚才我简单介绍了一下我们的学校文化，有人会问你为什么来学校？你会说学习，学什么？语文数学音乐，对，也不全对。在学校文化中，也对老师的教育教学提出了希望，那就是"顺木之天，以致其性"。意思是说学校教育和家庭教育要遵循学生成长的规律，尊重学生的本性、天性，相信每一个学生都能成人成才。为了让大家掌握的知识更多、技能更全，学得更有趣，身心更健康，我们的老师也结合学校、自身以及学生的特点，研发出特色课程106种，供大家选择，每周三就是我们的选课时间。

三、我们的未来

亲爱的孩子们，作为九月开学礼，我想把这几句话说给你听，我想也是所有家长的心声……

做一个有梦想的人。所有的成功者都是大梦想家:在图书馆里,在墨田水韵旁,在诸子百家文化墙下,梦想着自己的未来。不管你的梦想是成为科学家,宇航员还是音乐家,都要细心培育、维护,直到它安然度过困境,迎来光明和希望。梦想路上必定困难重重,只愿你赋予自己更多的勇气,心怀梦想,迎难而上,一定会成功。

做一个肯进取的人。老师和父母不求你每次有第一的成绩,只求你一步一个脚印,真正做到"又日新"。无论做什么事,都要全力以赴,不留遗憾。请相信,将来你一定会感谢现在努力的自己!

做一个爱读书的人。早一天阅读就多一份人生的精彩,请同学们少接触电子产品,多读一本好书,让我们开阔视野,丰富阅历,益于人生。人一生就是一条路,在这条路上的跋涉痕迹成为我们每个人一生唯一的轨迹,此路不可能走第二次,而在人生的道路上,我们所见的风景是有限的。而书籍就是望远镜,书籍就是一盏明灯,让我们看得更远、更清晰。

做一个不怕困难的人。也许某一天你觉得学习枯燥、乏味,甚至想过放弃,但你要明白,世上没有不劳而获的事,只有今天努力学习,你才能遇见更好的自己,才能更有底气、更加从容地应对人生的坎坷荆棘。

做一个阳光的人。成长路上会有成功的喜悦,也有失败的沮丧。请相信一分耕耘一分收获,尝过苦涩泪水的滋味后才会懂得汗水之甘甜。只有这样你才知道,胜利时扬起的嘴角上方,还有伸手摘不到的星辰;失败后落下的泪珠里,还有你未曾发现的宝藏!无论何时,请保持一颗阳光平常心!

做一个心中有爱的人。亲爱的孩子,除了好好爱自己,你还要善待他人。首先要爱爸爸妈妈,他们给了我们肉体的生命;老师给了我们知识,给了我们精神的生命,也应该爱老师。学校给了我们学习的生命,社会给了我们徜徉的家园,原来,一切的一切,都值得我们去爱、去感激。让每个接近过我们的人,我们接近过的人,都能感到光亮和温暖,让他人因我们的存在而感到幸福。

做一个有担当的人。承责,担当,就是在自己的年龄做一点力所能及的事情。我们大哥哥,大姐姐去义唱,去看望贫困老人……这就是一份担当。有担当的人生,才有大作为。希望同学们,担当起自己应承载的责任和义务,成为优秀的莲实学子。

孩子们,实验学校就是你们的大家,你们将在尚正园慢慢长大,祝福你们学有所成,一路阳光,祝福我们的家长身体健康,一生平安!祝福我们的老师,万事胜意,一帆风顺!

孩子们,乘着阳光的翅膀,飞翔吧!

穿越生命散发的芬芳

非常荣幸地参加实验学校、实验幼儿园联合举办的家长"阅读种子"联盟成立仪式,对联盟的成立表示热烈祝贺!

今年的阅读节我们举办了很多特色鲜明的读书活动,今天的活动是其中一个,我们就是想通过这些活动引领家长、老师和孩子们去阅读。有这样一句话:"要想你的孩子成为什么样的人,你自己就去做什么样的人。"你希望你的孩子热爱阅读,那你自己就先认真读书。为什么叫"阅读种子"联盟呢?《唤醒内心的种子》一书这样写道:"我对种子信心十足。只要告诉我,你有一粒种子,我就准备期待它创造奇迹。"是的,阅读,轻轻地为孩子播下一粒书的种子,我们无限相信种子的力量。当我们的家长"阅读种子"联盟开始启动,当有更多的人等待加入联盟的行列,我深深地相信,走在阅读的路上就是最好的一种状态。一个人的力量是微小的,但,只要这个力量专注而持久,坚持下去,终有一天,我们的孩子一定会因阅读而精彩,我们也一定会携着书香穿过生命的芬芳!今天和大家分享交流三句话。

第一句:做一个精神明亮的人

在家庭教育中有句常用的话:父母是原件,孩子是复印件,复印件出错,要改原件!我们的一举一动都会深深地烙印在孩子的心底。我曾经读过《家校合作是最完美的教育》这本书,书中说:"父母是孩子最好的老师,父母对孩子最好的教育就是言传身教,要想孩子爱学习,父母首先要营造一个有学习氛围的家庭,在闲暇时间,拿起书本,拿起报纸,多阅读,或者学习一门技能,到有书的地方走一走。"各位家长参加我们的联盟以及来关心支持我们的工作就是给孩子最好的榜样和引领,我相信,我们的孩子会记住您的付出。

童年是最美好的岁月,童书是最美妙的种子。给孩子读一本好书,就是为世界做了一件美丽的事情,就是给孩子开启走向美好的天窗。引领孩子读一本本书,就是在他们的童年播下一粒粒最美妙的种子,这是语言的种子、审美的种子、文化的种子、思想的种子……这些种子里有强烈的信仰,我们相信,会有奇迹发生!

爱读书的人精神是明亮的,让我们和孩子一起捧起书本,向着明亮那方,开启书香之旅!

第二句：做一个灵魂丰盈的人

著名作家余秋雨说："阅读的最大理由是想摆脱平庸，早一天就多一份人生的精彩；迟一天就多一天平庸的困扰。"读书，只为遇见更好的自己！

一个人，若手边、桌上、床头，总有悦心的书陪伴，是一生的幸事。书在左右，或信手闲翻，或倾心细读，或一笑看过，或反复品赏，芬芳盈口，满心余香，我们所得的，都是生命的真意趣、大滋味。把看书作为生活的常态，是生命最美好的习惯。时光流逝，岁月不言，生命一天天在书香的濡染中，会变得愈加醇厚、耐品，一种灵魂的香气，自然就会生发出来，飘逸四散，那如兰的一缕芬芳，就是我们留存在这个世界上最美丽的痕迹。

读书是世间最宁静的快乐，愿我们做一个灵魂有香气的人，那我们的孩子也将会成为一个灵魂丰盈的人。

第三句：做一个生命点灯人

有一首流传甚广的小诗《点灯的人》，大体意思是：每个黄昏，点灯人都会扛着梯子走来，把每家门口的街灯点亮，让那些坐着喝茶的大人和孩子们，又看见了窗外柔和的光，朦朦胧胧间使一天的生活有了完美的心情。孩子们在灯下幸福地聊天，畅想未来。现实生活中，一本本有趣或给人启迪的书籍，就像是一盏盏照亮世界的灯。

对于阅读，父母可以帮助孩子把那守望的灯盏，执得更久、更稳。就像厄斯金所说："我愿在我能够，陪伴他的每一天，将这阅读继续，愿在每夜共读的怦然心跳和相视而笑中，永久倾听那来自生命深处，霍霍拔节的声音，捕捉那生命的花瓣，静静绽放的天籁之音。"一个书香孩子的背后是一个书香家庭。作为家长，在生活中，我们也应是孩子的点灯人——为孩子的阅读点灯！就让我们一起来做点灯人吧，让阅读有声有色，让阅读涵养生命，让阅读陪伴孩子们诗意成长！

朋友们，如果说人生是一次不断选择的旅程，那么，当千帆阅尽最终留下的，就是一片属于自己的独一无二的风景。今天我们"阅读种子"联盟的成立，看起来是一个不起眼的亮光，散发的光芒也许是微弱的，但是当我们努力去坚持，这点光就能变成耀眼的光芒，普照着每一个热爱读书的孩子。到那时候，我们发出的光就会真正影响我们的孩子、我们的生活以及我们生活里的人。

朋友们，给世界一个拥抱，给自己一抹微笑。相信种子，相信岁月。你若有光，必有远方！

谢谢大家！

让校园充满童年的味道

宋代教育家朱熹说过:"问渠那得清如许,为有源头活水来。"那么,教育的校园,应该给每一位同学怎样的生长姿态呢?校园里的教育,应该充满怎样的滋味呢?

一、看到教育的另一种可能

学校的改革是面向未来的,而不只是对现状的调整和改善。而课程改革对教师的挑战首先是观念的冲击,走进新课程,观念必须先"行",没有教育观念上的真正转变,即使用上了再好的教材、再新的教法,也将走样、走味。课程改革从本质上说,意味着自然即课程、生活即课程、自我即课程。因此教师的状态,师生的状态都应有最好的调整与展现。不拘泥于校园,不受困于课本,走出原有的平静圈,放宽视野,延伸课程的"朋友圈"。把课程这样界定,教师充分利用校内外的教育资源,扩展学生的学习空间,丰富他们的生活世界,才可以最大限度地获得多方面的发展。

二、让自己成为一个反思实践者

要有规划的思路,反思的能力和行动的勇气。各年级积极打造"一级一品",各学科打磨"一科一特色"。及时形成材料、形成成果,真正让我们的师生都能"上得厅堂,下得厨房"。

教师究竟应当是什么,不能只看此时在做些什么,还要考察他做的动机与效果,只有这样多角度、全方位、深层次地反复思考与衡量评判,我们才能得出一个比较准确深刻、整体全面的判断,才能做出一个更全面、更长远的规划。

反思能力对教师专业成长有很重要的意义。相对而言,教师的理论知识的充实发展较容易实现,但对于教师教学效能的提高来说,更需要的是实践性知识,而这类知识的获得靠他人传授几乎是不可能的,只能依靠教师自身的反思。所以,心理学家曾提出"优秀教师=教学过程+反思"的关于教师成长的公式,体现了反思能力对教师专业成长的重要性。

作为教师，我们做好工作的能力源自对"我们自己是谁"的认识。在行动中成为有思想、有实践、有成果的教师。

三、静下来听听孩子的心跳

让儿童在成人之前像儿童的样子。走进儿童心灵的语文课是什么样子的？它应该是重回"人"的语文，应该是能让学生成为"人"的教育。

让孩子去阅读吧。儿童以单纯的眼光来看世界，看到的是书中的真善美。所以，老师可以放手让学生多阅读，他愿意写感受就写，不愿意写就是单纯看看书也是好的。就像我们的民国老课本，每一篇都很短，朗朗上口，有插图，朗读出来之后真是让人非常感动，爱的感受、爱的教育就在白话的语言中流淌出来，真是有种让人肃然起敬的感觉。

正如丰子恺先生认为的："孩子眼中的世界才是真正美好的世界，他们真诚、直率、洒脱。"在他的小品画中，处处体现了尊重儿童和理解儿童，必要时我们还要俯下身去和儿童平等对话，甚至在有些时候，我们要采取仰视的姿态。

去听听孩子的心跳吧，那里有教育最初也是最美的样子。朱永新先生说过这样一段话："教育就做一件事，给人幸福。教育应让学生在学校里发展自己，找到自己，成就自己。"如果我们只是受困于课本，只为刷题而教育，为了标准答案而教学，那么学生最终只能成为"两脚书厨"，站不稳，走不远。

欲要温暖世界，必先擦亮一根火柴。不能做复制知识和内容的人，不做"机器人"，而要做一流的人才。希望我们的校园可以带给同学们一个温暖的童年，一个诗样的童年。

活泼的童年，是有汗水、泪水的童年。童年，应该有值得回味的记忆。喜怒哀乐是生活自然的状态，酸甜苦辣是童年应有的味道。活泼的童年，是有思维舒展的童年。好的教育，是帮助孩子寻找一条适合自己的"会呼吸"的路。好的学习，不只是知识上的习得，更是能力上的提升，思维上的舒展，让校园真正充满童年的味道。

寻找幸福的思念

很高兴能和大家一起参加三年级"寻根"课程开课仪式暨三年级家长会。不经意间一个学期又过去了，许多往事也渐渐弥散在沙漏般的光阴里。可我们的记忆里，总会有许多阳光温暖着我们，因为我们共同见证了337名孩子的快乐成长。你们每天进步一点点都会让我们感到欣慰，也感受到了600多位家长对我们实验学校的关心和支持。我们可以自豪地说：有你们这么优秀的孩子和家长，我们学校和老师是幸福的。谢谢你们！

交流之前，先听看一段视频，刘德华的《回家的路》。

中国有句话，"参天之木，必有其根；怀山之水，必有其源。"寻根，大家并不陌生。海外华人不忘祖先，回祖国寻根；国内不同地域的人，到同一个地方寻根。这种寻根是一种仪式，是一种庄严的文化。我们的寻根，是寻自己的根，寻自己最亲近的支系、寻自己的家乡、寻生长在家乡土地上的最朴素的文化精神。

随着城市化进程的加快，越来越多的人离开乡村来到城市，寻求新的生活，有的甚至"扎根"城市，从乡民变成了市民，将他乡变成了故乡，他们离故乡越来越远，这种距离，不只是时空上的，更是精神上的孤独无依。

歌中唱道：回家的路是幸福，我想寻根的路也是幸福，追寻中国灿烂的文化之路也是幸福的。

"露从今夜白，月是故乡明。"朋友们，孩子们，我们研发的《寻根》课程得到了家长和孩子们的鼎力相助，可能也有一点点不足，可是我们相信，这阻挡不住我们虔诚的脚步，阻挡不了我们对祖国传统文化的追寻。

每个人都有要回的故乡，可能在乡村，可能在城市，但他一定在我们的心里。

让我们手牵着手，踏上文化之旅，让心灵寻找最温暖的归宿。

谢谢大家。

（在2020年"寻根"课程开课仪式上的发言）

坚持是一辈子的事

同学们,刚才很多同学上台,领取了一份属于自己的"阳光",学生代表发言使我相信这仅仅是开始,因为从你们的誓言中我欣喜地听到未来优秀的你们对生活的担当。今天我和同学们交流的题目是:坚持是一辈子的事。

坚持是最好的品质。15年前,我毕业之后认识一个同事,那时他30岁,正好大伙都在考试拿学历。而拿学历却要有大学英语水平,但他英语只有初中水平,因此英语成了他最大的障碍。是学英语还是放弃拿学历,他思考了很久决定试一试。一切从零开始,自己买书、买光碟,从音标、单词开始,一个一个练,在没有工作的时候去请教别的老师,请假去高中听课,每天都利用业余时间背单词,自己探索新的学习方法,自学了高中英语、考研英语,尝试学习李阳的疯狂英语……经过一年半的时间,他的英语考试得了80分,虽然不高,但是对于一个自学者已经很不容易了。同时他以平均85分的优异成绩顺利通过了汉语言专业12门科目的考试。他曾和我说过:坚持是最好的品质。你们说呢?大家想知道这个人是谁吗?他就是刚刚发言的王老师。

昨晚和初中同学聊起我上学期间的事,同学说感觉你学习很用功,你到底累不累、苦不苦?其实哪有什么苦和累,无非是自己每次都有一个新的目标需要挑战。实际上,每个人上学都要经过这么一段时光,挺过去就没什么了。我们也都知道,没谁躺在枕头上哼着小曲就能实现梦想。

不过无论怎么俗,人还是应该有点梦想,或者叫理想,否则我们都不知道一天24小时为了什么而忙。哪怕梦想就是能每天早起跑步500米,每天练10分钟的钢琴,每天读一篇美文,就像我们的王老师说的,坚持,才是最好的品质。你只需努力,剩下的交给时光。

我们相信,梦想是最好的信仰。拥有梦想的人,会拥有无穷的力量,无论什么时候都会心中充满希望。在追逐梦想的路途中,即便有汗水,也会化为甘甜。

我知道这六年的小学生活中,你们也有过伤心,有过迷茫,有过对学习的恐惧和退缩,但我坚信,在你们的内心中,有一个很大很大的世界,无论身处何地,你都是最好的自己。没有过不去的坎儿,没有克服不了的困难。当越过重重障碍回头看,你会发现,这个世界有很多很多美好而绚烂的事等着你。

同学们,长大的路上,每个人都在改变。在青春的路上,无论身在何地,请别害怕,至少还有我们陪着你!不要让未来的你,讨厌现在的自己,努力追逐自己的梦想,希望在未来的若干年后,你再回头看时,会欣赏、喜欢现在的自己。

亲爱的同学们,不同年龄,有不同的任务。我们现在就是尽情地吮吸知识的雨露,为以后打好基础,用一生的行动去开拓你们的梦想。

记住,在这世上,你是最好的自己!

一辈子，守住教育初心

尊敬的各位领导、老师：

大家上午好！

今天我能够站在这里，进行学校管理岗位述职，非常感谢教育局、学校为我提供了这个展示自我，公平参与的机会。借此机会，向一直默默关心支持我的各位领导、老师说一声谢谢。

我述职汇报的题目是《一辈子，守住教育初心》。

朱永新曾经说过：我一直相信，教育可以改变世界，但这个改变，不是从改变社会、改变别人开始，而是从改变自己开始。当我们真正改变了自己让自己不断变得美好，就必然影响、改变着别人，事实上也就已经在改变社会。

三年前的今天，根据工作需要，学校安排我到小学部分管教育教学工作，我在此进行就职演讲。我借用王国维《人间词话》里做学问的三种境界讲述了我对教育的理解和未来努力的方向。任职以来我努力学习，不断更新教育理念，提升管理水平，努力为每一位师生搭建成长的舞台，成就梦想。泰戈尔曾经说过："天空虽不曾留下痕迹，但我已飞过。"但我想说的是，既然学校给我提供了展示的舞台，我就要让每一位师生留下灿烂的笑容，可以幸福诗意地栖居。

我们的愿景：以"为未来社会培养优秀公民，让学生潜能得到充分发挥"为宗旨，努力把学生培养成为有文化教养、会担当有灵魂、个性鲜明、有"尚正承责"特质的未来社会优秀公民，把学校建设成全国知名学校。

一是构建课程文化体系，让课程成为学校名片。进一步加大品德课程整合力度，探索课程整合的新思路。扩大教师个性课程研发的广度和深度，让学生社团课程化，打破学科间的壁垒，实现课程整合，每年指导教师研发特色课程 3～4门。加大品德课程与学科课程的整合，数学小课题研究的校本化实施，语文"大量读写"实验、语文主题阅读等研究。每年指导开发校本课程 6～8门。

二是优化目标导向机制，培养高素养师生。从学生培养、学部发展和教师专业成长三个核心项目，分学部和教师两层面制定 2017 至 2020 三年发展规划，实行学期目标达标制，培养综合素养全面发展的高素养学子和高质量的名师队伍。

　　坚持"以发展教师来发展学生"的理念和思路,完善"专家引领、同伴互助、自我发展"的校本培训模式,鼓励和形成"个性化"的教学。三年内,培养省级骨干教师 2 名,市级骨干教师 6 名。

　　构建学生素养评价体系,以评价为手段,培养学生习惯,不断优化社区、学校、家庭的三结合育人环境,将创建学习型家庭活动推入社区,以形成学校、家庭的教育合力,学生各类比赛力争第一,社会满意度 98% 以上。

　　三是树立绿色质量意识,让质量成为学校的品牌。进一步探索年级组和学科组双重管理的有机融合,进一步探索师生评价和课程评价机制,实现学校课程质量最优化。开展"问题即课题"的"草根式"研究。引导教师发现问题,研究问题,解决问题,提高问题解决的有效性和科学性。鼓励教师开展个性化课题研究,开展了"教师个性化发展规划"的专题调研,继续开展"特色教师"申报活动,给教师"松绑"。深入团队式课题研究,每年成立 2～3 个教师发展共同体。实施绿色评价,教育教学质量稳居全县第一。

　　教育家林格在《教育的温度》一书中讲:一所真正的学校,其实就是温情的校长带着一群有温度的人,干着一件温暖的事。

　　我想,我愿意这样做!

在谢家湾小学专家报告会上的致辞

尊贵的各位来宾：

大家上午好！

山城五莲，春和景明，重庆谢家湾小学的专家团队应邀莅临我校，和五莲的教育同人共赴一场春天的约会，在此，我代表实验学校对兄弟学校谢家湾小学专家的到来表示热烈的欢迎！

谢家湾小学和实验学校，渊源已久。早在 2015 年 11 月，我们前往谢家湾小学参加首届未来教育家年会，聆听了刘希娅校长关于课程改革的报告，交流了学校的办学理念。我本人得以与刘希娅校长相见，就共同关注的学校文化、办学理念、课程建设、学生素养提升等话题进行了深度交流。

重庆到五莲，近 2000 千米，谢家湾小学的专家团队不辞劳苦、远道而来，为我们传经送宝，带来教育教学最前沿的理念和做法，不能不令我们感动，我提议，让我们用热烈的掌声表达最诚挚的感谢！

今天，谢家湾小学的专家会为我们呈上语文、数学、艺术学科的课堂教学示范和课程架构解说，他们的宝贵经验，恰如一场及时雨，滋润老师们的心田。我也相信，老师们定会求知若渴，沉浸浓郁、含英咀华。

各位教育同仁，"粉桃千枝竞放，碧柳万条飘浮"，那花蕾里，孕育的是硕果，那绿色里，包含的是金色希望。我们也深知，约定和承诺，只是一张没有生效的合约，行动与坚守，才是卓越和奇迹生发的活水源头。让我们乘着谢家湾小学专家团队带来的东风，努力开创心中理想教育的春天！

最后，祝愿这一场独属于我们的春天的约会、教育的盛会圆满成功！

掬水月在手　弄花香满衣

——首届"一间可以长大的教室"班主任年会发言稿

孩子是校园的灵魂,孩子的立场是什么?体验是什么?收获是什么?这三个问题是一切工作的出发点和归宿。不管有多大的困难,只要有利于孩子们的发展,我们都应该义无反顾地担当,并心平气和地坚守。

在人生的秩序中,童年有它的地位:应当把成人看作成人,把孩子看作孩子。每一个年龄,人生的每一阶段,都有其自身的完美,都有它特有的成熟状态。

好的教育应该是"森林"的样子。未来的教育,既不是"工业",也不是"农业",她理应更像"森林"的样子,是不同生命个体自主生长又相互依存的赋能环境。教室就是一片"森林",就是一个处于动态平衡中的生态系统,各色生命体不断生长,生命体之间以及生命体与环境之间时刻进行着物质、能量、信息的交换和流动,他们相互依存、相互制约,具有自我调节、自我组织的特性。一所学校就像一片森林,每一位教师和学生都是森林中的一棵树、一株藤、一朵花、一尾草,或者是一头轻快灵动的小鹿、一只展翅欲飞的鸟儿,应该遵循森林动态性、开放性、相关性和自我调节性的生态属性来教育孩子。

一、教室要有温度

没有一个人是孤岛,每个教室都是一个世界!教育就要"以事育人,以情养人"。陶行知先生曾说:"真教育是心心相印的活动,唯独从心里发出来的,才能打到心的深处。"从陶行知先生的话中我们不难领会,离开了情感,一切教育将无从谈起。如果一个学生整天只知道学习方程和函数,不懂得也不关注日常生活和人的情感,那么他必定是一个心智不健全的学生。那么,我们的教育该如何在教与学的过程中将情感融入其中,怎样才能用一把情感钥匙打开学生心扉,让这涓涓细流融化学生冷漠的心灵呢?

"教育无小事,事事皆育人。"在学校生活中,随时随地都会出现一些看似平凡的小事,虽是小事,对学生却有着举足轻重的影响。我们的学生是一群正在成长的孩子,他们渴求关心、渴求尊重,有着一颗非常敏感的心,作为教师,我们要去研究学生、关心学生、尊重学生,在乎每一件小事,从这些纷繁复杂的"小事"

当中,迅速捕捉并准确选择富有教育意义的育人素材和机会,经过短时间深思熟虑的决断,随机应变地加以利用。这一"见机而作"的艺术能使学生明辨事理,能点燃其心灵的火花,促进其自我教育。可以说,稍纵即逝的教育时机,往往就是一个老师竭力寻找的打开学生心灵大门的钥匙。

二、教室要有厚度

教师做孩子的一生点灯人。放慢自己的步调,学会绕圈,找到班级管理的起点。苏霍姆林斯基曾经说过:"和谐全面发展的核心是高尚的道德,精神空虚是人的最可怕的灾难,要让每个学生都抬起头来走路。没有自我教育就没有真正的教育。"

教育的"核桃规律"。核桃一开始果实椭圆形,直径约 5 厘米,灰绿色,比较圆润。老时无毛,内部坚果球形,黄褐色,表面有不规则槽纹。我们应该把一个个类似的孩子,培养成千姿百态的有独特个性的孩子。教室一头挑着课程,一头挑着生命。没有生命绽放的教室,就不可能是完美教室。

北大教授蒋梦麟说:"教育如果不能启发一个人的理想、希望和意志,单单强调学生的兴趣,那是舍本逐末的办法。"守住自己的教室,让每一个生命在教室里开出一朵花来。学校改革的中心在于课堂,真正意义上的教育革命是从一间间教室里萌生出来的。牵引灵魂是教育的真谛,我们怎么学习比我们学习什么要重要得多。

三、教室要有诗意

"笙歌从中抽身出,云水光中洗眼来。"人充满劳绩,但还诗意地栖居在这片大地上。成长,把每一个日子都过成诗。一个人可以不当诗人,但生活中一定要有诗心。教育是一首诗,可以是田园诗,可以是古体诗,也可以是抒情诗,有各种各样的情调和内涵。只有老师是优雅的,我们的孩子才有望优雅;只有老师是从容的,我们的孩子才有望大气;只有老师是幸福的,我们的孩子才有望明亮;只有老师是过得有尊严的,我们的民族才会拥有高贵的品质。

教室到处都是美感建立的起点,每一个细节都有着动人的出场方式,在美感中流淌出质感,对心灵有种净化和催化作用。其实,教育中,美的资源无处不在,只是如何参与、发现和创造需要教师的一颗诗心,还有匠心。

教室不只是一个空间,而应是一个诗意的存在,盈满美感与质感。美感赋予质感以形象和生命,质感又给予美感以深度和灵魂。没有美感,再丰富的内容也会减损其表现力;没有质感,再美的形式也"不过是一件借来的外套,一种暂时的伪装"。

四、教室要有美感

美是一种生命从容,像呼吸一样自然。朱光潜先生在《谈美》一书中写道:"美是物和你,客观的存在,加上审美的眼睛,才能看到美的存在。"

美是心灵的体验,美是独特的品位。美是一种文化的记忆。古人云:"蓬生麻中,不扶而直;白沙在涅,与之俱黑。"良好的班级文化对班级建设和学生个性的发展都有着重要的影响。

美,没有唯一的定义标准,它来自内心的修养,自信,自我认知,独特的品位。作为教师,我们应该给孩子一双发现美的眼睛,创设情境,引导孩子去深度的思考,彰显个性。

我想我们的愿景就是站在未来的社会,思考今天的学校。每一个教室都应该是一间可以长大的教室,每一个孩子都是一个独特的个体。罗曼·罗兰在《约翰·克利斯朵夫》一书结尾写道:"快要倒下来的约翰·克利斯朵夫终于到了彼岸。于是他对孩子说:'咱们到了! 唉,你多重啊! 孩子,你究竟是谁呢?'孩子回答说:'我是即将来到的日子。'"[①]

我想,我们每一个人都可以对自己说:我是即将到来的日子。

谢谢,大家。

---

① 〔法〕罗曼·罗兰《约翰·克利斯朵夫》,远方出版社,2005 年,第 1635 页。

最美的时光留给孩子

年少的时候,懵懵懂懂过日子,春去秋来,花开了不过看一眼,雨来了不过撑把伞,何曾引领我们的孩子真正去感受一番四时变化之美?

时间与季节,有时想来真是最不可思议的事物。不知从何时起,节气的话题开始那么受人欢迎,立春、雨水、惊蛰、春分、清明、谷雨……它们像一个个蛰伏的小动物,似乎从来没有远离过,只是沉睡在我们身边,一旦你迈出寻找的脚步,它们就会被轻易惊醒,然后带着花开叶落的明朗颜色,与云卷云舒的清新气息,扑进你的怀中,等待一场久别重逢的宠爱。

其实无论我们是否在行走,时间永远在我们之前。哪怕藏起所有的钟表,都无法阻止自己的第一道额纹与第一根白发。不知从何时起,我们不再敢开门看满院的月光,更惊怯于破晓的鸡鸣。还好,我们的孩子还有时间,可以去行走,可以去遇见更多的人与事。我们用岁月的远行去告诉他们春天过去了,夏天也不错……

二十四节气,是光阴里的禅,一期一会,不虚度,不辜负。二十四首古诗词,一字一句辗转,映刻流年深深处。随时光逆流而上,梦回唐宋,诗人背影飘逸如昨。清明,谷雨,立夏,小满,白露,霜降,小雪,大寒……跟随它们,生生世世,万水千山,看物候轮换,赏倜傥诗篇。

那诗、那词,都已如流水落花,弹指间,无问处。天地不言,人为过客。山河岁月,温柔相待。让我们用诗意编织孩子美好的童年,让时光如玉,别有温润。

但愿我们的孩子成年之后有暇回首再看,已是足够。

万物有光，做最美的你

往年此时，我们早已经相聚校园，而今，一场新冠肺炎的疫情危机，将我们隔离。

危机，也是契机，生活，就是功课。"人生是一所学校，在那里，比起幸福，不幸是更好的老师。"亲爱的同学，我们要从这场重大的疫情中学得什么？

我们需要学习的第一课，是生命。

生命是美丽的，在疾疫和灾难面前，又那样脆弱，唯有珍爱，生命才会如垂落的瀑布，飞珠溅玉。

生命，只珍爱是不够的，还要敬畏。

17年前的非典和这次的新冠肺炎，科学家认为与人类食用野生动物有关。

古人曾说：夫禽兽之于人也何异？有巢穴之居，有夫妇之配，有父子之性，有生死之情。乌反哺，仁也。隼悯胎，义也。蜂有君，礼也……

是的，我们是大地的一部分，大地也是我们的一部分，对生命，对自然，理应怀一颗敬畏之心。可总有骄傲的人，认为自己凌驾于自然之上，对自然肆意掠夺，对动物无情残杀，对万物失去敬畏之心！

这不是无畏，这是愚蠢的骄傲。

真正的勇敢，不是"无所畏惧"，而是"有所作为"。在这场看不见硝烟的战争中，那些拿自己的生命、他人的健康开玩笑的，是可耻的"无所畏惧"；而那些明知自己将要面临严峻考验却依然挺身而出的，才是勇敢的"有所作为"。

我们需要学习的第二课，是使命。

在这场战"疫"中，那些数以万计的被称为"最美逆行者"的医学专家、医护精英、驰援者、志愿者，从祖国的四面八方义无反顾奔赴武汉抗"疫"第一线，不顾自己安危，守一方平安，这其中也有咱们日照五莲的白衣天使。这个世界之所以是美好的，正是因为有这些不肯退缩的人。

在我们生活的小城，医生、警察、保安、居委会的叔叔阿姨们，同样在默默守护。老师们响应"停课不停学"的号召,积极行动,做好特殊时期的特殊教学服务,开启"互联网＋教育"的新模式。

他们将自己的奋战,视为使命。

你的使命是什么?

给自己制定一份适合的学习计划表,按照老师的建议自觉完成学习任务,合理使用手机电脑,加强体育锻炼,做力所能及的家务,就是你对这场疫情最好的贡献。

当然,我更希望若干年后,通过你们的努力,也能挑起国之重任,在危难不期而至之时,你能像钟南山爷爷、李兰娟奶奶,还有千千万万的最美逆行者一样,为国解忧,为民除难。那时,我们会骄傲地说——这些人来自五莲实验学校!

亲爱的同学们,有情怀、有担当,这才是生命的价值体现!

我们需要学习的第三课,是读书。

每一个奇迹的背后,都有一个硬核的条件——知识。知识使得"不可能"成为"可能"!

首先,要读好课本,这会让你增长知识才干。我们的课本集中了众多专家、学者的专业智慧,它不是一般的读物,它是根据学生的身心发展规律和认知特点专门研制和编写的,会让我们获得系统的知识,形成学习的能力。课本就是一扇窗,透过它,我们会看到更广阔的知识世界。所以方舱医院里,除了活力满满的舞姿,还有专心致志学习、备考的身影,所以高三学霸家中没有 wifi,跟邻居借网,寒冷之下,每天 8 点爬上房顶学习网课。亲爱的同学,相信你也会靠持续的自律,让你的学识在这个漫长的假期里迭代升级。

其次,还要阅读经典,这会让你心灵丰盈坦荡。

一张方舱医院病床上小哥哥读书的照片,安抚了多少焦虑的心灵。疫情,让你有了充分的自由时间,正好可以用这段"超长的假期"做一些"重磅阅读",试着多去叩响那些"经典"的厚重之门,去拜访大师和经典,你会发现,"书籍是最有耐心、最能忍耐和最令人愉快的伙伴。在任何艰难困苦的时刻,它都不会抛弃你"。它能抚慰心灵,给你力量,哪怕身处苦难,仍能保持内心的平静从容。

我们更要读好生活这本书,这会让你成为有思想的自己。

身处高度信息化的时代,信息难免泥沙俱下,伪科学、谣言等有时候也会甚嚣尘上。新冠肺炎暴发后,信息汹涌爆炸,真相扑朔迷离,谣言更是层出不穷。

具有质疑、理性精神和辩证思维的公民,对于听到的任何一个带有观点的评论,第一反应不应该是马上听信而是谨慎求证,从不同的新闻或信息源,比较和分析新闻或者事件的真假,不人云亦云,从而保持自己的独立思考。

　　这个世界上从来不缺少嘈杂,希望莲实学子能通过思考来说话。山涧的泉水经过一路曲折,才唱出一支美妙的歌;瀑布跨过险峻陡壁,才显得格外雄伟壮阔。

　　2020不必重启,万物皆有裂痕,那是光照进来的地方。时势维艰,我们用爱、勇气和责任共渡难关。一切都会过去,一切都不会被遗忘。

　　让灾难见证我们的成长,让不幸成为通往幸福的桥梁。

　　孩子们,祝你平安,更愿你有所思,有所悟,有所行动! 愿你在这个春天真正成长,做世间最美的阳光!

与你一起成长一起美

—— 2020年新教师入职座谈会讲话

各位老师,各位同人:

你们好！金秋九月,硕果盈枝。很高兴大家来到五莲县实验学校这个大家庭。教师这个职业是一个很光荣的职业,作为"人类灵魂工程师"的教师,为党育人,为国育才,我们从事着太阳底下最光辉的事业。我们要做四有好教师,有理想信念,有道德情操,有扎实知识,有仁爱之心,还需进一步提高自身文化修养。学生需要一瓢水,我们就要有一条小溪。那该如何做呢,我想送给大家三句话。

第一句:"千里之行,始于足下。"

老子在《道德经》中说:"合抱之木,生于毫末;九层之台,起于垒土;千里之行,始于足下。"纵横人间有多少路径,选择一次就选择了一生。我们选择了教育,就要有教育情怀,有成长规划,有教育理想,有发展方向。树立目标,厚积薄发。一分耕耘一分收获,没有哪一分精彩是不劳而获,没有哪一步成长别人能代替。

毛竹在种下的头五年,从不像其他植物那样争先恐后地长高长大,而只是默默地坚守着它脚下那片土地,不嫌弃足下土地的贫瘠,不在阳光风雨面前招摇,只是不动声色地在生长、生长。前4年仅仅长了3厘米！但是从第五年开始,毛竹便破土而出,并且是以每天60多厘米的速度快速生长,40多天就有近30米的高度,竹子用了4年的时间积聚力量。其实,在前面的4年,竹子将根在土壤里延伸了数百平方米。做人做事亦是如此,不要担心你此时此刻的付出得不到回报,因为这些付出都是为了扎根。人生需要储备！

第二句话:"不以外撼,不以物移。"

一个人走多久,不要问双脚,问你的志向。习近平总书记说:"幸福都是奋斗出来的。"每个人都了不起！

教育德国哲学家雅斯贝尔斯说:"教育的本质意味着:一棵树摇动另一棵树,一朵云推动另一朵云,一个灵魂唤醒另一个灵魂。"在教育的道路上,不忘初心,一路前行,定能收获人生的精彩！

第三句话：“立身以立学为先，立学以读书为本。”

白岩松说：“读书不一定能改变命运，但可以保障你更好地对待命运。”工欲善其事，必先利其器。互联网时代，学生接触的信息量大，内容新，某些方面知道的东西比老师还多。所以老师不仅要掌握必要的教育学知识，还需要有意识地了解大量的新生事物，这样才能紧随时代脉搏，与孩子有更好的沟通。

苏霍姆林斯基说：“教师若不读书，若没有在书海中的精神生活，那么提高他的教育技能都失去意义了。”教师的职责是教书育人直接影响下一代。为师者如果不能从书海中汲取一桶水，怎么能让学生获取一杯水呢？教师是知识的重要传播者，连接着文明进步的历史、现在和未来的，应该不断地以新知识充实自己，成为爱学习的典范。教师如果不读书，便会缺乏开展教育工作的资本，失去教书育人的资格。教育家魏书生说：“世界也许很小很小，心的领域却很大很大。老师是在广阔的心灵世界耕耘、播种的职业，这一职业是神圣的。”

凡是过往，皆为序章。老师们，你们是夜空中最耀眼的月亮，今年的中秋因为你的加入，如此完满。“但愿人长久，千里共婵娟。”祝愿您和您的家人，中秋快乐，国庆快乐，天天快乐！

让课程温暖孩子的心灵

让课程成为温暖孩子内心的风景

我校确立了"学以尚正,学以承责"的办学理念,旨在把学生培养成为基础扎实、人格健全、个性鲜明、意识创新,有"尚正承责"特质的未来社会的优秀公民。如何实现这一目标?我们深度思考后指向了课程。2014年我们开始了以"培养学生素养"为核心的"1+1"课程体系的建设和探索。

一、千里之行,始于足下——课程体系的初步架构

我们认为学校课程建设要建立在一个整体系统之上,要进行课程顶层设计。如果没有了顶层设计,课程整合与研发就迷失了方向,所有的课程行动就只是凭借盲目的热情和模糊的想当然,课改就容易沦为一场运动,没有历史,也没有传承,更没有生命的璀璨。

原有的课程存在门类繁多、分科过细、内容陈旧、交叉重复的问题,同时现有师资条件不能满足学科专职化的要求。基于此,我们根据学生未来发展需要的关键能力和核心素养,本着"一切有积极影响的元素都是课程"的课程视野,初步确立了"1+1"学校课程体系,第一个"1"是基础课程,是指目前纳入评价的学业课程,主体是国家、地方课程校本化,比如语文,英语,信息技术等;另一个"1"是指适合学生发展需要的其他课程,我们叫"适性课程",比如心理健康课,学生礼仪等。

二、九层之台,起于垒土——课程建设的几点探索

我校课程建设主要从整合品德课程、研发个性课程、自选校本课程三个板块进行尝试。

(一)随风潜入夜,润物细无声——整合品德课程,化零为整

品德课程,单从教材内容看,与现有国家、地方教材存在不少交叉、重复的内容,增加了学生负担,同样也增加了教师负担。我们成立了品德课程整合研发团队,以年级为单位,以学科《课程标准》为依据对品德课程标准进行通研,明确品德教材中每一课的教学目标,找到与其他学科德育目标的一致点进行有机整合,

打破学科间的壁垒,实现学科内、学科之间、学科与实践活动、学科与学生生活之间的大融合。

一是与语文学科整合。语文教材中,几乎每一篇课文都包含德育因素,甚至许多语文课文与品德内容有相融相通之处,只不过教学的侧重点不同。为此,把品德学科的目标点进行归类,融合到语文学科教学中。例如,五年级下册第三单元《圆明园的诉说》,可以整合到五年级上册语文课中的《圆明园的毁灭》。二是与其他学科整合。如六年级第五单元《地球有多大》《飞越太平洋》可以与五年级科学《地球的运动》融合拓展。二年级品德与生活第二单元的《爷爷奶奶,你们好》可以与传统文化《尊老爱幼》整合。四年级"民族教育"的部分内容可与音乐《五十六个民族》整合。三是与校本课程整合。校本课程因学校独有,学生有新鲜感,更加贴近学生。例如三年级第五单元《小城故事多》的知识点与校本课程《寻根》中"家乡的美丽传说"进行整合;四是与主题课程整合。积极开设毕业课程、电影课程等主题课程,引导学生参与体验,于无形中对学生进行品德教育。如五年级下册的《南京大屠杀纪念碑前》与电影课程《南京,南京》结合,六年级第五单元《我的未来不是梦》与学校毕业课程结合,让学生在体验中受到教育;五是常识类知识整合。对还没有被以上层面纳入整合的知识点集中统整,用几节常规思品课进行教学,落实课程目标。

(二)春色满园关不住,几枝红杏出墙来——研发个性课程,精彩纷呈

学校倡导教师根据学校、学生和自身实际,研发个性课程,将2015年定为"教育创新与个性课程建设年",成立教师发展共同体,召开课程建设成果推介交流会,设立了"优秀个性课程火烈鸟奖"和奖励基金,引领教师转变课程观、教学观,"与课程共成长"。教师个性课程编写的指导思想、课程特征是亲近儿童,始终站在儿童立场上来编写,努力体现儿童意识、儿童视角、儿童心理、儿童话语。编写策略是以课程标准为纲,将课程标准所涉及的知识点、能力点全部理清,保证课程标准的贯彻落实。

另外,学校研发了"寻根""美丽的呼吸""沙丘拾字""说文解字""蓝裙子电影""阳光的味道""开启你未知的宇宙""拾文化""成语课堂""海量阅读""群文阅读""石头记"等10余门教师个性课程。4人在省小学教育共同体会议上进行了课程展示。

(三)绿杨烟外晓寒轻,红杏枝头春意闹——自选校本课程,兴味盎然

为满足学生个性需求,我校分两个层面、两个时段组织学生自主选课。

一是学校层面。学期初,组织全校学生根据学校开设的特色课程进行自主选课,每天课外活动时间授课。开设了交响乐团、微电影、风之声合唱、怡人线像、根雕、书法、机器人、乒乓球、武术队、茶话心语等40多个不同的特色课程,学生根据自己的特长和爱好进行自主选课。未参加校级特色课程的同学以班级为单位分别开展兴趣活动。同时充分挖掘家长、社会中的优质教育资源,引导有教育经验、有特殊才能的家长走进校园、走进课堂,开展特色教育活动,全方位拓宽学生的社会视野。

二是年级层面。周五下午设立自主选课日,实行"走班"制。学生打破原来常态下的班级组织,依照自己的兴趣、爱好、特长,自主选择任课教师和内容。如五年级开展"卓越课程超市",在征求学生意愿的基础上,结合教师个性特长,设置了奥数思维、英语剧场、魅力健美操等共计13个学生课程菜单。六年级开设"七彩阳光"卓越课程。如:语文学科的"阳光初语"文学社、交际与口才、博乐阅读、说文解字;数学学科的奥数思维、趣味数学、数学故事、数学游戏;英语学科的绘本阅读馆、趣味英语轩、英语加油站、Sunny英语角……学生根据自身爱好,多志愿自主报名,教师调剂的基础上组成新的学习共同体,同时校本课程进行适度训练和拔高,提高了学科素养。

丰富的课程使孩子们的潜能得到了充分展现。学校被评为全国写作示范学校,2011级3班被评为全国青少年冰心文学大赛文学摇篮班,阳光初语文学社被评为全国百佳文学社,经典诵读《满江红》在全国新教育峰会进行汇报展演,经典诵读作品《精忠报国》经层层选拔入选省读书大赛,交响乐团演奏的《康康舞曲》获得省器乐大赛二等奖。2015年至今共有896名学生在省级以上比赛获奖,省模拟联合国峰会有5名同学获奖,获奖人数在全省各学段34个单位中名列第三。

课程建设过程中我校取得了一点点成绩,但我们也清楚地认识到还存在许多问题。主要表现在以下三个方面。

一是我校目前的课程整合仅仅停留在个别学科内容上的整合,对于整合后的课时整体安排还停留在浅层次,存在随意性。比如,原来一节语文课3课时,一节品德课2课时,上完需要5课时,整合之后可以3.5课时完成教学目标,剩余课时如何科学安排,成为我们深层次研究的任务。

二是课程建设力度不够大,学科间壁垒有待进一步打通。目前我们课程整合仅仅局限在品德课程的重组与构建,其他学科涉猎较少,下一步我们将加大整合力度,例如,音乐、美术学科与其他学科之间的整合。

　　三是教师的个性课程开设仅局限在自己的班级授课,没有上升到学校层面,在课程的编写、内容的选择上还有待进一步优化。

　　千淘万漉虽辛苦,吹尽狂沙始到金。课程建设一直在路上,我们相信在教研室的指导与兄弟学校的帮助下,我校课程建设之路会越走越宽……

数学因"研究"而精彩

各位教育同人，大家下午好。今天我汇报的题目是《数学因"研究"而精彩》。

实验学校2011年9月开始招生，建校初我们就在思考：如何优化学科建设？一个学科的发展不仅要有一批业务精湛的教师，还要有一个利于学科发展的项目和平台。在充分调研的基础上，我校确定了数学学科的研究项目——"小课题研究"。

下面，我从学习、实践、收获三个方便向大家简要介绍一下近几年我们在"小课题研究"上的一点思考。

一、为有源头活水来——谈学习

如何开展数学"小课题研究"呢？首先要有专家的指导和引领。"近水楼台先得月"。我们找到数学小课题研究的专家——尊敬的李军主任。认真学习了李主任在数学小课题研究方面的有关论述。特别是李主任发表在《山东教育》上的《小课题 大研究》以及《小学数学教师》上的《数学小课题研究，释放学生的潜能》两篇"价值连城"的文章，对如何开展数学小课题研究从理论到实践，从课内到课外，从宏观到微观进行了全景式的阐述，引领我们老师们"又好又快"地开展小课题研究。

在实验中，我们积极主动借鉴学习兄弟学校的成功做法。特别是市教研室编写的《数学小课题研究课程资源》成了老师们实验的"宝典"，我们从中学习了许多优秀的教学案例，成了开展课题研究的范本。

我们还积极选派骨干教师参加市县组织的专题研讨会，及时了解"小课题研究"发展的最新、最前沿的动态。参会教师回校后要做一个"及时、全面、精准"的学习汇报，与全体数学教师共享学习收获。老师们根据会议精神和具体要求完善自己的研究方式方法，提高小课题研究的实施水平。

二、觉知此事要躬行——谈实践

再好的项目不干都是白搭，先干起来！边实验，边学习，边总结，边完善。最初老师们自主地开发一些数学课内外研究案例,根据自己的教学实际,结合数学学习的具体内容,设计一些有趣的有探究价值的数学小课题研究,供学生课内外探究。其中也涌现了很多优秀的研究案例,在全市历届《数学小课题优秀案例》评选中,有120余篇研究案例获一等奖。

每学期的学科教研活动至少有一次"小课题研究"专题研讨会,由实验的"种子教师"上示范课,学科带头人做专题讲座并部署调度小课题研究的具体事宜。小课题研究已经成了我校小学数学教学的主要方式,成了数学研讨的主要内容,成了我们解决教学重难点的主要手段,成为一种师生学习的常态。

在小课题研究的基础上,我们开始"构建具有数学小课题研究特色的课堂教学模式"。将学生的"研究"意识和方法运用到课堂教学中,把每节课的新授知识设计成学生研究的"小课题",让学生在探究中获得新知识。

我校申报的子课题《构建新的课堂教学模式研究》于2014年10月被总课题组批准立项,现已圆满结题。但数学小课题研究永远没有"结题",因为我们永远在路上。

三、千朵万朵压枝低——谈收获

"坚持创造奇迹!"是什么力量吸引着老师们对"数学小课题研究"十几年如一日,乐此不疲呢?答案有好多种!但是我可以肯定其中的一点:老师们收获了小课题研究的"红利"!那就是教师的专业发展。教师们开始研究教材、研究教法、研究学生,改变了课堂教学的时空和模式,改变了学生的学习方式和方法,引领学生像"小数学家"一样去亲历探究数学的奥秘,提高课程的实施水平,走上了最幸福的职业研究之路。

由于"研究"形成了数学老师的特质,形成了具有"研究"品质的课堂。数学教师课堂教学水平大幅度提高:我们包揽了近两届全县小学数学优质课的第一名和"说教材说课标"说课比赛的第一名,三位青年教师参加全市的优质课比赛全部荣获一等奖。我们确信:这些成绩的取得除了教师自身的优秀素质外,一定还有小课题研究的因素,因为她们都是"小课题研究"的实验教师。

在数学小课题研究中最大的受益者还是学生们!学生把"数学学习"变成"数学研究",让数学学习充满了无限的好奇和乐趣,触摸到了数学学习的真谛!从今天下午六年级五班的孩子身上,大家就可以看出他们的"不一般"!这个班是李善玉老师从一年级"一手"带大的,六年来一直坚持让"小课题研究"成为学生们学习数学的常态。例如:这节课的研究课题,在李老师接到任务时,学生们早就研究起来了,也可以说这节课是李老师和学生们的一节常态课。

有的老师不禁要问:学生们的学习成绩如何？我只用一个最权威的数据说明:在全县的学生素养抽测中全班的优秀率、及格率全部100%。更令人惊奇的是,这个班的学生几乎没有数学课外作业,如果有,也只是小课题研究。

课题研究中的老师和学生,故事还有太多太多！我们编辑成《梦想越走越近——小学数学小课题研究的现场与背后》,请浏览指导。

各位领导、老师,我校的"数学小课题研究"与兄弟学校的差距还很大！在小课题研究的大潮中,我们只是一条小溪。但是我们坚信:只要沿着小溪的方向走下去就一定能找到大海！

融情入理　润物无声

——实验学校对话全课程育人模式的探索

我校注重思政课教学研究,抓住道德与法治课程生活性、活动性、综合性的特点,坚持以学生为中心,构建全课程式思政课教学模式,将立德树人根本任务落到实处。

一、优化队伍,提升素养,让思政课有亲和力

习近平总书记引用过这样一句古语:"经师易求,人师难得。"他指出,思政课教师,要"引导学生扣好人生第一粒扣子"。思政课,"要让信仰坚定、学识渊博、理论功底深厚的教师来讲,让学生真心喜爱、终身受益"。

(一)组建网格化教师队伍

学校精心选任学科带头人,成立校级专家团队和思政课研究工作室,组建道德与法治任课教师队伍,做到网格设置、人员配备、待遇保障、责任落实、实体运行五个确保。及时组织教研活动,研讨课程、制定计划、上传教学资源等保障学科教学、教研有序高效运行。

(二)提升教师专业素养

由学科带头人带领教师开展专题教研,打造学科亮点。发挥专业力量,培养学科优势教师,以点带动团队整体素养提升。疫情防控期间我校30名教师参与线上教学录课,开发疫情防控期间德育课程。近两年先后有20名优秀教师获得县优质课一等奖,1名教师获日照市首届思政课教学比赛一等奖。

二、细研教材,深耕课堂,让思政课有吸引力

只有打动学生,才能引导学生。教师在课堂上展现的情怀最能打动人,甚至会影响学生一生。真信才有真情,真情才能感染人。

(一)加强课程开设管理

教导处定期检查,保障开齐课、开好课。发挥学科带头人作用,学期初学习课程标准,深挖课程教学大纲,优化课程资源,教研组修改、留存上下学期备课,

节约每学期重复备课的时间来整合课程资源,丰富课堂案例。学期结束组织交叉抽测,提高课程实效。

(二)做实学科教研活动

学科组开展"思维课堂"构建和展示活动。围绕教研室提出的"单元整体教学"进行深入研究,认真组织磨课,听评课,总结每一次教研收获,利用课堂评价记录表、美篇等方式进行汇报提升。

教研组通过集中学习与分散学习相结合的方式参加线上线下培训活动,在教研活动时通过分享交流、融入课堂等方式体现学习效果。

三、对话课程,拓宽渠道,让思政课有生命力

思政课团队结合主题板块式设计和课程整合教学方式,根据学生、学校实际,以"体验 对话"为主要途径,让思政课有温度、有气质、有风景,在学生心灵深处埋下真善美的种子。

(一)思政课教学对话学科教学

五年级《道德与法治》课本上有《班级事务班规制定》这一课,语文学科上口语交际也有这一课题,教师进行融合教学,引导孩子制定班规。开展沙盘作文实验,将心理健康教育与作文改革相结合。

小学道德与法治课程中的爱家乡爱祖国的地理题材,从"我与学校"到"我的社区(家乡)",再到"我是中国人",一直到六年级的"走进世界",与综合实践,传统文化、校本课程等相融合,从文化上认识我们的家乡、我们的国家。举行中国行政版图"一点也不能少"拼图比赛,通过拼图感受祖国领土的完整。

五年级上册《我们的国土,我们的家园》与语文第四单元《人文主题爱国情怀》的内容适当融合,渗透整合。第四单元《骄人祖先 灿烂文化》中"美丽文字 民族瑰宝"可以与综合性学习单元《遨游汉字王国》适当融合,多元授课。

郑成霞老师讲授的《避免餐桌上的浪费》一课,里面渗透融合传统文化课程的《小善亦为》的内容。综合实践课,实施"实践周"活动。学生分配到一年级各班相应的"岗位"实践。对新一年级学生礼仪、学习纪律、卫生行为习惯等方面进行指导,既树立了高年级学生的责任心,又帮一年级学生尽快熟悉了小学生活。

(二)思政课教学对话班级活动

根据统编教材《道德与法治》部分内容与班级日常德育工作密切相关的特点,把道德与法治课的教学内容和所在班级的实际情况有机地融为一体,让学生

有话可说,提升德育的针对性、实效性,实现德育目标。如:四年级《道德与法治》第一单元《校园里的冲突》与主题班会"课间秩序和校外文明"相融合;三年级的《我们的生命来之不易》与"3.8"妇女节主题班会相融合,孩子们回家为妈妈洗洗脚,和爸爸一起给妈妈写小情书;3月22日是世界水日,教师则因时利教,学习二年级道德与法治第9课《我很珍贵》。这种对话不仅符合统编教材的新理念,而且有利于学生将课本上的理论物化为道德实践,实现"1+1 > 2"。

开学第一课"感动中国人物和致敬戍边英雄",各年级根据年龄特点选择教育内容。有学生在"ta改变了我"中写道:以前我一直以为戍边战士就是练练队列、巡逻站岗,今天我才知道他们还要为祖国的领土完整随时战斗甚至牺牲自己的生命。两会召开期间开展"童心跟着党 童眼看两会"活动,小学生关注国家大事,更体现道德与法治教育的时效性。

(三)思政课教学对话主题教育

学校把道德与法治课程置于"大中小学德育一体化"的整体框架之中,循序渐进设计主题教育活动,整合思政课资源。

一年级《道德与法治》第一单元《我是小学生啦》与年级常规养成训练活动相融合,使一年级的学生尽快融入小学生活。五年级《道德与法治》有《我的家风家训》一课,相关年级举行了家风征集活动,把自己的优秀家风传承和发扬。

根据课程《我也有责任》设计了"我坚持做的家务"调查表,包括自己收拾书包,倒垃圾等力所能及的家务劳动选项,对全校学生做了调查,填写了调查报告,活动后进行延伸、实践。五年级规划劳动基地,由学生自己设计基地种什么,制定计划,负责种植、收获。

课程《爱心的传递者》结合雷锋月进行授课,学生学唱《学习雷锋好榜样》,组织学生到小区打扫卫生。专题片《做一束温暖他人的阳光》在学习强国发表。

课程《我们当地的风俗》结合清明节拓展,根据年级特点分别组织了活动——四、五年级在礼堂楼听青年宣讲团讲党史;一、二、三、六年级举行"传承红色基因 弘扬革命精神"主题活动,了解清明节的由来、主要习俗和蕴涵精神。组织的基地活动还有,动手制作小白(黄)花,表达对革命先烈的敬仰之情,向人民英雄纪念碑默哀3分钟,唱队歌;和爸爸妈妈去红色基地学习党的历史。

习主席指出:"办好思政课,最根本的是要全面贯彻党的教育方针,解决好培养什么人、怎样培养人、为谁培养人这个根本问题。""努力培养担当民族复兴大任的时代新人,培养德智体美劳全面发展的社会主义建设者和接班人。"

身在井隅,心向阳光;尚正承责,必有远方。

教研，向教学更深处漫溯

我校办学理念是"学以尚正，学以承责"，旨在培养有"尚正承责"特质的未来社会优秀公民，实现这一目标，教师的内涵发展必不可少。教师该怎样突破固有的瓶颈取得更高、更深层次的发展？我们主要从做实常规教研、追求深度教研、彰显特色教研三个方面促进教师的专业提升。

一、咬定青山不放松——盘活教研机制，让常规教研成为习惯

立足学校实际，抓实常规教研，多方面入手优化教研，促进教研的顺利开展。

（一）高端定位学科带头人

学校采用双线发展的理念，管理与教研并行，在教师专业发展上坚持"面向全体，培养青年，发展骨干，推出名师"的工作思路，选出素质过硬、善于创新、勤于钻研的教师担任学科带头人。坚持全方位、多途径的培养，对学科带头人培训首先，检查首免、上课首发，让学科带头人专心做研究，成名师，成大家。让学科带头人成为课程改革的先行者、教学研究的实践者、校本教研的建设者。

（二）强化教研过程管理

两周召开一次学科带头人会议，学科带头人将活动纪要提报给校长及相关处室，便于全校上下一盘棋，突出教学中心地位。

学科带头人提前一周召集备课组长商讨校本教研主题，提炼当前亟须解决的学科问题，提前三天将问题下发给每位教师，让教师们深度思考解决策略，形成发言提纲，避免研讨时临场随意发挥。

将教师参与教研活动的情况纳入绩效考核和继续教育学分管理，各学科根据备课组的教研出勤、教研效果等评选出优秀备课组，提高优秀备课组在绩效考核中优秀教师比例，评优树先适当倾斜。

（三）人本化开展教研

我校语文、数学、英语学科教研每周一次、其他学科每两周一次。教研时间、教研地点、教研主题、活动形式等采取"四定一公示"的方式通过学科微信群提

前发布教研通知,使信息传达更迅速、通畅。为解决教师参与教研活动有课不能上、不能集中精力教研这一问题,在学期初调整课程表时,首先为教研开绿灯,安排上更人性化。学科半日教研时,该学科教师全部不安排上课,保障教研活动时教师心无旁骛,潜心教研。

二、庭院深深深几许——遵循学科本质,让深度教研真实发生

在落实常规教研的过程中,依托课堂与问题生成过程,抓住学科本质与核心问题进行研究,让深度教研真实发生。

(一)语文教研立根"三主"

语文学科组深入钻研教材,有意识地进行课程拓展,立根"三主":一是主问题的提出,二是学生主体地位的落实,三是主题阅读。面对语文新教材没有可借鉴的课件和案例这一现象,教研组主抓了集体备课,组织教师将教材研究通透后再上课,不只引导学生自读自悟,关注学生的学习效果,真正把课堂还给学生。课堂上师生、生生思维交融的愉悦,让教师研究教材的热情空前高涨,即时性、聊天式教研随处可见。

2017年10月我校成立"主题阅读"教学研究团队,设立6个主题阅读实验班级。定期召开主题阅读教学推进会,扩大了主题阅读教学的涵盖面,主题阅读的范围逐渐拓展到数学、英语、科学等学科。在大量阅读的过程中,我们还读写结合,尝试素写式习作教学,提高学生运用语言的能力。教师不再局限于教材中的8篇习作,引导学生善于捕捉生活中的素材,写真话,吐真情,时时练笔,迅速成文。此外,导、写、评三位一体的"习作80分"教学实验也正在进行中,意在切实发挥好习作教学中指导与评价的作用。

(二)数学教研回归"原点"

数学学科以"结构化数学思维课堂"建设为目标,以"原点数学思维"为主题,开展主题化系列化的教研活动。对数学课堂的"大问题设计""小组合作学习""数学活动设计"以及"嵌入式评价"等微环节开展了专题化研讨,形成了具有我校特色的"原点式数学思维课堂":从数学知识的原点和数学思维的原点设计数学课堂教学,遵循学生的认知规律,让每位学生学会数学、学好数学成为可能。

形成了个性鲜明的"数学语言专项训练"的思维课堂,"数学小课题研究式"

的思维课堂，"探究式"的深度学习课堂；"小组合作"式课堂教学等。如今，"研究"成为学生学习数学的新方式。学生在充满智慧的探究中获得数学知识，习得数学能力。

（三）英语教研追求"精品"

对照课程标准，结合教材内容，在分析学情的基础上，合理划分课时，初步确定模块、单元、课时教学目标。使用思维导图梳理各模块单元知识框架，明确单元教学目标、教学重难点、教学方法和课时安排。学科组开展打磨式磨课，将集体备课与课堂观察相结合，每学期打造一至两轮精品课例。集体备课形成了"个人初备 – 集体研讨 – 个人修订 – 课堂观察 – 集体研讨 – 形成定稿 – 个性备课"的备课流程。

（四）跨界教研实现"融合"

道德与法治学科开展整合式教研，通研《课程标准》，明确教材中每一课的教学目标，找到与其他学科的德育目标一致点进行有机整合，打破学科间的壁垒，实现学科内、学科之间、学科与实践活动、学科与学生生活之间的大融合。艺术学科建构"万物启蒙"式教研模式，跳出传统课堂研究，寻找学科的共同点，以培养孩子审美力为突破口，探索"跨界与融合"的审美教育，实现学科间的相互融合，进行多元化的艺术熏陶。构建"融合"的跨界教研，打破了学科教学的界限，有利于教师建立课程综合化思维，同时也颠覆了学生传统的认知模式，使学习不再受到原有学科边界的限制，有助于学生构建起丰富完整的知识体系。

三、淡妆浓抹总相宜——提升教研品位，让个性教研彰显特色

教师若每年重复固化的教学生活，缺乏创造和智慧的挑战，极易退步而不自知。教研活动在教师生活中激起的层层涟漪，有效避免了教师的职业倦怠，提升职业幸福感。

（一）"涵养式"教研丰厚教师底蕴

为提升教师素养，陶冶教师情操，我校开展常规教研之外的专题教研活动，调节教师们的工作节奏，提高教师们参与教研的乐趣。例如：到陶艺室进行创作体验，到新华书店举行"时光印记"悦读者朗读会，到博物馆参观美术作品展，品尝着粽子开展端午诗会，喝着咖啡进行读书会，到教室外上音乐课等。

（二）个性课程拓宽成长领域

我校鼓励教师人尽其智，做自己研究领域的劳动者。学校拿着放大镜发现教师教学上的特色和闪光点，为每位教师把脉，帮助教师把特色做亮，上升到课程的层面，实现课程校本化，研发了"寻根""蓝裙子""时光印记""紫藤花语""创意脸谱""数学故事"等50余门课程。

（三）发展共同体成就职业幸福

为突破教师专业发展的瓶颈，学校把一群步伐一致的人团聚在一起，成立了专业发展共同体，为主动发展的教师创造条件。共同体领衔人统筹规划开展活动，带领成员从事专业研究和专业发展。在共同体平台上，教师的专业研究的视角更新，方法更灵活，凝聚力更强，成果更明显。先后成立了阳光初语文学社、"寻根文化"研究团队、主题阅读工作室、一捧爻国学工作室、原点·数学研究工作室、TEAM工作坊、浩乐工作室、归心艺术工作室、水墨坊工作室、01工作室、勤思班主任工作室等。

"着意闻时不肯香，香在无心处。"通过教研，我们向教学更深处漫溯，用心做教研，用心做教育，努力让师生过一种有品位、有境界的校园生活。

优化评价体系,激发教师活力

教育评价事关教育发展方向,而教师专业化发展则是促进学校持续优质发展的关键所在,因此,建立科学、公平、公正、人性化的教育评价机制至为重要。我校是一所九年一贯制学校,基于学校实际,在完善评价体系、丰富评价工具、淡化评价功利、优化评价路径等方面做了一些探讨。

一、激励约束,优化评价机制

机制的建立,一靠体制,二靠制度。建校以来,我校始终坚持制度管理是基础,人本管理是方向,不断优化评价机制,努力发挥其对教师工作态度、责任心以及个人成长的导向作用。

(1)建章立制,有规可循。广泛征求全体教职员工的意见,制定出台并定期修订《五莲县实验学校制度汇编》,具体包括《考勤制度》《实验学校教职工行为规范》《常规教学管理制度》《卓越生培养绩效奖励分配实施方案》《五莲县实验学校学期考核考方案》《五莲县实验学校绩效考核方案》等,力求科学完备、可操作性强。

(2)严抓细管,精细过程。学校成立规划督察室牵头,协调组织,其他处室配合,对学校各项工作全面巡查,做到天天检查、周周通报、月月评比、年终考核。在严、细、实、恒上下功夫。例如:严格执行日常巡查、巡检制度,带班领导每日巡查课堂,实行"空堂""无备课上讲台"一票否决。

(3)结果导向,正向激励。确定全面生态的评价维度,包括德能勤绩各个方面,坚持质量占主导,过程有体现,结果可量化原则,与常规管理挂钩,与年度考核挂钩,与老师的绩效工资挂钩,做到奖惩分明,力求体现评价的准确性与客观性。

二、刚柔并济,夯实师德建设

坚持师德是教师素质的第一要求,不断完善师德师风评价考核机制。

(1)问题导向,破立结合。教师日常评价中或多或少地存在重科研轻教学、重教书轻育人的现象,因而难以全面、多维度地衡量教师师德、教书育人能力、职业态度等。这不仅会影响教师群体发展,也窄化了教育价值,甚至制约了教育的科学发展。我校始终坚持把师德师风表现作为教师业绩考核、职称评聘、评优奖励的首要条件,高度重视教师思想政治素质考察,推动师德师风建设常态化、长效化。制定了《实验学校教师6条师德底线》《实验学校教师基本规范》《实验学校师德考核方案》等相关规章制度,定期开展教师满意度调查,并使之内化为教师的自觉要求和行动。

(2)榜样引领,尚正承责。积极搭建多元化教师榜样平台,努力创造条件引领教师强化师德修养,以行导行,爱岗敬业、享受工作。教师礼仪和《教师的文化自觉》成为每位入校教师岗前培训的必修内容,使教师掌握基本的礼仪常识,提升个人魅力,增强职业责任感。积极开展"寻找身边的阳光"系列评选活动,增强阳光教师的"辐射强度",倡导教师用"随手拍"等方式积极发现身边的"阳光"典型,教师群里经常出现彰显正能量的视频、图片,学校利用微信公众号、宣传栏、家长会等,对师德先进个人、月度人物、阳光教师和最美教师等典型人物进行集中宣传,弘扬正气,使教师形成良好的师德师风。

(3)内外结合,多面评价。既注重对教师的高位引领,又坚持底线要求;既注重对教师内生动力的激发,又注重外部规章约束。建立健全学校、教师、学生、家长和社会"五位一体"的师德师风考核评价体系,发挥师德考核对教师行为的约束和提醒作用。重视师德考核结果运用,实行师德一票否决制。师德考核不合格者年度考核一律定为不合格,并取消在职称评聘、评优树先、表彰奖励等方面的资格。

三、多维参与,力促素养提升

对教师的评价除德能勤绩外,培训学习、校本研修、课堂教学、学生作业等也是教师评价的重要内容,同伴评、学生评、家长评,一月一总结,每学期一汇总,并定期公布评价结果。

(1)科学规划,动态管理。制定《实验学校教师专业发展规划》,邀请省市有关专家指导和修订。建立"学科带头人—名师—骨干教师—青年教师"四个层面的教师专业发展电子档案。不断修订完善各项管理制度,出台了《实验学校青蓝工程管理制度》《实验学校外出学习管理规定》等系列规章制度,建立"学校—学科组(年级组)—备课组"三级校本培训组织,学校层面每两周召开一次学科带头人学术交流会,学科组和年级组每两周一次年级管理教研活动和学科教研活动。学校研发了教师专业发展轨迹跟踪系统,涵盖教师学历达标与提升、骨干教师发展情况、教师专业发展成果统计、教师个人专业发展阶段目标达成情况和教师工作成绩轨迹跟踪等,为促进教师专业成长发挥了很好的助力作用。

(2)优化形式,评价交互。一是重心下移,以点促面。学科组将教研重心下移至各备课组,由备课组承办校级教研活动。二是改革作业,夯实素养。精设作业项目,将特色作业纳入教师业绩评价;着眼作业实效性,实行双等级评价,把书写等级也作为作业评价的一项重要内容。三是团队评价,捆绑考核。对学科、年级组,突出重点,全员评价,对教师个人的成绩计入团队成绩,对团队进行量化评比。团队的成绩反过来,再计入教师的个人成绩,实现共同进步,全员参与,捆绑发展。四是绩效评价,纳新内容。学业水平、基础素养各按65%、35%的比例计入教师的个人教学成绩,音、体、美、技术等学科将校级抽测及县级竞赛按比例计入教师绩效成绩。

(3)以改促变,做实做强。一是探索模式,推进课堂改革。比如初中部的"三环四步"成长课堂教学模式,三环即"教·学·评";四步即"设疑引思、以疑导学——自主感悟,思疑解惑——交流答疑、互动解疑——巩固拓展、提升能力"。二是设计比赛,推动教学研究。开展"五度"展风采　研赛促成长——"备　说　讲　评　思"系列说课比赛,以达"以赛促学,以赛促教"的目的。三是坚持"四个结合",做实"空中课堂",即将家校合作与学习小组网格化管理相结合,学生学习与反馈评价相结合,创新教法与指导学法相结合,数据采集与数据反馈相结合,确保了疫情防控期间在线教学的可控、可管、可评、可溯。

(4)注重实效,突出特色。绩效考核中学生管理占55%,就是为了引导教师更注重抓学生养成教育、常规教育、礼仪教育等;课堂教学评价中注重评价学生参与课堂情况,也是为了更好地体现"学为主体"的原则。在此基础上形成了具有教师研究专长特色的教学模式,如素写式习作教学课堂、"数学语言专项训练"课堂、"探究式"深度学习、"小组合作"式课堂等。开展了"一级一品"活动,由年级主任制订计划,带领本年级师生开展活动,形成年级特色,学部成立评审小组进行综合评价,结果纳入年级组考核。

四、搭建平台,激活内在动力

(1)全员参与,各美其美。鼓励教师积极参加县、市级等举办的各类技能竞赛,组成团队、集体打磨,让教师在竞赛中磨炼,促进教师的专业发展。开展各种形式的教师论坛、学科素养展示、教师专业发展共同体成果推介、特色教师成果展示等活动,促进教师专业技能提升。全体教师会时观看发人深思的小视频、微电影,聆听名曲,诉说"我的教育故事""我的精彩观点"等,激起教师对教育的思考、对幸福教育的追寻。

（2）自主规划，目标引领。建立目标导向性评价机制，按照"自定目标—制订计划—实践达标—奖项认定"流程来引领教师自主发展。每位教师根据学校三年发展规划和个人特点制定个人专业发展三年规划，同时，学校引领教师制定好每学期和每学年的工作计划，分三个层次设特等奖、一等奖和二等奖，每个等次罗列出若干奖项和标准供教师申报参考。如特等奖有学校名师、首席班主任和首席教师3个奖项，一等奖有优秀班主任、个性课程火烈鸟奖、优秀教师发展共同体等10余项，二等奖有读书标兵、阳光教师、岗位能手等10余项。以目标导向机制引领教师专业自主发展，形成能够客观、形象反映教师成长的数据库。

（3）以点代面，个性发展。实施"青蓝工程"，积极鼓励骨干教师或在某方面有专长的教师做探索教育真谛的先行者。项目包含市级骨干教师、校级名师、特色教师和教师专业发展共同体系列，学校为该系列项目教师或团体建立专门的工作室，减少学校行政干预，真正为这些优秀教师松绑，让他们有更多的时间和精力进行教育教学研究，在团队合作的基础上突出个人特色。开发独具特色的个性课程"文化寻根""阳光的味道"等50余门课程，成立20个教师专业发展共同体。

内在动机而非外部刺激，才是创造、责任、健康行为以及持久改变的核心所在。科学的评价，促进了教师的专业发展，造就了一支爱学习、勤思考、善钻研的教师队伍。今后我们将继续不断学习和探究，努力运用科学有效的评价机制，引领教师专业成长，促进学校教育事业的健康和谐发展。

专业发展共同体让师生成为最美的舞者

提升学校的办学品位，促进学校的内涵发展，离不开教师业务的专业发展和学生的健康成长，而专业发展共同体是促进师生共同成长发展的重要平台。为搭建好专业发展共同体这个舞台，让师生成为最美的舞者，我校主要做了以下四个方面的工作。

一、引——引领专业发展共同体成立

"一个人可以走得更快，一群人才能走得更远。"为突破教师专业发展的瓶颈，学校把团队发展放在重要的位置。把一群步伐相近的人团聚在一起，为了共同的目标，做共同喜欢的事，得到共同的发展。

为引领教师走上互助合作发展的道路上来，学校出资金、找项目、提供政策上的优惠，为主动发展的教师创造条件。例如：为学习全国优秀教师冯旭初老师研制的"四合一"主体教学模式，学校根据教师的教学特点择优选出 5 位骨干教师，远赴广州七中"就近观摩学习"，并邀请冯老师的团队来校讲学上示范课。为让"四合一"主体教学的种子在我校生根发芽，在学校教师发展处的指导下，成立了王爱星老师为负责人的、我校第一个教师发展共同体——"四合一主体教学模式推广工作室"。

工作室通过制作张贴"招募海报"的形式，招募志愿参加"四合一"实验的教师。对参与工作室的老师按照学科，成立"学科研究共同体"，根据学科特点，探索适合我校实际"四合一"教学模式：语文由冯启刚老师负责，数学由王爱星老师负责，英语由王小龙老师负责，在"四合一"基本教学原则的指导下分学科研究。工作室负责制订工作计划，组织集中学习、活动开展、经验总结以及协调各学科的实验班的选定等工作。最主要的工作是指导实验教师开展实验，共同解决在教学过程中遇到的各种困难和实际问题，定期举行工作室集中交流会。

在近 3 年的实验中，工作室对"四合一"教学中的一些"微环节"进行了深入的研究，探索出了互助合作学习小组、合作学习、小组团队评价奖励等一套行之有效的做法，并在学校加以推广。工作室成员不断地总结交流、完善提高，教师的专业研究能力、课堂教学思维艺术水平也得到大幅度提升。

"四合一"教学的普及最受益的还是学生。在老师的引导下,学生也成立了"组内异质,组间同质"的互助合作学习小组,制定了一套完善的"小组团队"评价奖励机制,增强了学习兴趣、改变了自己的学习方式。"互助合作"不仅是一种学习方式,更是一种生活方式,学生在学习中的"合作意识"和"团队意识"也不断增强,许多班主任把"互助合作"机制引用到班级管理中,也取得较好的效果。

由于"四合一"工作室取得的显著成绩,吸引了更多的老师参与进来,现在"四合一"教学已经成为我校课堂教学的特色。可以说,"四合一"主体教学模式的推广是我校最成功的一个教学实验案例,这主要得益于"四合一"教学工作室这个教师发展共同体的成立和实践。

二、扶——扶持专业发展共同体发展

"专业发展共同体是站在集体的肩膀上飞翔!"朱永新教授曾在论述教师专业发展的"吉祥三宝"中这样评价专业发展共同体。在实际工作中教师们也越来越认识到"专业发展共同体"对个人专业发展的重要性。

为了让师生专业发展共同体发展得更好,我校采取"扶一扶"的策略,扶持"共同体"朝着更高层次发展。例如,我校在新教育实验过程中成立的师生发展共同体——阳光初语文学社。这个文学社完全是个"草根式"的发展共同体,有一批"情投意合"的爱好写作的教师和学生,在杨莉莉老师的号召下组成的。阳光初语文学社不同于一般的文学社,它首先是一个"写作专业研究共同体",目的是通过教师对"写作"的专业研究,提升师生的写作水平。由杨莉莉老师统筹规划,定期举办文学讲座、教师优秀随笔评选,组织师生外出采风采访,活动开展得有声有色。与此同时,"写作专业研究共同体"分年级成立由老师和学生组成"写作研究"小组,对不同年级段、不同题材的文章进行评析和创作。对优秀文章进行集中修改赏析并向各级刊物投稿。该文学社仅成立4年的时间,就在《快乐作文》《当代小学生》《提前读写报》《黄海晨刊》等各级各类报纸杂志上发表学生习作100余篇。同时,学校出资把师生的优秀作品定期结集出版——《阳光初语》(教师版)和(学生版)。截至目前,《阳光初语》教师版、学生版、副刊版已分别出版4期、3期和3期。2016年在全国青少年冰心文学大赛中,阳光初语文学社被授予"全国百佳文学社"称号。目前,师生们的创作热情高涨,又一个师生专业发展共同体健康地苗壮成长起来。

三、放——放手专业发展共同体繁荣

"一枝独秀不是春,百花齐放春满园。"在学校教师发展处的倡导下,在优秀骨干教师的专业引领下,老师们根据自己的专长或学科优势,纷纷创建或参与专业发展共同体,师生专业发展共同体如雨后春笋般地发展起来。

由刘上铭老师领衔的由低年级语文教师参与的"沙丘识字"工作室,立足儿童识字的研究,探索到了一条儿童识字教学的有效途径——"识字形象化、识字故事化、识字生活化"的"三化一体识字法",实现了"积沙成丘,大量识字"的目标,破解了低年级识字教学的难题。在"沙丘识字"的基础上,该工作室又探索实施了"沙丘阅读""沙丘写作"的研究,受到了老师的追捧,学生的喜欢和家长的认可。

由王成凤老师领衔的"寻根文化"研发团队,研发出了我校第一门校本课程"寻根之旅":课程目标、课程框架、编写原则及课例结构等方面都比较完整,更难能可贵的是教材文本多是老师、学生、家长搜集整理或原创,为的是体现教材的真实性、独特性,为学生提供最为贴近自己生活的范例。现在,该团队成了我校开发校本课程、个性课程的指导团队,特别是实施"选课走班"以来,该团队在"选修课程"的开发与实施中发挥了很大的引领作用。

在学校专业发展共同体的基础之上,学校大力支持老师们积极参加县教研室成立的"项目研究工作室"。目前,我校共有23名教师参加了县项目研究工作室,其中4人担任项目研究工作室的领衔人。老师们在更高的教师专业发展共同体的平台上会得到更多的专业指导,获得更高的专业发展,同时又对我校的"专业发展共同体"提供了经验和做法,相得益彰。

四、保——保障专业发展共同体成果

"凡事预则立,不预则废。"随着专业发展共同体的不断增多,为保障其在教育教学方面的研究成果发挥更大的专业引领作用,我校制定了《五莲县实验学校专业发展共同体章程》,章程对专业发展共同体成立的目的、研究的领域、研究的科学性、组织原则、活动的主要形式和内容以及成果的推广应用与评价奖励等方面提出了明确的要求。其中,把参与专业发展共同体的研究工作纳入教师的工作量;对开展活动所需要的时间、场所以及所需经费都做了明确的规定;对"研究成果好,专业引领强"的项目负责人在评优树先方面给予政策上的倾斜……从制度上保障了专业发展共同体的顺利开展。

为保障专业发展共同体的成果推广,鼓励教师的"特色发展",学校还建立了"特色教师"制度,制定了《五莲县实验学校特色教师考核细则》。根据教师的个性特长和在教育教学研究方面所产生的引领作用,在个人申报、专家推荐、民主评议和学校考察的基础上评选特色教师。例如:在"四合一"教学方面特色鲜明的王爱星老师;在"写作专业研究共同体"中成绩显著的杨莉莉老师,在课程研发成绩突出的王成凤老师;班级管理"家校合作"特色鲜明的李善玉老师等。

为给特色教师彻底松绑,对特色教师的常规业务不做要求,保障特色教师在完成教学任务的前提下,有足够的时间、精力做好项目研究。每学期特色教师要向学校和老师做述职汇报,接受专家组的评议,打破了常规的教师考核办法,实施"底线+特色"的考核机制。特色教师每两年一届,实施"动态管理"。对研究成果不明显,引领作用不大的取消特色教师称号。

专业发展共同体是我校一股重要的专业研究的力量,也是新形势下的"专业研究"的一条新途径,并呈现出旺盛的生命力。实践证明,专业发展共同体是教师从事专业研究和专业发展的平台,在这个平台之上,教师的专业研究的视角更新,方法更灵活,凝聚力更强,成果更明显。学校就是要搭建好专业发展共同体这个舞台,让师生在这个舞台上舞出最美的舞姿。

品传统之美　育阳光之人

在人类历史的长河中,中华民族用劳动和智慧创造了历史悠久、博大精深的中华文化,它是我们的民族魂、民族根。而一所真正优秀的学校必然是一个文化土壤丰厚的学校,它能以自己多年积淀起来的独特的文化激励人、感染人、培养人,而在这样的文化土壤中成长起来的学生也必然是阳光的、积极向上的。为此我们学校确定了以"尚正承责"为主旋律的阳光教育理念,特别开展了"品传统之美,育阳光之人"的主题传统文化活动,并制定了学校校本课程实施方案,确定了教师及学生的诵读书目,全方位积极构建阳光、和谐的育人环境和健康向上的高品质教育。

一、融入校园,让优秀传统文化"润物无声"

环境育人,细雨润物,大象无形,大音希声。良好的校园文化是学生健康成长的重要条件。莲实非常重视校园文化建设,在"品传统之美,育阳光之人"的统领下,充分利用校园空间,精心布置每一面校园文化墙,用心打造每一间文化室,让每一片土地都散发着传统文化的气息。

当你走进莲实这所绿树成荫的校园时,就会有"百花千树正迎风,一枝一叶总关情"的感觉。你也许还没来得及欣赏那悄然绽放的花朵,那一面面会说话的墙壁就会向你点头,那一间间别具匠心的教室就会向你招手。

一进入校园,你可以看到小学楼南边写着"学以尚正,学以承责",这里是尚正园。每年四月天,尚正园中的紫藤花细细的藤蔓上挂满了花朵,在温暖的阳光下开得空幽而烂漫,漫步在尚正园的西连廊"纸伞•印象",让你觉得仿佛走进了烟雨蒙蒙的江南水乡。

沿着阳光东路向前走,你会发现阳光路上一根根带有古典气息的灯柱静然站立在路旁,灯柱上是学生的校园诗歌大赛获奖作品,这些诗歌全是学生用毛笔自己书写上的,书法有的笔迹秀丽,有的字体遒劲,有的书写飘逸。但不管哪种字体,在笔端都表现出对传统文化的深厚热爱。

尚正园北边的墨田水韵由三个砚台组成,后侧用的是卷轴论语的形式呈现,每当春夏来临,这里绿树环绕,花香弥漫,白鸽展翅,课余师生到这里品读经典,宛如一幅美丽的画卷。

学生们在校园休息、嬉戏之余,到处都能感受到传统文化的气息。墙面上有《诗经》《孟子》《老子》《论语》的经典篇目,学生张口就可诵读;王羲之的《兰亭序》,向学生展现了书法与文学的古典魅力,熏陶了师生的书法情趣,使得校园文化更浑厚;《成长这样开始》,让孩子们懂得了与好书为友、与艺术为友、与礼仪为友,让孩子们在礼仪的规范下阳光快乐地成长;承责楼墙上的世界地图经纬线的交点是我们的学校,希望我们的孩子能自立自强,终有一天从这个地方走出去,走向世界的舞台。

课外活动时,学生还可以步入"京剧课堂"感受国粹的艺术魅力,学习京剧的唱腔;也可以走入"陶艺教室",欣赏颇有创意的陶艺作品,体验美好的制陶艺术;还可以来到"萨克斯学习室",学习萨克斯的技法并奏出美妙动人的旋律。

莲实的每一个角落,无处不孕育着浓郁的书香文化氛围。这氛围浸润着整个校园,让传统文化"润物无声"地影响着一颗颗稚嫩的心灵,成就着一个个富有书香气息的孩子。

二、融入课堂,让优秀传统文化"潜移默化"

莲实始终坚持把德育工作放在首位,兼顾传统文化教育,注重全方位、多角度的培养学生,促进学生全面发展。真可谓"德育活动丰富多彩,传统文化无处不在"!

(一)以节日为契机,进行传统文化教育

莲实始终把春节、清明、端午、中秋等传统节日与学校的主题教育活动相融合,组织开展与节日相关的活动,如查阅这些节日的由来,收集历史上文人墨客描述传统节日的诗歌、散文,开展书画展、包粽子比赛等系列活动。学校还根据二十四节气编著了校本课程《时光印记》,弘扬传统,增进学生爱祖国、爱家乡的情感。

(二)以特色活动为亮点,进行传统文化教育

(1)每年三月,莲实师生无论多忙,都会秉承"寓德于艺"的思想、按部就班地进行为期一周的分年级才艺展示。小选手们在做了充分的准备后,个个精神饱满地表演唱歌、舞蹈、乐器演奏、现场书法作画等节目。节目表演后,学校会给他们颁发奖状,给予肯定和鼓励。届时学校也会邀请学生家长来观看,家长们看

在眼里,喜在心头。看着家长们满意的笑容,我们也是倍感欣慰。

(3)每年四月,是学校"向着明亮那方"读书节汇报月。在这个月学校要举办大型读书汇报演出、国学小达人知识竞赛、创意风筝大赛、诵读经典美文、读书征文大赛、"书虫赶大集",表彰"书香学生"、"书香班级"等丰富生动的校园读书活动,在全校掀起好读书、读好书的热潮,让校园飘满书香,让学生享受文化大餐。读书节活动进一步提高了学生读书乐趣,让书香洋溢出生命的魅力。

三、与德育活动相融,让优秀传统文化"无处不在"

(一)把传统文化教育渗透到各学科

思品课:以教材为载体,教师引领学生用耳朵去倾听,用眼睛去观察,用心灵去感受,培养学生积极的生活态度和参与社会的能力,使他们成为有爱心、有责任心、有良好的行为习惯和个性品质的人。

语文课:教师诵读古诗文是最好的语文教育,诗文不厌百回读,熟读深思子自知。只要学生能熟练背诵,诗文的内涵自会理解。语文教师不仅要担任每周的诵读课,平时还要指导学生的诵读活动。

美术课:教师抓住契机对学生进行中华优秀文化的艺术熏陶,把我国著名的书画作品引入我校,感受我国文化艺术的魅力。

鲁迅先生说:"我国的书法艺术是东方的明珠瑰宝。"书法与中华民族精神浑然一体,有着深厚的文化内涵。鉴于书法教育的优势,我校把书法教育渗透到写字课堂。课上注重书法知识的讲解,并鼓励学生一笔一画写好中国字,做正直的中国人。学生的书法水平提高很快,学生参加全国少儿书画大赛也获得各级奖励,成果丰硕。

(二)将"春秋课堂"传统文化教育纳入校本课程

春秋时期,文化鼎盛、百家争鸣的繁荣景象缔造了丰富多彩的文化资源,更衍生出各种旗帜鲜明的思想流派,为后人留下了众多宝贵的文化遗产。为此,莲实把春秋文化引入课堂,学校设立"春秋课堂",每周一课时。为了能上好"春秋课堂"国学课,校领导带头制订了校本课程实施方案,并且学习了诸子百家文化,确定了诵读书目。低年级学生学习《韩非子》《诗经》《淮南子》《战国策》等内容,高年级我们编选了《论语》《大学》《中庸》《列子》中最为经典的语段,教师利用晨读和课余时间带领学生诵读经典,做到读而常吟之,"学而时习之"。借助最为经典的国学资源,浸润学生的内在心灵。孩子们领略了中华瑰宝的风采,在不知不觉中受到了传统文化的熏陶。

（三）地域文化寻根之旅

"参天之木,必有其根;怀山之水,必有其源","一方水土养一方人",学校组织得力人员深入挖掘本地文化资源,进行课题研究,专题编写了《寻根》校本教材,推进地方优秀传统文化"进课表、进课堂、进头脑",引导学生走向更广阔的寻根天地,进一步推进我校小学生的德育教育,激发广大师生热爱家乡、建设家乡的热情。

四、与养成教育结合,让优秀传统文化"生根开花"

加强养成教育是青少年思想道德教育的重要内容。莲实本着以人为本,先成人后成才的教育理念,把礼仪教育贯穿始终。从细微处着眼,从学生在校生活的点滴中做起,踏踏实实,循序渐进,让学生从小学会谦虚礼让,诚实守信,勤劳节俭,遵纪守法,让传统文化"生根开花"。

（1）找准礼仪教育的关键期。我们把每学期开学的第一周定为文明礼仪推广周。尤其针对九月份新生入学,利用学生开学之际,深入开展文明礼仪教育活动,要求学生掌握基本形体姿态和常用礼节的规范要求,能够规范和调整自己的行为举止,养成文明的行为习惯;能够正确使用文明礼貌用语,使学生明白"知礼、明礼、善礼"的重要性,教给学生关于文明礼仪的相关知识,培养学生自觉践行文明礼仪的意识,加强学生的养成教育,全方位提高学生的文明素养。

（2）学校在格致楼一楼设立了"诚信书吧"。同学们可以把自己用不到的图书资源放到诚信书架上进行交易,只要在书中夹带一张寄售人姓名、班级和书目售价的信息单就可以,平时同学们可以去阅览,如果发现有自己喜欢的书目,可以根据书中夹带的交易信息进行诚信购买把钱放进交易信封中,在信封上写上售书人的姓名和班级,投进诚信钱柜即可完成交易。校园信使会定期把交易款送达。这个过程不仅达到了阅读和资源共享的目的,更加体现了学校对于孩子的诚信教育。

（3）持之以恒,一抓到底。学校成立文明礼仪红领巾监督岗,积极开展"文明礼仪知识竞赛"活动。通过进行养成教育,学生的精神面貌发生了极大的变化。每天早上学生身穿整齐的校服,带着鲜艳的红领巾,面带微笑地走进校园,彬彬有礼地向老师问好;放学时,大家排着整齐的队伍,有秩序地离校。这样,传统文化的精髓得到传承,整个校园也呈现出阳光、积极向上的学习氛围。

作为一所新校,莲实让传统文化教育与校园文化建设、课堂教学相伴随,与德育活动、养成教育相融合,打造出属于莲实的书香文化特色。这里不仅是文化的圣地,是学生的乐园,还是教师的舞台。在洒满阳光的道路上,一个个孩子快乐成长,一位位教师倾情奉献。作为莲实人,我们会时刻弘扬优秀传统文化,努力润泽诗意书香校园,培育尚正承责阳光之人。

内植外引　培养学生自主学习能力

　　我校以"为未来社会培养优秀公民"的目标,定准学生为主体的教学基调,以阅读、听说、研究、观察、实践等手段,精心打造育人环境,探索适宜的教学模式,开展丰富多彩的学习活动,全面拓展社会资源,使学生得到全面、阳光、可持续发展,使学生真正成为学习的主人,具备终身学习的能力。

一、巧引精设,开发自主学习元素

1. 润物无声,营造自主学习氛围

　　建成诸子百家文化墙、百家姓文化柱、蜂巢文化墙等设施,积极营造文化氛围,让学生沐浴其中,自然成长。学校建设创客空间、梦想教室、风铃渡口、纸伞印象、艺术展厅等空间,鼓励学生创新,为有梦想的学生搭建展示的平台。

　　图书馆每年组织教师、学生以及家长代表,精选书目,确保图书更新率,还因时制宜打造连廊书吧、诚信书吧等,便于学生图书交流、随时阅读。学校特别制作"书引子",放在学生入学、放学经过的通道边、绿化带内,营造书香氛围,引导学生主动阅读。

2. 有的放矢,构筑自主发展体系

　　在严格执行国家课程计划基础上,学校积极推进地方课程、学校课程与国家课程整合研究,形成学部"基础课程＋适性课程"的"1+1"课程体系,将基础课程分为七大领域:品行修养、阳光初语、智慧数学、思维英语、科学探究、艺术时光、体育健康。适性课程也分为七大类:生活实践类、艺术创作类、思维拓展类、表达交流类、体育技能类、科技手工类、国学研究类。积极引领师生"与课程共成长",转变教学观、课程观,建立和完善能够满足学生主动发展需求的课程体系。

二、教学相长,优化自主学习过程

1. 提升教研层次,突出领雁效应

学校依托教科研培养学科带头人,在教师专业发展上坚持"面向全体,培养

青年,发展骨干,推出名师"的工作思路,选出素质过硬、善于创新、勤于钻研的教师担任学科带头人,形成教师专业发展的领雁效应。推进教研活动公示、集体备课、听评课等教研制度,坚持实施青蓝工程,为青年教师配备指导教师,让他们从备、教、改、导、辅、测、评、研等方面得到全方位指导。

2. 遵循学科本质,打造生本课堂

课堂教学紧抓"两主"。一是主问题的提出,二是学生主体地位的落实,紧紧围绕两主来备课、上课、议课。革除教学中多问杂答与碎问碎答的问题,形成立体式双向交流的课堂教学结构。2019年,将三到六年级的精读课文主问题设计整理成表格,目前正在梳理部编上册的主问题。

四个必须,落实学生的主体地位。提出的问题,老师必须作答;提出了问题,必须给学生时间;合学之前,必须有自学的基础;一周之内,必须每生有发表见解的机会。在课堂教学中创造平等、民主的课堂氛围,为每个学生提供展示机会。鼓励学生质疑和提问,让学生充分表达,即使说得不准确、不完整,也要让他们把话说完,培养学生语言表达能力。

3. 优化小组合作,衍生学习风暴

异质组团合作,设小组长、学科带头人、记录员、发言人角色,明确分工。小组长全权负责小组工作,检查作业完成情况,组织讨论学习,提醒课堂纪律。小组成员要会倾听、会评价、会解疑、会补充。完善捆绑式评价,让学生自主学习的积极性、主动性更强烈,从而培养学生自主学习的能力。

4. 注重方法指导,培养学习品质

疫情影响,线上学习期间,学生自主学习能力全方位展示,能力与品质也得到全面提升。学校开展"每日小目标"活动,学生制定每日可实现的小目标,如学会一个知识点,改掉一个小缺点等,引导学生进行自我监督。开展自我暗示活动,利用早起后、午休后、晚睡前,给自己3次积极心理暗示,如今天状态非常好,学习是一件很快乐、很幸福的事情等,引导学生健康成长。

5. 创新评价机制,巩固学习成效

改革以纸笔测验学生素质为主的终结性评价机制,采用多元动态评价。我校设计云朵、彩虹、阳光卡,积累到一定数量可以兑换。在学期初设置多种奖项,学生根据自身情况申报,学期末对照要求看是否达标。评价主体拓展到家长、同伴、社会人员等。多元评价引导学生客观准确地认识自己,发现不足,及时改正。

三、多元发展，开发自主学习潜能

1. 开展主题阅读，提升综合素养

部分班级开展"1+2"主题阅读实验，"1"指教材，"2"指跟教材相配套的整本书阅读和文本阅读，实验班级每学期或者学年选定特色主题学习，如儿童诗阅读与创作，二十四节气里的诗歌等等。主题阅读不拘固定模式由教师精讲，学生多读（任务驱动式学习），读有反馈。在大量阅读中，通过读写结合，尝试素写式习作教学，学生能有效捕捉生活素材，做到时时练笔，迅速成文。

学校将主题阅读推广到其他学科，由学校统一协调，各备课组研讨、筛选，推荐适合本年级学生阅读的读本，例如：《古人是怎么数数的》（数的产生及发展）、《数学家阿汤的苦恼》（表内乘法的整理）《从前有个数：故事中的数学逻辑》等等。在自主阅读中，学生能开阔视野，提升学习兴趣，锻炼学习能力。

2. 依托课题研究，培养多维能力

我校数学小课题研究从课外研究开始，伴随研究的深入，实现了课外研究与课内研究的结合，小课题研究已经发展成一种研究常态。教师将问题的不同研究方向作为小课题分配给学习小组，采用小组合作的方式，突破传统数学课上解决部分问题用时长，理解难的问题。学生们在探究过程中通过广泛搜集资料，请教家长老师，对选定的课题有比较深入的研究，有效突破教学难点。在整个小课题研究的过程中，学生动手实验、对比观察、质疑解疑、自主研究，在探究中体验、学习、掌握知识和技能。

3. 构筑发展平台，养成良好习惯

注重低年级艺体基本技能、高年级观察生活的习惯训练。艺体社团推荐1至2名优秀学员，定期组织汇报，对社团人员一月一考核。学期末社团组织主题展示，汇报展示学习成果，优秀学员做总结发言。精选优秀作品，布置校园文化艺术长廊，举行校园小达人比赛，最终达到让学生敢想、敢画、敢唱、敢跳、敢表达的教育目的。

四、统筹兼顾，创新自主学习载体

1. 研学旅行，丰富育人课程

让学生走出课堂，利用自然山水、人文景观、社会文化设施与机构等课程资源，在社会大课堂中了解历史、美食、文化、民俗。每次研学活动前认真收集资料、讨论确定主题,活动中分工观察、寻求实证、数据搜集,活动后整理分析、得出结论,最后集体讨论、形成总结报告。现已编纂形成课程教材《追梦》,两届蚂蚁中队开展研学活动60余次。

2. 寻找契机,开展社会实践

学生参与实践活动,在实践活动中多感官全视角参与,提升综合能力,形成优秀品质。部分班级每年元旦开展护蛋行动,在此基础上升级开展"孵蛋行动",学生每天进行翻蛋观察,利用控温器来调控孵蛋过程的温度,通过21天的坚持,孵蛋成功,学生见证了生命的成长过程。学校利用节假日,开展寻根活动。寻找"我的姓氏来源""我的家风故事""家乡的美丽传说""爷爷讲的老呱儿""父母的学校"等,在调查中锻炼自己的能力。

以上是我校在学生自主学习能力培养方面的几点粗浅做法,恳请大家斧正。我们会在教研室指导下,下足绣花功,用心做教育,使我校教育教学工作风行水上,乘风破浪。

小学语文教学中学生阅读能力的形成

小学语文教学中学生阅读能力的形成,不仅需要教师紧扣语文教材,提升学生的阅读能力,还可以采用加强课外阅读教学,课内外阅读相结合的方式,提高学生的阅读能力。同时教师可以运用多媒体课件辅助小学语文阅读教学,更好地提升学生的阅读能力。

小学语文教学中,学生语文阅读能力的培养可以让学生更好地学习语言、吸收语言,进而培养语感。教师要以生为本,以学定教,根据学生已经具备的实际阅读能力,择适合学生的阅读教学策略进行教学。教师不仅要结合教学文本进行阅读教学,而且要在尽可能的情况下引导学生进行课外阅读,并在这个过程中加强对学生的阅读指导,不断提高学生的阅读能力。

一、紧扣语文教材,提升学生的阅读能力

随着语文教学改革的不断深入,加大学生的阅读量,提升学生的阅读质量和阅读能力已经成了当务之急。而小学语文教材中有许多经典的阅读文本,教师要紧扣教材提升学生的阅读能力。

在阅读教学中,教师要提升学生的阅读兴趣,加强对学生字、词、句、段、篇的训练。对于不同的年级,教师提升学生阅读能力的培养目标也是不一样的。例如,小学三年级学生正是中年级段的初始年级,阅读能力的培养也正在初始阶段。不同的阅读篇目,教师要培养学生的阅读能力是不一样的。例如,在《花钟》的阅读教学过程中,因为是三年级学生,教师可以布置学生在课前完成简单的预习,读一读课文中的句子,了解一下文章的主要内容,还可以做一下课前阅读积累。学生在课前自主预习的时候,教师还可以引导学生将自己的所感所悟用批注的形式写到课文的旁边,以便能够在教师授课的过程中和同学更好地交流。针对课本要求学生结合语境理解词语;能用欣赏的语气朗读课文,背诵自己喜欢的部分,读懂课文内容,激发学生观察兴趣,初步培养学生留心周围事物、认真观察和思考的习惯,学习运用多样的句式表达,培养学生的语言表达能力。教师在课堂上可以引导学生首先交流在课前阅读中积累的词语,接着针对课文中描写花开

的句子的段落,教师要重点引导学生思考文章的语言表达方式,在理解课文的基础上,完成小练笔。紧扣教材,结合每一篇课文不同的教学目标,教师在课堂上要对学生的阅读能力培养有侧重点,避免"眉毛胡子一把抓"。

二、加强课外阅读教学,采用课内外阅读相结合的方式,提高学生的阅读能力

小学语文阅读能力的培养,如果单纯依靠课内阅读的几篇文章,收效并不会很大,因此教师要结合课内阅读加大学生课外阅读量,让学生在多样化的阅读中去体验、去理解。教师不仅可以根据学生的年龄特点为同学们讲他们喜欢的故事,激发学生的阅读兴趣,还可以让学生在读故事中进行阅读实践,让他们在课外阅读中记住一两个自己最喜欢的故事,并带到每周一次的故事会上交流。如果学生感兴趣的话,还可以让学生开展编故事比赛。同时教师可以结合单元教学的教学主题为学生推荐相关的课外阅读读物进行主题阅读,并为学生开设专门的课外阅读交流课让学生将自己课外阅读中的积累和感悟在全班进行交流。如在学完《火烧云》这篇课文之后,教师一方面可以引导学生阅读课外读物中描写风景的文章,另一方面还可以组织学生进行火烧云的故事续编,让学生再想想火烧云还会有什么样的形状,会发生什么样的故事。学生就课外阅读中的景物描写在班上进行交流的时候,提升了阅读成就感,而且让更多的学生感受到了优美的句子给人带来的心灵愉悦,并拓宽了学生的想象力,提高了学生的语文素养,丰富了学生的语文积累。教师还可以指导学生在阅读的时候制作阅读积累本,定期在班内或者小组之内进行阅读交流,拓宽学生的视野,提高学生的阅读量,让阅读能力由量变变为质变,提升学生的阅读能力。

三、多媒体课件辅助小学语文阅读教学,可以更好地提升学生的阅读能力

小学生的形象思维要优于抽象思维,尤其是在阅读与学生生活经历相差较远的文本的时候,可能头脑中不能形成文本所要表达的内容的画面,以至于对文章的内容囫囵吞枣、一知半解。如果用有视频、音频、图片等多种表达形式的多媒体课件辅助课堂教学,不仅可以使学生阅读文本的内容形象化,而且在阅读课中能够更好地向学生展示教学重点和教学难点,让学生有针对性地突破学习难点,掌握学习重点。如在《陶罐和铁罐》的教学过程中,因为该课要引导学生整体感知课文内容,理清条理,抓住本课中描写人物的动作、神态和语言的语句,体

会铁罐的傲慢无礼和陶罐的谦逊有礼而不软弱,教师在授课过程中首先用多媒体课件展示陶罐和铁罐,让学生对陶罐和铁罐有一个整体感知;接着,通过多媒体课件展示该课需要同学掌握的生字和词语,再让学生想一想铁罐是怎样奚落陶罐的,若干年后又发生了什么样的故事?而在默读2~9自然段的时候,可以用多媒体课件展示默读要求引导学生画出描写铁罐和陶罐的语句,用圆圈圈出描写他们的神态、动作的词语。这样在多媒体课件的引领下,不但可以让学生的思维更为集中,而且图片甚至是视频的多角度的展示让学生对课文内容和写作方法的理解更为深刻,也就更容易提升学生的语文阅读能力。

总之,在小学语文教学中学生阅读能力的培养不是一朝一夕的,需要把握住班里每一个学生的阅读特点,激发学生的阅读热情,让更多的学生参与课内外阅读活动。教师要经常通过阅读交流课让学生展示自己通过阅读取得的收获,这样不但可以充分调动学生阅读的积极性,而且有利于提高学生的阅读能力。

数学小课题研究的实践与探索

　　新课程改革的一个基本出发点,就是加强课程与学生经验的联系。将国家课程小学数学进行地方化实施,让学生的学习突破固有模式,紧密结合社会生活,亲历发现、体验,捕捉和感受生活中的数学知识,用自己的双眼去发现问题,通过自己动脑、动手寻求解决问题的方法,培养学生的实践能力和创新意识。在这个国家课程地方化过程中,我们数学小课题研究凸显出越来越强大的生命力。

　　我们的数学小课题研究从课外研究课开始,伴随研究的深入,完美实现了课外研究与课内研究的结合,小课题研究已经发展成一种研究常态。在我们的数学课上,孩子们能够真正通过自己的探索,课上与课下相结合,在研究中品味数学果实的甘甜。

一、分析研究资料,确定研究问题,有效突破教学难点

　　传统的数学课是课堂上学习数学,课后巩固训练,而且有些问题的难度较大,一堂课也难以突破。小课题以所学的数学知识为基础,可以结合生活,联系社会实际选择课题,也可以通过深入研究教材,从教材中选取课题,课题的选择灵活多样。同时,小课题具有启发性、开放性和探究性,使学生既能参与研究学习,达到基本要求,又注意了层次性和研究价值,使学生在研究过程中形成新的认知结构。

　　在执教"植树问题"时,教学建议是这样写的:"本课主要是渗透有关植树问题的一些思想方法,通过现实生活中一些常见的实际问题,让学生从中发现一些规律,抽取出其中的数学模型,再用发现的规律来解决生活中的一些简单实际问题……"因此,在"植树问题"的教学中,解题不是最主要的教学目的。教学的主要任务是让学生联系生活经验解决植树问题,并在解决植树问题的过程中建立数学模型,同时渗透数学思想。

　　"植树问题"是个有名的数学问题,可以分为两端都栽、只栽一端、两端都不栽、封闭图形四种情况。这个问题一下全部抛给学生来解决,有一定的难度,也容易混淆,只研究一种对比性又不强。所以课始我创设了学校打算在校园里种植

一批树苗的情景,我班分配了四个植树地点:A 地是一条全长 30 米的小路;B 地也是 30 米,不过是在两排教室之间;C 地还是 30 米,这 30 米在教学楼前;D 地是我们学校一个圆形花坛,周长正好是 30 米。学校要求每两棵树之间的间隔都是 5 米。这四个植树地分别分配给 A、B、C、D 四个学习组。植树之前需要先规划一下四个地点分别需要多少棵树苗。这样从学生熟悉的校园环境入手,分配给学生具体的任务,让学生有明确的探究方向,活动要求具体化,为学生有序、有效地操作规划、合作探究奠定了基础。这样的设计有效突破了传统数学课上解决植树问题用时长,学生理解难的困扰,取得了很好的教学效果。

六年级上册《数学广角——数与形》是新增的内容,内容繁杂,难度大,不容易把握。在深入分析研究资料的基础上,我们同样使用小课题的形式组织教学,把"数与形"的问题分解成"数字与图形""计算与图形""公式与图形""问题与图形"四个子课题,让学生自主选择成员,以小组合作的方式对选定的子课题进行研究。在一周的时间里,学生们通过广泛搜集资料,请教家长老师,对选定的课题进行了比较深入的研究,感受到了"数形结合思想"的魅力,完美地突破了教学难点。

二、选择研究方式,规划研究过程,提高课堂教学效率

小课题研究的方式有很多种,调查资料、数据分析、总结经验……小组合作学习是学生进行自主探究学习的一种重要的学习方式,而合作学习不仅仅是为了掌握知识,更重要的是要培养学生的一种合作意识、团队精神,有效促进学生自主学习能力的提高。

再以"植树问题"为例,课始我把"植树问题"的四种情况作为四个研究的小课题分配给各学习小组,放手让学生自主探究,充分发挥学生的主体地位的同时,学生进行组内的合作和交流,发现所研究的情况中棵数和间隔数的关系。在各小组汇报交流环节,学生在观察各组的计算结果时发现问题,提出疑问:为什么同样是 30 米的长度,两棵树之间的间隔都是 5 米,需要的棵数却不相同呢?在寻找原因解疑的过程中,小组内进行第二次合作,在思维的碰撞中找到棵数不一样的原因。

在构建知识模型的环节中,让学生在对比中继续发现问题,算式中都有一个 30 除以 5,这求的是什么?(间隔数)间隔数怎么求?(总长除以每个间隔长)我们大致都认为间隔数会和什么有关?(棵数)到底有什么关系?小组内第三次合作,找到新的思考方向,发现棵数和间隔数的关系。

在解决完"植树问题"之后把四个小组的探究结果汇总,小组之间第二次有效合作,顺利解决了这个数学名题并成功构建了解决植树问题的知识模型。

在整个小课题研究的过程中,通过动手实验、对比观察、质疑解疑等阶段,学生在自主探究中体验学习,亲历了数学化的思考过程,重视了学生思维能力的培养。这样的设计不但夯实了基础,让学生掌握了知识和技能,还培养了他们团队协作的能力,在合作中学会相互体谅,懂得了做人做事的道理,感受到集体的力量是巨大的。是小课题的研究让我们能够在有限的物质基础上,实施高质量和高效率的教育,小课题研究成为我们提高课堂教学效率的有效途径。

三、总结研究成果,展示研究收获,发展学生核心素养

小课题研究的过程为学生拓宽了学习天地,挖掘了教学的资源,使学生的个性得到充分的张扬,潜在的潜力得到了前所未有的发挥,在知识、心理、能力、情感等各方面达到自我更新、自我发展,从而促进了学生综合素质的提高。而研究成果是小组成员共同完成的,凝聚了小组成员的心血,也体现了他们的才智,满足了他们的成功感、自豪感。

在"三角形的内角和"展示汇报时,小组成员分工明确:主持人、汇报者、板书者、学具展示者,整个过程有条不紊,汇报结束是答疑解惑时间,汇报小组要面对同学们的疑问进行现场解答,这考察了学生的应变能力。整个展示过程教师从引导者转变为陪伴学生学习的服务者,课堂真正成了学生的舞台,不但培养与发展了学生的综合能力,也张扬了学生的个性,对激发研究兴趣有很好的作用,这些也正是我们小课题研究的魅力所在。

苏霍姆林斯基说过:"在人的心灵深处,都有一种根深蒂固的需要,这就是希望自己是一个发现者、研究者、探索者,而在儿童的精神世界中,这种需要特别强烈。"通过组织小课题研究的过程,完成了知识的建构,使数学学习的思想方法真正得以渗透,培养了学生综合运用知识的能力,提升了学生的核心素养,这也是我们数学教学的实质。

如雷夫所说:"让学生变成爱学习的天使!"这,是我们的责任!而数学小课题常态无疑就是最有效的途径!让我们一起在小课题研究的道路上,用"小课题"推动"大课程"!

动静结合,线上线下融合教学

"春光美如斯,正是读书时。"春日的暖阳正向我们靠近,琅琅的读书声也该适时响起,但疫情阻挡了开学的脚步。特殊时期,面对新的教育教学实际,我们该如何去正视和实践?

疫情之前我们对线上教学探索得还不够,居家指导学生线上学习更是给我们提出了新的挑战。根据学校的统一部署,借助学校数学教研组等平台,大家群策群力,从改变教学观念入手,树立一种研究的态度,积极主动地投入线上教学研究和实践中,最大限度减少疫情对教学工作的影响。

一、教师"动"起来——研读教材,录制微课

线上教学开始之前我们认真研读教材,提前观看课例,把握教学重难点,确保指导学生每节课都学得扎实有效。第一时间组建录课团队,并多次下发通知,要求认真研读课程标准,深刻理解教材,精心设计教学活动,科学备课。

在没有学生互动的情况下,如何用最佳的方式在短短十分钟的时间帮学生建立空间观念,准确认识圆柱的侧面展开图?实验学校数学学科组及时组织线上教研,一个环节一个环节地打磨,一句话一句话地推敲,反复修改设计,甚至录制时的语调、语速都力求调整到最佳。借助团队的力量我们实现了教学设计从无到有,从有到优,从优到创的突破。

只有教师在学生学习前先动起来,做好充足的准备,才能让学生在最短的时间获得最大的收益。所以我们在认真备课的基础上,还注重对学生课前预习的指导。

二、课前"动"起来——自学预习,深度思考

和传统教学相比,线上教学更关注提高学生的自主学习能力。微课视频,每一节都是精品,但学生往往只是被动地看视频、听讲解,重视了学知识、会解题,忽略了对解题方法的归纳总结和对问题的深度思考。如何让每节微课充分发挥效果?数学备课组针对这个问题进行了专题研讨,最后决定设计有效的课前自

学单,帮助学生完成对该节课知识方法的掌握。

数学问题的难度,决定了学生思维的高度。我们深挖教材,结合微课视频所学内容围绕"核心问题"设计有层次性的自学单,开课前一天晚上发给学生,让学生带着问题有目标地进行预习,引发深度思考,带着收获步入第二天的课堂。我们在设计以"问题为主"的自学单时力争实现:每一个问题必须以学生的知识基础为铺垫;问题要做到少而准,精而深;每节课最多设计 3 个问题,同时要注意问题的联系性及递进性。

例如在设计《连减的简便计算》一课的自学单时,我围绕这 3 个问题设计:① 加法运算定律有哪些? (复习旧知,为新知的预习做好铺垫)② 连减运算中怎样进行简便计算? (让学生知道"是什么")③ 为什么要将两个可以凑成整十、整百、整千的减数相加? (让学生深度思考"为什么")

实践证明,在自学单的引导下,让学生在课前动起来,能充分调动了学生的兴趣,引发了学生的深度思考,效果明显。

三、课中"动"起来——注重实效,力求质量

(一)跟学生同步在线学习

学校提前安排了《学生居家学习课程表》,根据课程安排,每天上午是学生观看微课视频的学习时间,这个时间老师和学生同步在线。我们要求学生带着自学单的 3 个问题观看相应微课,在听课过程中认真做好学习笔记,并记录自己学习中的疑惑,学完之后及时在群里分享学习笔记。

(二)班级群内解疑答惑

微课结束后,我结合学生反馈的问题对教学内容进行总结提炼,利用微信群语音答疑解惑。当某个知识点需要强化时,录制小视频进行讲解巩固,帮助学生捋顺思路,并随时点名提问,同时对课中表现优秀的孩子给予表扬鼓励,保证学生学有所获。

(三)当堂检测反馈效果

针对每节课我都会设计少而精的当堂检测,并使用微信"每日交作业"小程序提交作业。学生提交之后我认真批改,并及时公布班级作业完成情况,通报每位同学的作业质量,这些互动,安抚了学生的焦虑情绪,传递了老师对线上教学的态度,也潜移默化地影响了学生的学习态度。有了充足的课前准备和一系列的课上教学活动,学生就在老师的带领下"动"起来了。

四、课后"动"起来——交流促进，保证效果

（一）我是小老师讲题训练思维

"做十道题，不如讲一道题""听得懂不如说得通"。学生能讲清解题思路是最好的思维训练模式。所以，针对当天的作业情况，在"我当小老师"环节学生线上答疑，将以往教师的习题讲解变成学生向全班同学展示思路。这样既"解放"了老师，又锻炼了学生。孩子们特别期待这个环节，每次都争先恐后地报名。考虑到线上展示的机会毕竟是有限的，所以我们又增设一个环节，让学生利用每天的空余时间，将上午学到的数学内容或者出错的题目向家长讲一讲，鼓励家长针对重、难点知识多问几个为什么，这样既可以加深学生对知识的巩固理解，也大大提高了学生语言表达能力，激发了学习兴趣。

（二）每日一题激发探索兴趣

为了引发孩子思考兴趣，真正做到让孩子在玩中学、学中思、思中悟，推出了"每日一个数学趣味题"的活动，从开学到现在已经坚持 50 多天了，出的每道题皆是用尽心思，从学情出发构思题目。

例如：在学习了第二单元《观察物体》之后，就布置了动手摆摆看的实践作业，摆出规定的图形，最少需要几个正方体？最多需要几个正方体？没想到这个实践作业在班里掀起了一股热潮，"老师，我发现了数量更少的摆法！""我的摆法比他的摆法需要的数量还多！""老师，你能不能多布置几道这样的题啊，可有意思了"。孩子们乐此不疲，陶醉其中。

"每日一个数学趣味题"活动不仅体现在形式内容的新颖，还体现在亲子互动的有趣。例如：轮流报数的游戏，每次报出的只能是 3 或 4，把两个人报出的数连加起来，谁报数后和为 25，谁就获胜。怎样报才能确保取胜？为了能获胜，家长和孩子多次尝试，在愉悦的气氛中，去体验、感悟情景中的数学常识，让枯燥的数学变得生动有趣，还增进了亲子间的感情。

丰富多彩的课后交流实践活动，让很多学生从刚开始的胆怯与排斥，到如今主动要学，课后动起来，学生数学学习变成一件快乐事！

五、研究"动"起来——小课题研究，提升素养

线上教学，更要注重对学生数学素养的培养。而小课题研究就能很好地帮我们解决这个问题。它不受时间和空间的限制，学生宅家期间有充足的时间进行研究，所以，我利用小课题的优势拓展了线上学习。

（一）线上指导线下探究，小课题研究显优势

居家学习的日子，虽然学习的阵地从课堂转移到网络，但我们依然延续了小组合作学习的方式。在校期间的学习小组建立了相应的微信学习群。孩子们白天集体交流，晚上根据需要进行小组合作。学习《乘法运算定律》这一部分我们就用了小课题研究的方式进行拓展性教学。

1.课题的实施

（1）对错题分类整理和分析，找原因。学生把这一部分出错的习题系统地整理，然后进行分类，找出造成学习难点的根本原因。

（2）查阅相关的定义和资料，找依据。仔细研读乘法运算定律的相关定义和字母表达式，查阅资料，引导学生运用理论知识进行判断，理清运算定律之间的联系和区别，尤其是和乘法分配律之间的区别。

（3）对常见的问题深入分析，找方法。引导学生明白，不能通过一个例题就猜想结论，本质上明白乘法运算定律的算理，总结应用乘法运算定律进行简便计算的方法，整理形成报告。

在集体交流中大家进一步总结了规律，又一次强化了认识。实践证明，通过这次小课题的调查研究，学生对应用乘法运算定律进行简便计算有了更清晰深刻的认识，很大程度上解决了混淆和出错的问题。此外，我们还用小课题的方式研究学习了第一单元的"租船问题""观察物体""小数的意义和性质"。除了课内研究，我们的小课题课外研究也在进行。

（二）从数学视角观疫情，小课题课外研究在行动

突这场如其来的新冠肺炎疫情把每个人带入一个没有硝烟的战场。数据每天都在更新，日益增长的数据牵动着所有人的心。我们发现这些变化的数据里蕴含着好多数学问题。所以针对疫情，开展一次疫情下的数学专题小课题研究，既有时效性，又和生活紧密结合，还能提升学生的应用能力。

个别同学担任本次小课题研究的组长，在充分讨论之后，最终确定了"利用全国疫情地图和疫情趋势图调查新冠肺炎发展情况""调查疫情防控期间山东向武汉捐助情况""疫情防控期间部分国家疫情数据的调查""救治新冠肺炎患者所需要的药物、器械、医务人员费用的调查""调查疫情防控期间家庭一周的生活物资""疫情防控期间小学生学习方式等方面的调查"6个主题进行有关的课题研究。

（三）小课题研究收获满满，数学思维露荷角

在线小课题研究的学习方式启用之后，家长也纷纷表示对学习效果非常满

意:"以前听孩子提过小课题研究,说很喜欢。最近孩子在家上网课,咱们班用小课题研究的方式学习,才对这种学习方式有点了解。学习效果真不错,这种小课题研究的方式不但能激发孩子们学习的学习兴趣,还能锻炼他们的团结协作意识,强化主人翁意识,通过小课题的方式交流、碰撞,孩子的思维方式进一步开阔了,表达能力也得到了提升。孩子现在最喜欢的就是数学。""小课题研究让我的孩子能更深入地思考了,他尝试着去探索、分析、表述了,思维比以前活跃多了,已经有数学家的潜质了,这种方式真是太好了!"一系列的小课题研究活动,助力学生数学综合素养的提升,让学生们的思维动起来。

老师们对网络授课从最初的忙乱到现在的得心应手,孩子们从最初的兴奋到现在的冷静,家长从最初的质疑到现在的肯定,我们的线上教学教研工作经过前期的摸索和探讨,也实现了从有序到有效的蜕变。别样的课堂,不变的是教育初心,今时"一犁春雨",日后"满目黄金"。

以批注阅读切入　促写作能力提高

《语文课程标准》指出，小学生要"具有独立阅读的能力，注重情感体验，有较丰富的积累，形成良好的语感。学会运用多种阅读方法。能初步理解、鉴赏文学作品，受到高尚情操与趣味的熏陶。发展个性，丰富自己的精神世界。能具体明确、文从字顺地表述自己的意思。能根据日常生活需要，运用常见的表达方式写作。具有日常口语交际的基本能力，在各种交际活动中，学会倾听，表达与交流，初步学会文明地进行人际沟通和社会交往，发展合作精神，学会使用常用的语文工具书，初具备搜集和处理信息的能力"。

但是，目前对于阅读教学，由于诸多的实际原因，学校不少学生在课堂上还是依赖性太强。他们过分被动地接受教师的阅读理解及阅读教学方式。读完一篇文章后，相当一部分学生很少或是根本没有自己的感受和思考，甚至一些简单的看法也没有，离开了老师，就如一只只迷途的羔羊，无法深入文章的内在，感受文章字里行间所包蕴的情感和智慧。长此以往，必将带来学生阅读能力的退化。

我们学校提倡"批注式阅读"，就是指学生在阅读的过程中，随时在书页上用特定的符号或文字写下自己读书的所疑、所感、所想。批注式阅读是一种以问题研究为载体，以主动探究为核心的阅读实践活动。它遵循了阅读教学的要求和规律，是学生在自主状态下用恰当的文本进行的一种创造性对话。通过批注式自主阅读的初步探索，教师在实践中摸索出适合小学生运用的简易有效的批注阅读方式方法，引导学生借助批注开展阅读交流，初步实现生本、生生、师生之间的真正对话，并使之成为学生的阅读习惯。逐步培养学生的写作爱好，丰富写作素材，提高学生写作水平。

一、批注准备　奠定阅读基础

在教师、学生和书本三者中，学生无疑是阅读的主体。但传统的阅读教学，教师一味把自己对阅读材料的感悟理解灌输给学生，学生只能囫囵吞枣、被动接受，丧失了应有的主体地位。新的阅读教学理念主张尊重学生的阅读自主权。在阅读教学中，应当引导学生自主选择阅读内容，自主选择阅读方法，自主选择学习的伙伴，自主交流阅读的感受，使阅读成为学生自主探究、张扬个性的过程。

对于教材,要恰当取舍,用教材教。① 把教材读薄,抓住主旨。学期初定好学科教学计划。② 把教材读厚,适当拓展。以教师身份、以作者身份、以学生身份读。③ 恰当取舍,选准切入点。取重点研究的内容细细品读,舍学生一读就懂的地方,不要再讲。

二、阅读实施 奠定写作根基

(一)教给方法,把批注技巧交给学生

通过具体课例的学习,按照由易到难,由浅入深的规律逐步训练,重点掌握三种文字类型(评文字、评写法、存疑问)的批注。批注一般写在书的页眉、页脚、页侧,进行多种类型相结合的综合性批注的训练,在自主阅读中逐步渗透,逐步运用,逐步掌握。在阅读教学中,指导学生做批注,主要安排在学习课文的三个阶段进行。

(1)课前预习自由批注。给学生自主阅读、自由表达感受的机会,从而使教师获得预习的反馈信息,及时调整原有的教学方案。

(2)课中讲读专题批注,引导学生围绕课前感兴趣的热点、疑点、难点或教师设计的专题进行深入的研究和探索。

(3)课后拓展延伸批注。激发学生对文本深层次的探索,既是对原有批注的补充、修正、巩固和提高,又能作适当的扩展,以检验阅读效果,提高阅读能力。

批注的方法主要有以下 5 种。

写感想式批注:如果一个人动了心去读文章,就一定会有或深或浅的感想。为了培养学生边读边想的习惯,我们要求学生在读了文章之后,随时在旁边写下自己的感想。

质疑式批注:"学者先要会疑",不疑不能激思,不疑不能增趣。有了疑问,让学生带着问题读书,才会让他们读进去,真正地走入文本,与文本、与作者进行对话。这种批注式阅读方法,有利于培养学生的质疑与探究精神。质疑本身就是一种思考,一种挑战,一种探索。这种阅读方法学生用得最多,也用得最广,适合于各类学生各类文体。

联想式批注:阅读教学的一个重要任务就是培养学生的联想能力,让他们能够由此及彼,能够自觉地由文本迁移到文外。这种阅读方法有助于学生的知识的迁移、信息的归类整合。

评价式批注:要想发挥学生的主体地位,充分尊重他们的阅读体验,就应该允许并提倡他们对阅读做出的或褒或贬的评价。这样的阅读方法在诗歌里经常用到。

补充式批注:这种阅读方法就是让学生顺着作者的思路,依照作者的写法,接着为作者补充。也可以称得上仿写、续写,它能够活跃学生的思维,打开学生的视野,让学生学习作者的写作方法,快捷地提高写作能力。

(二)自主探究,合作交流

学生在批注的过程中,可以开展小组合作,可以根据自身需求与伙伴交换意见,表达自己的观点,听听他人的见解,使批注的内容更加完善具体。很多批注出来不懂的问题在交流过程中可以得到解决,做到感悟共享。教师要善于把握学生共同的疑惑,多适时地点拨与诱导,同时对每个学生的批注给予充分的肯定,激励学生再次阅读的信心。

(三)持之以恒,使批注习惯得到巩固

在课堂上,给予学生充分的批注时间,充分的交流时间,让学生在读中感,在思中悟,在辨中明,在说中得。定期组织课外批注交流与比赛,通过活动进一步提高学生阅读兴趣。鼓励学生将"批注式阅读"由课文阅读延伸到课外阅读,增强学生阅读的深度,扩大阅读的广度。

三、阅读促写 提高写作水平

(一)学习表达,品读课文

让学生体会作者的写作方法与技巧,找找好词好句。学习作者观察事物、分析事物、遣词造句、连句成篇的方法,为写好作文提供保障。

(二)拓展延伸,片段学习

根据课文品读出的写作方法进行相关内容的小片段学习。以班为单位进行交流、评价、互批互改、完善补充。

(三)近期向学生进行写作方法、写作技能的培训

我们近期组织学生进行写作培训,通过现场作文大赛,向报刊推荐优秀作文等,进一步激发学生继续写作的兴趣,提高写作能力。

我们相信,批注式阅读的开展,一定会丰富学生的情感体验,形成阅读个性,让读书不再处于被动,不再成为一种负担。在这个过程中,学生得到的不仅是知识的增加,能力的提高,更为重要的是,找到写作的方法,形成独立的写作思想,拥有自主写作的精神。我们坚信有了快乐写作,学生的个性就得以神采飞扬。

运用背景知识提高学生阅读探究能力的策略

"阅读文本是指由作者写成而有待于阅读的单个文学作品本身。"它既是承载着知识信息的文字材料,又是作者进行文学创作的产物,与作者有着重要的关联,作者的创作意图通过阅读文本反映出来。在语文课程中,阅读文本主要是指课文,它是语文教材的重要内容之一,是学生进行阅读对话的主要对象,是学生与作者之间精神交流的桥梁。学生对文本的阅读是文字输入头脑与心灵的过程,头脑与心灵如何译码、关联、过滤、提取、加工,是"黑箱操作",旁人无法看得见、无法控制得了,它受到阅读者和阅读文本的制约。

一、利用背景知识,倡导个性化的阅读

现在语文课程的基本理念指出:"学生是学习发展的主体。语文课程必须根据学生身心发展和语文学习的特点,关注学生个体差异和不同的学习需求,爱护学生的好奇心、求知欲,充分激发学生的主动意识和进取精神,倡导自主、合作、探究的学习方式。"在阅读教学中,从学生现有的知识点出发,考虑学生的知识功底、阅读视野、兴趣爱好,师生共同创设开放性的问题情景,激励学生提出高质量的问题。倡导个性化的探究性阅读,用他们喜欢的方法探究、分析、解决问题,学生进行扎扎实实的独立思考学习,获得独特感受与体验,在自主探究中获取知识的乐趣。

而成功开展探究性学习要求学生必须具备相应的背景知识。学生的知识储备要达到一定的程度,才能完成课程教师要求的各项活动任务。这要求开展探究性学习之前,对学生进行背景知识介绍,引导学习课后搜集更多的与课文不同类型的背景知识,每种类型背景知识让以小组为单位的同学负责,设计方案、搜集资料,并让学生在课堂上展示自己的劳动成果,与同学分享讨论,这样既调动了学生学习积极性,还激发了学生的智慧能力,也锻炼了自我调控能力,培养了合作精神。而合作精神是一种值得弘扬的时代精神,是健全人格的具体体现。

二、利用背景知识,适时拓宽学生的阅读面

一篇课文是在特定的背景上完成的,创作者都是在特定的时代背景生存的,

其创作离不开特有的时代背景,受当时的文学观念、文学知识、民情风俗和作家的主观创作意图等因素的影响,并在阅读文本中呈现出其独有的特征。中国文化源远流长,纵向来看,古代文学作品与现代文学作品相比,阅读文本中呈现的时代背景最为明显,不管是字词句篇,还是语法修辞,都有着天壤之别,要读懂文言文、诗歌、散曲等文章,离不开文章所处的背景知识,其成为我们感悟、体验、理解文本的关键。横向来看,就算处在同一时代背景,创作者的创作目的、价值观、风格和不同地方的语言特色等,使得文学作品融合、渗透着一定的背景知识。这些背景知识链接都是有意引导学生的阅读兴趣并扩大学生的阅读面,在广泛的阅读面基础上,教师通过声情并茂的介绍或朗诵,激发起学生的兴趣,引导学生多读书,读好书,读整本的书。通过背景知识的介绍,学生巩固和运用在阅读教学课堂上所学到的一些阅读方法,理解感悟文章的方法。

比如鲁迅的作品,由于写作于白话文运动的兴起时期,所以对今天的中学生来说,语言表达方式已经很陌生。鉴于教材所选他的作品多出自《呐喊》《彷徨》和《华盖集续编》,可以针对性地选最新、最权威的鲁迅研究资料专题介绍给学生,这样,学生对鲁迅其人、其思想的大致轮廓就会有一个全面的了解。再如,讲《荷塘月色》可以抓住文眼"这几天心里颇不宁静",参考朱自清的《一封信》与《哪里走》所表露出的选择的困惑——当时强调社会价值、个人使命,而对他来说既反感于国民党的"反革命",又对共产党的"革命"心怀恐惧,这就是"不宁静"的根本原因。他愿意做一个自由的知识分子,有着"什么都可以想,什么都可以不想"的自由的渴望。阅读这些背景知识,大大地拓宽了学生的阅读面。

三、利用背景知识创设教学氛围,提供适宜阅读探究环境

学生能力能否得以表露和发展,取决于是否有一个适宜的环境和气氛。青少年学生天性好奇心重,求知欲旺盛,这正是探究意识的表现。教学活动应顺应这一规律,充分爱护和尊重学生探究意识,师生之间要保持平等、和谐、民主的人际关系,消除学生在课堂上的紧张感、焦虑感,让他们充分表露灵性,展现个性。为此,教师要有意识地培养学生质疑问难的勇气和兴趣,启发诱导学生积极思维,发表独立见解,鼓励标新立异,异想天开,这是为学生探究能力培养创设良好环境的重要一环。

在语文阅读教学法中,理解文章的关键在于正确地使用背景知识填补文中非连续事实空白,找出上下文联系,使读者能在更深程度上理解课文。而语文教学强调工具性与人文性的统一,促使我们教师对背景知识认识重新定位,要把它拓展到一个更大、更新的领域来思考,使其在学生学习中发挥更大的作用。

如讲杜甫的《登高》一诗时，在分析、欣赏课文之前，向学生介绍，作者写这首诗时，安史之乱结束已四年了，但社会依然动乱，民不聊生。再加上作者长年漂泊在外，老病孤愁，好友李白、高适、严武等人相继辞世，诗人心中无比郁闷，为了派遣愁闷，于是乎便有了诗人抱病登台远望江峡秋色时的感慨。这样，就为学生创设了一个探究环境，学生就会利用这些背景知识进一步探究杜甫的思想。

四、利用背景知识，培养学生学习探究课文的兴趣

素质教育突出了学生的主体地位，而学生的发展又离不开需要、兴趣等内因。只有充分调动了学习内因，学生的主体地位才能得以显现。在学生发展的内因中，兴趣是十分关键的动力因素。法布尔曾说："兴趣力量好比炸药，立即可以把障碍炸得干干净净。"美国心理学家布鲁纳也说："学习的最好动力，是对学习材料的兴趣。"阅读教学的设计最重要的是要唤起老师"教"和学生"读"的欲望，通过教师有意识设置的一些教学环节，激发起学生提问的冲动，解决问题的冲动，从而披情入文阅读的冲动。在教学中，充分利用背景介绍来激发学生的学习兴趣，唤起学生的阅读意识。提倡多角度、有创意的阅读，充分利用阅读期待，阅读反思和阅读批判等环节，拓展学生的思维空间，也能取得很好的教学效果。

例如，课文的民族现象，不仅具有很强的知识性，而且具在浓郁的趣味性。向学生介绍民俗内容，对激发学生的学习兴趣，调节学习情绪，活跃课堂气氛有很大的帮助。比如，朱自清先生的名篇《背影》，扬州人有把"走运"说成"走局"的习俗。出于"局"与"橘"谐音，作者便借扬州当地"买橘"这一习俗，以表现父亲对他的爱，所以，给亲朋好友们送礼时，橘子是不可少的，送橘就是为了"走局"。至今扬州人仍有一到农历初一老人都要给孩子买橘子吃的习俗，其中自然寓含希望孩子能走运的用意。朱自清的父亲在失业赋闲、老母病死的惨淡境遇中，把所有的希望都寄托在孩子身上，离别时买橘子就是希望儿子能"走局"，将来有好运气。

背景知识的介绍是语文阅读教学过程中不可缺少的环节。一篇课文直接传递的信息总是有限的，而学生的知识储备也是有限的，要了解一些深刻或者超越文本知识范围的文章，是有一定难度的。巧用背景知识，可以促进学生对阅读文本的理解，从而提高学生阅读探究能力。

让生命在品读经典中更有香气

所谓"经典"，是指古今中外重大知识领域的原创性著作，是被历史证明最有价值、最重要的文化精髓，这些经典滋养了无数人的心灵。小学阶段是人生记忆的黄金期，作为语文教师，我们要引导学生利用好这段时光，让他们诵读、熟背经典美文，以达到文化熏陶、智能锻炼与人格培养的目的。我在多年的教学工作中，积极探讨经典诵读的有益做法，让学生读经典、诵美文，提升自己的人文素养。

一、高定位，未成曲调先有情

诵读效果如何，首先要从学生诵读的篇目上做文章，要做到读有所依，读有所序，读有所据，做到未成曲调先有情。为确保把最经典的东西呈现给学生，让各个层面的学生都找到适合自己阅读的书目，并逐步积累、层层上升，教师首先要把好书目关。实际工作中，我本着关注人文性、艺术性、生活性原则，和一些骨干教师一道认真筛选编写了经典诵读教材，涵盖一至六年级学习内容。在编写过程中结合时令、重大节日、学生年龄实际等，让教材更符合学校和学生实际，同时制作了与教材相配套的文质兼美、实用的课件有效辅助教学。有了"硬件"的配备，"软件"也不能忽略。我们充分发挥教师这一"软实力"，让教师引领学生诵读。规定要求学生诵读的内容教师必须先阅读，并且鼓励教师参与学生的诵读，与学生互动。当学生觉得老师也在和他们一起阅读时，他们会更认可经典，更喜欢诵读。新课标提出："注意通过诗文的声调、节奏等体味作品的内容和情感。"为此，对一些特别优美的经典诗文，我都要努力做好范读引领。教师声情并茂、绘声绘色、饱含韵味和节奏的范读不仅能激发学生诵读的热情，还能帮助学生读好诗文，让学生在经典诵读中知仁爱、懂礼节，在经典诵读中有了读书的兴趣和阅读的习惯，感受、体验着经典文化的博大。

二、重积累，腹有诗书气自华

经典诗文是我国文化宝库中的一枝奇葩，是中华文化的智慧宝藏，它以其优美的意境、朗朗上口的旋律滋润了无数人的心灵。趁学生心性纯净时背诵最有价值的经典,让学生耳濡目染圣贤光明正大的智慧思想,让经典的价值伴随其人生经验的成长而如吐芬芳,是一件非常有意义的事。《全日制义务教育语文课程标准》(2011版)要求学生诵读一定数量的优秀诗文,包括中国古代、现当代和外国优秀诗文,其中小学段要求背诵75篇。为达到这一要求,教师要引导学生做好积累,做到腹有诗书气自华。要重视经典诵读的过程建设,实现从关注课堂到关注生命;从关注知识的积累到关注人文素养与生命品位提升的质的飞跃。教师可以开展丰富多彩的活动,为学生搭建展示平台。如定期组织"小小朗诵家"朗诵比赛、"读经典诵美文"、"我读书、我快乐"演讲比赛、"双百进校园"、读好书讲经典、精彩故事会、课文名篇诵读、绕口令、我来品名著中的人物、古诗考级、"同读一本书"等一系列活动;适时增加"书香教师""书香班级""读书小博士""读书小秀才"评选,做到时时有主题、有特色。这样,随着时间的推移和诵读量的增加,师生的认识就会不断得到升华,经典诗文诵读不再只是语文教学的延续,已经成为建设书香校园、人文校园的重要途径,已经成为师生生命成长的需要。

三、巧评价,千树万树梨花开

经典诵读是让学生终身受益的活动,教师应该根据学生自身的爱好确立科学的评价体系,给学生以充分的自由,提高学生自主阅读兴趣,让他们觉得"我要诵读"。教师可以采用因材施教的评价方式,从诵读量、诵读面对学生诵读情况进行评价,评价标准不能一刀切,切忌对每一位学生统一要求、统一步调、统一内容。要最大限度激发学生参与经典诵读的积极性和主动性,通过评价及时了解诵读活动的效果。实际教学中我们可以采用形成性评价和跟踪性评价相结合的方式,评价过程中鼓励性质要大于测试性质,如:定期开展"读书交流会"。以小组或班为单位,让学生介绍近期的读书情况,交流摘录的优美句段等。在交流中组织学生间相互传阅读笔记,引导学生相互评价。组织家长评价让学生定期向家长汇报自己的经典诵读收获,展示自己的诵读成果,让家长为孩子写评语,做孩子诵读的支持者,督促孩子课外阅读。让学生在家长的陪伴下,在经典诵读的道路上走得更远。发挥教师的评价引导作用。在学生阅读了一定的经典书籍后,教师要及时进行有针对性的评价,对学生前期的诵读进行一次综合性定量定性评价,并对后期的阅读提出一些建设性建议。在这一过程中,教师可以采用诵读考级的方式,在给学生适当的压力的同时,激发学生诵读的内驱力,检测学生的诵读效果,力求满足学生的成就感,使他们能持久地投入阅读和诵读中,最终让经典诵读达到"忽如一夜春风来,千树万树梨花开"的境界。

中华经典诗文历史源远流长，名篇佳作美不胜收，是民族文化的根基和典范。教师要充分利用好这一资源，力求做到以学生为主体，浸润学生心田，让学生在诵读大量古今中外的名篇佳作中，体味经典诗文的音韵美及艺术感染力，得到一种美的享受，进而融会贯通，达到"书读百遍，其义自见"的境界。

试论教学暗示艺术在小学中年级的运用

近年来,国家不断加强对基础教育的投入,注重培养和挖掘学生的潜在发展能力,要求教师在结合学生身心发展特点的基础上,充分发挥教师自己的创造性,创建巧妙、有效、个性、有美感的课堂。如何组建这样的课堂,是值得教育教学工作者和专家学者集思广益、积极开拓的重要研究方向。教学暗示艺术是教师有意识地运用暗示原理,借助语言和非语言符号,在教学过程中间接对学生产生影响的教学艺术形式。教师通过对教学暗示艺术运用的学习,可以使理论更好地运用到实践中去。本文利用观察法和教育叙事研究的方法,对影响教学暗示艺术运用的多种因素以及运用手段的进行分析研究,并在结合小学中年级学生的心理发展特点的基础上,探讨暗示艺术在小学中年级的运用,使得暗示教学艺术能够为一线教师灵活使用,增强教师的创造信心,从而建立具有艺术性的课堂,使学生的潜能在不知不觉之中得到激发。

一、绪论

(一)研究缘起

随着人们文化素质的不断提高,对学生教育关注度也不断上升,能够提升学生发展潜力的教学艺术得到了广泛关注。所谓的教学艺术,就是指教师在教学过程中灵活娴熟地运用各种的教学技能技巧,按照教学规律和美的规律而进行的独创性教学实践活动。在课堂教学中,教师与学生之间的对话交流的好坏能够反映出师生之间氛围的好坏。师生之间的互动交流,不是只有言语一种形式,还有许多具有暗示性的非言语符号在起作用。如何打造一个更有效、更有特色、更有美感的课堂,需要我们深入思考。小学中年级的课堂教学内容,已经由具体直观的事物开始向脱离具体形象的逻辑思考过渡。这个过程想要顺利进行下去,就需要教师的教学艺术,需要教师综合各方面的因素,在教学过程中不知不觉地影响学生,教学的暗示艺术正是使这种潜移默化的影响充分发挥作用的必要手段。只有在充分了解和掌握教学暗示艺术的基础上,才能做到在课堂中实际运用,才能充分激发学生的潜能。本文通过对教学暗示艺术的实际运用的研究,希望能给更多的小学中年级的教师以意见和建议,共同促进学生学习兴趣的提高以及潜能的激发。

(二)文献综述

1.研究现状

近年来,教学暗示艺术的研究越来越受到研究者的关注,教学暗示艺术是促进学生积极主动学习、激发学习兴趣的一种有效方法。有效地运用教学暗示艺术,可以使学生学习效率得到提高,运用手段的不同也体现了教师的教学艺术水平的高低。国内对教学暗示艺术的研究较少,主要集中在两方面:一是教学暗示艺术理论知识的研究,二是教学暗示艺术在学科课堂中的运用。

(1)教学暗示艺术理论知识研究。

黄俊在《教学暗示艺术的可行性研究》中提出,教学暗示艺术的理论依据是发展论和潜力论,其实践依据有西方苏格拉底的产婆术和东方的《学记》等,此外还提出了教学暗示艺术的运用要加强教师与学生之间的交流,巧妙地创建积极暗示,努力消除消极暗示[1]。暗示艺术手段多种多样,要选取适宜的手段应用到教学中,进而激发学生的心理力量,充分发掘潜在能量。在《教学暗示艺术中非语言符号的运用策略研究》中,明确了非语言符号与教学暗示艺术之间的存在许多联系,提出非语言符号对教学的暗示作用具有两面性,教师要巧妙地利用非语言符号构建良好的教学气氛,从而提高学生的积极性[2]。在《教学暗示艺术在小学不同学段的运用策略研究》中将小学阶段做了划分,分为了低、中、高三个阶段,并根据不同阶段的学生的发展特点,提出了一些发展策略[3]。

孙建芳在《让潜能在暗示中升华》中交代了暗示教学法的背景和来源,仔细地阐述了教学暗示艺术的特点和形式,说明了暗示艺术的多种价值并提出了教师在运用时的三个基本原则,以及通过创设不同的教学实际情景使得教学达到事半功倍的效果[4]。

(2)教学暗示艺术在学科课堂中的运用。

韩英成在《课堂教学中教师"暗示"的艺术》中论述了教师的表情、眼神、动

① 黄俊《教学暗示艺术的可行性研究》,《教育实践与研究》2011年第24期。
② 黄俊《教学暗示艺术中非语言符号的运用策略研究》,《教育导刊》2014年第11期。
③ 黄俊《教学暗示艺术在小学不同学段的运用策略研究》,《教学研究》2015年第4期。
④ 孙建芳《让潜能在暗示中升华》,《各界文论》2006年第12期。

作、风度、语态、板书等方面,在调节课堂氛围时的重要作用①。

赵晓丽、徐文彬在《试论小学课堂中教学语言的暗示艺术》中阐述了暗示教学产生的机制,并仔细分析了小学课堂语言中言语、语态、体语等暗示艺术的内涵以及在运用时的技巧,还提出暗示艺术在课堂教学中运用时要注重与学生心理发展相协调,同时教学中的非言语性暗示要与教师的语言相结合②。

王学义在《论教学中的语言暗示艺术》中,将教师在教学中所使用的语言分为了三大类,分别是含蓄性语言、幽默性语言以及激励性语言。通过对这三种语言在运用时所体现出的含义来创建和谐愉快的课堂③。

齐军、李如密在《课堂教学暗示艺术中美的意蕴及应用策略》中,阐述了教学暗示艺术与暗示教学法的相同与不同之处,强调了教学暗示艺术具有的组织美、机智美以及生命美,提出了教学暗示艺术化解教学过程中出现的问题及其应用技巧,由此可见教师在暗示艺术运用的过程中起到了十分重要的作用④。

李祎在《数学暗示教学法初探》中界定了什么叫作暗示教学法,其机理是人的思想的显意识和潜意识。同时,利用实际案例通俗易懂地叙述了教师在使用暗示机制时度的把握,只有准确把握这个"度"才能使暗示的作用发挥到极致,还提出了在数学课堂中语言和非语言两种暗示法在使用时的技巧和策略⑤。

2. 存在的问题

当前研究对教学暗示艺术的理论知识的研究较少,多是对教师的学科教学中的暗示艺术进行分析,研究的对象集中于某一课堂中某一教师的语言和非语言行为,研讨的范围比较狭窄,其他教师在教学过程中对其借鉴性不强。

通过对教学暗示艺术已有研究的分析发现,教学暗示艺术是一种促进学生学习积极性的一种有效的教学艺术手段。本文主要分析影响教学暗示艺术运用的影响因素,找出教学暗示艺术运用的各种手段并分析其在小学中年级的运用,帮助教师在了解教学暗示艺术的基础上,更好地运用教学的暗示艺术来促进学生的发展,使学生在学习中感受到快乐,给其他小学中年级的教师一些教学启发。

---

① 韩英成《课堂教学中教师"暗示"的艺术》,《教育实践与研究》2015年第26期。
② 赵晓丽,徐文彬《试论小学课堂中教学语言的暗示艺术》,《天津市教科院学报》2010年第4期。
③ 王学义《论教学中的语言暗示艺术》,《课程.教材.教法》1995年第8期。
④ 齐军,李如密《课堂教学暗示艺术中美的意蕴及应用策略》,《中国教育学刊》2010年第12期。
⑤ 李祎《数学暗示教学法初探》,《内蒙古师范大学学报(教育科学版)》2011年第10期。

（三）核心概念界定

教学暗示艺术是指教师有意识地运用暗示原理,借助表情、言语、手势等非语言符号,在教学过程中间接含蓄地对学生施加影响的一种教学艺术形式,使学生在心理情绪等方面发生变化,从而调动他们的内在潜力,提高学习动力。教学暗示艺术是以教师为践行的主体,使教师在灵活运用教育学、心理学等专业知识的基础上,综合考虑学生心理发展的不同特点,在不知不觉中陶冶学生,促进学生学习潜能的迸发。小学中高年级的学生身心还处于不断发展的阶段,非常容易受到外部事物的影响,教师在教学的过程中可以采用具有吸引力和创设性的教学艺术方式,往往对学生具有不可忽视的潜在的教育陶冶功能。教学过程是师生对话交流的过程,建立良好的师生关系,使学生真正愿意亲近教师,愿意向教师表达出自己真实情感。教师想要上好一堂课,仅仅只关注课堂中学生的行为举止是不够的,更要注重学生的课后反馈,明白学生的需求才能更好地传授学生知识。通过教学暗示艺术,在不知不觉中打破学生和教师之间的心理隔阂,使学生的积极性大大提高,提高学生的创造活力和想象能力,最大限度地激发学生的潜在力量。利用这种教学方式,在一种放松的没有压力的氛围中促进学生主动学习,并进而使学生的情感和精神生活得到极大的丰富。

小学阶段是基础教育重要组成部分,目前我国小学阶段有六年,时间比较长,能够为初中阶段的教学打下坚实的基础。在小学阶段的三个水平段中,不同的水平段中的学生处在不同的心理发展阶段中,其学习动机、认知发展、情绪变化、意志发展具有不同的特点。在本文中,主要探讨教学暗示艺术在小学的中年级,即在三到四年级教学中的运用。小学中年级阶段的学生,已经度过从幼儿园到小学阶段的过渡时期,其学习动机开始发生转变,由外部动机开始向内部动机转化。该阶段的学生开始关注课堂的趣味性,关注点从教师本人转移到课堂,观察的范围由点转向面,视野范围开拓,观察的目的也得到增强。同时,该阶段的学生独立意识有了发展,但并未完全形成,更加关注学习对自己的价值或意义,抽象逻辑思维逐渐发展,察言观色的能力大大增强,开始想要挣脱外部控制,有自己的行事准则和独立个性,但仍然需要教师的引导。因此,在这一阶段的教学过程中,教学暗示艺术的实践要考虑学生反暗示情绪,避免引起学生更强烈的抵触情绪。

（四）研究方法

本文采用文献分析的方法,文献分析法是指搜集、鉴别、整理文献,并通过对文献的研究,形成对事实科学认识的方法。利用文献分析法详细地阐述了教学暗示艺术的含义,找出影响教学暗示艺术运用的因素,分析教学暗示艺术运用的手段,探讨了教学暗示艺术在小学中年级的运用,使教师更多地了解教学暗示艺术,给予教师的教学工作一些建议和启发。

二、教学暗示艺术应用的影响因素

教学暗示艺术和暗示教学法都是利用"暗示"的方法来改善教育环境,因此两者有相同之处,但是也有很大的不同。共同之处就是二者都是通过利用学生潜意识行为来开展教学活动,不同之处就是暗示教学法是教学方法的一种,而教学暗示艺术是一种艺术活动可以利用多种教学方法来达到潜在的教学目的。总体来说教学暗示艺术所包含的意蕴更加深刻。利用教学暗示艺术所建立的课堂,更加巧妙、有趣、富有创造性。如果想要使用好教学暗示艺术,就不仅要考虑到学生的因素,更重要的是教师要具有较高的教育教学技巧、技能以及较高的审美。同时,教师也要打造具有自己个性的教学,打造别有一番韵味的新课堂,进一步提高学生的学习兴趣,使其爱上课堂。

(一)客观因素与主观因素的结合

教学暗示艺术的理论基础是哲学和心理学,根据这两大理论基础,课堂教学暗示艺术的应用需要综合各方面的因素。在课堂教学中,有教师、学生、教学媒介等多种人、事参与其中,需要将有关良好课堂氛围形成的各种因素结合起来,这多重因素中既包括客观因素,又包括主观因素。客观因素包括教材、教学手段、授课方式、师生相对位置、桌椅摆放、非正式组织、班级环境等,这些因素是影响学生学习的显性存在,是一些外在因素。通过对外在客观因素的调节和控制,为学生营造积极向上的学习氛围。这些因素可以通过五大感官直接观察、感受获得,是进行推理学习的"条件"。主观因素包括学生的学习兴趣、潜力、意愿,教师的教学心理以及语言、动作等暗示性语言行为。主观因素主要是指有关教学主体和学习主体的内部心理感受,对教学起到潜移默化的影响。从总体上来说,客观因素主要关注的是"物",主观因素关注的是"人"。

教学过程中的客观因素和主观因素应相统一相结合,全面考虑"物"的因素和"人"的因素。同时,教师要学会将教学过程中的客观因素转化成能够潜移默化地影响学生的主观因素,使积极的"暗示"的作用在教学中得到最大限度的发挥,达到"行无言之教"的艺术境界,这样也可以避免学生产生抵触情绪。人们常常只注意到教学过程中的客观因素,而忽视主观因素在其中所起的重要作用。

主观能动性是学生愿意学习的重要内部影响因素,将客观因素和主观因素的优势结合起来,可以使学生学习受到外在动力和内在动力的共同推动。

（二）可暗示与反暗示的协调

在教学过程中,教师与学生存在着紧密的联系,教师是学生汲取知识过程中最大的暗示源,教师通过有意识地使用一定的手段,使学生在不知不觉中接受知识熏陶。学生具有的可暗示性,是指学生的心理发展和以往经验都积累到了一定的水平,在教师所提供的暗示情境中具有适应能力,并能够被不断地吸引。此时的学生正处于一种朦朦胧胧的状态当中,教师利用教学的暗示艺术,帮助其拨开迷雾,看见辽阔的知识的海洋。但是人的思维的可暗示性时常会受到反暗示思维的阻碍。例如,当暗示的内容与学生个体存在理论逻辑上的一致时,可能会被学生看破教师的意图,会引起学生的反感,甚至破罐子破摔站到教师与学校的对立面。对待学生的反暗示情形,教师要利用自己的教学机智破解学生的反暗示情绪。例如,教师在创设暗示情景时以一些与学生思维逻辑相反的情景出现,即能够破解学生反暗示心理的环境氛围,从而引起学生的反思与思考,使学生在矛盾中做出抉择。小学中年级的学生身心还处于不断发展的过程中,教师在利用学生的可暗示性和反暗示心理时,加强可暗示与反暗示的协调,理智对待,争取在潜移默化中提高学生学习的兴趣,激发学生的发展潜力。

（三）和谐融洽的师生关系

教学研究寻求艺术的发展空间,终将回归到教师与学生关系的研究上来,良好的师生关系是维持一个和谐融洽愉快的课堂氛围的重要因素。因此,暗示艺术的产生需要有一个和谐融洽的师生关系作为支撑,防止出现混乱的课堂教学秩序,否则教学暗示艺术就无法真正地发挥其艺术效果,还会弄巧成拙。在和谐融洽的师生关系中,教师与学生的地位是对等的,学生可以畅所欲言,及时地反馈自己的所思所想,也可以使暗示艺术的影响力得到最大限度的发挥。教学中教师的小幽默、小笑话、平缓的语调、亲切的微笑等,都可以轻松拉近师生之间的距离,使学生喜欢上教师进而喜欢上教师所教授的课程,学生对所学课程感兴趣是学生学习的最强动力,可以提高学生学习的内部心理动机,进而可以提高学习的效率。教学暗示艺术是教师有意识地对学生施加影响的一种教育方式,建立如同朋友般的师生关系,有助于良好课堂氛围的形成,也是教学暗示艺术发挥作用的不可或缺的条件。

三、教学暗示艺术运用的手段分析

教学暗示艺术的使用,并不只是在课堂中使用暗示教学法,想要达到此种艺术效果可以利用多种手段和方法。教学暗示艺术运用的手段可以分成两大类。第一类是语言符号类,具有旁敲侧击、举一反三的作用;第二类是非语言符号类,除明确言语行为外,对语言具有辅助作用的其他感官类动作,具有强化语言意义的作用。因此,在教学暗示艺术运用的手段中要善于利用语言符号类暗示与非语言符号类暗示。

(一)语言符号类

语言符号类是教学暗示艺术运用手段的第一大类,在此大类中,又将语言分为了鼓励性语言、竞争性语言和讽刺性语言三小类。第一,鼓励性语言是教师在提高学生学习积极性过程中常常用到的手段。根据埃里克森的人格发展阶段理论,小学阶段学生的主要发展任务是培养勤奋感,消除自卑感。他们获得的成就感主要是来自长辈的鼓励和赞赏,当学生获得小成功时,教师要及时地进行奖励(包括物质奖励和精神奖励,要以精神奖励为主),使学生保持学习的积极性。第二,竞争性语言主要存在学生之间,例如在一次期末考试之前,学生之间可以约定自己的目标相互超越,在竞争中你追我赶提高学习成绩。竞争性语言不只存在于学生之间,还可以用于学生和教师之间,在新学期开始时,教师可以向学生承诺他们在期中考试中达到某一特定水平后,学生可以提出利用一天的时间来进行教师和学生的角色互换等要求。在竞争的过程中学习,利用学生的好胜心,为学生的学习提供外部动力。第三,幽默性语言是活跃课堂氛围最有效的语言形式,在课堂教学中教师可以采用说俏皮话、冷笑话、反话等方式,活跃课堂气氛,减小与学生之间的距离,使学生的注意力集中到教师身上。在教学暗示艺术的运用中,教师要充分发挥自己的教育智慧和教学机智,在多加了解学生心理特点的基础上,使语言展现出更大魅力,将课堂打造成一个充满欢声笑语的学习乐园。

(二)非语言符号类

非语言符号是教学暗示艺术运用的第二大类,在这一大类中,又分出了很多小类,包括视觉类、听觉类以及其他。第一,视觉类非语言符号主要有语态(表情、眼神、姿势等)、肢体动作、师生距离、师生相对位置、板图板画。在教学的过程中,教师的变化以及所引起的周围环境的改变,都对学生的心理起到暗示作用。教师要关注自己各方面的变化对学生的积极暗示作用,消除消极暗示。在与学生的互动交流过程中,通过教师的视觉类非语言符号对所传授的内容在不知不觉中进行强化,达到"润物细无声"的效果。第二,听觉类非语言符号主要有语气、语调、音高、音长。中华文化博大精深,同一词语在不同的情景中具有不同的含义,同一情境中语调、音高、音长不同也会产生不同的理解。教师在课堂教学中要学会使用音调、音高、音长来表达自己的意思,给学生暗示,使学生积极思考,避免打击学生的积极性。第三,其他非语言符号对学生的影响,例如教室的布置、桌椅的摆放、班级人际关系等等。教学暗示艺术就是要求教师通过有意识地利用各种暗示机制和语言以及非语言类符号,使学生的心理发生变化,在潜移默化中激发学生的学习潜能,创建具有美感的、有效的、欢乐的、个性化的课堂。

四、教学暗示艺术在小学中年级的运用

教学暗示艺术的运用需要师生双方的配合,教师想要建立一个有效的艺术性的课堂,不仅要加强对专业知识的学习,提高自己的专业能力,而且要多加了解学生情况以及对自己的课堂教学做经常性的反思。教师的专业理论知识要在实践中得到运用,要把理论与实践相结合,在实践中寻找自己的不足之处,不断完善自己,打造学生心中的完美课堂。只有清楚地认识到学生的心理发展水平、认知能力,才能更好地创设良好的教学氛围,在潜移默化中激发学生的潜能。

(一)小学中年级学生的心理发展特点

小学中年级是指小学三四年级,该年级的学生年龄一般在十岁左右。小学中年级的学生在短时间内记忆同一材料时,有意记忆的效果要比无意记忆的效果要好。实际上,小学生很多知识的积累并不只是依赖于有意记忆,还在一定情况下利用无意识记忆。小学中年级的学生,由于学习过程中学习材料的不同,有意记忆和无意记忆都是必需的,二者是同时在起作用的。小学生思维发展的基本特征是,从具体形象思维为主逐步向抽象逻辑思维过渡,在小学的中年级是这一过渡出现"飞跃"和"质变"的时期。教师要抓住这一特征,利用各种暗示手段和有效的教学方法帮助学生顺利实现"飞跃"。在这一时期,学生的情感变化也是处于一个过渡阶段,学生的情绪情感逐步从冲动性、易变性向平衡性、稳定性的方向发展,其自控能力也不断加强。小学中年级学生的意志品质的发展,不只是依靠外在的支配行动,开始有内部因素的参与,但是内部因素的作用还没有完全发展起来。此时的动机,也是处于外部动机向内部动机转化的过程,开始思考学习内在动机,更加关注自身。

总的来说,小学中年级的学生在此阶段的心理发展特点是处于一种特征向另一种特征转变的时期,从关注外在因素转向内在因素的过程。因此,教师在该阶段的主要任务就是帮助学生增强转变的自信心,利用自己的教学智慧帮助学生顺利实现"飞跃"。

(二)教学暗示艺术的运用

在这一时期,教师要帮助学生顺利实现"飞跃",就要用好暗示这一工具,使教师工作的成效得到增强。通过对小学中年级学生的心理进行分析,可以看出在该年龄阶段的学生非常渴望得到学生的关注。但是根据目前我国的国情,学校中的大班额现象非常普遍,一名教师要同时面对四五十名学生,想要照顾到每一位学生的个性特点是很困难的。有时,在教师眼中可能无关紧要的一句话,对一些心理敏感比较自卑的学生来说,可能会刺痛他们维护的倔强的自尊心。因此,教师要严格约束自己的言行举止,减少自己的无意识动作。例如,我毕业时教的小学,小学三年级只有一个班,班级中有 65 名学生。在一次数学课上,我布置了 5 道数学题让同学们做在自己的作业本上,有计算能力比较强的学生,很快就把这5 道题目做出来了,他们就跑到我的面前让我给他们批改,因为之前没有给他们定下规矩,所以很快教室就乱作一团。为什么会出现这样的情况,怎样又快又有效率地使学生遵守课堂规定呢?遇到这种情况教师通常会呵斥其中闹得比较厉害,平时表现又不是很好的学生,希望达到"杀鸡儆猴"的效果,这时这些被呵斥的学生就成了良好课堂纪律的牺牲品。其实这时教师可以采用一些肢体动作,先让学生的注意力集中到自己的身上,然后用幽默性的语言来调侃此时的课堂环境,例如,"哇,你们太热情了,我现在感觉自己就像一个大明星,有好多的小粉丝在要我的签名(开心的笑)。但是,现在我们的声音好像有点大,打扰到其他同学了,如果你们愿意下课再来找我要签名,我会非常开心的"。使课堂氛围更加放松之后,教师可以在提出解决此种困境的具体方法,如同桌之间互相检查、小组长检查等等,教师简简单单的几句话就可以改变课堂气氛,这就是教学的艺术。

学生非常期待来自教师的鼓励,面对学生的进步,教师可以多多利用夸张性的语气、音调、音长、音高来夸奖学生,如"哇～好厉害呀(拖长音)、真棒(重音)、我就知道你可以的"等等。该阶段的学生非常关心教师对自己的评价和印象,基于这一点,教师在课堂教学中应该注意自己表情,用微笑面对每一位学生,给学生以亲近感,努力成为学生的朋友,以平等的方式与学生对话,使学生敞开心扉将更有利于教学活动的进行。此外,眼神所表达的潜在含义也是非常重要的,教学是学生与教师互动交流的过程,教师在进行提问或者回答学生问题时要看向学生的眼睛,并且眼中应该包含鼓励、爱,使学生感受到教师眼中所传达出的暗示——教师是喜欢自己的。尊重和爱是相互的,当学生感受到教师是喜欢自己的时候,他也会喜欢教师以及教师所教授的课程,这样可以提高学生学习的注意力和兴趣。我国教室座位的分布都是秧田型,教师在前学生在后,这种座位管理模式有利于教师的管理,但是会对学生造成心理压力,教师应走下讲台走向学生身边,缓解学生的心理压力,进而使学生能够在课堂上放松地学习,提高学生的学习效率。

针对中年级学生的心理发展特点,教师在实施教学暗示艺术时可以有效利用同伴效用,重视学生之间的交流,有意识地引导学生之间开展有益于身心的课外活动,允许班级中存在积极的竞争性语言,使学生在心甘情愿的情况下,提高自己的学习能力。中年级学生心理发展正处于过渡时期,内在的自我控制能力还没有发展起来,教师语言的暗示作用对于学生学习积极性的提高还是非常有必要的。

教师也要帮助学生减轻巨大的心理压力,教师要巧妙地实施教学的暗示艺术,帮助学生缓解压力,让学生在不知不觉中获得知识的熏陶。在小学中年级的课堂上,常常会出现这样的情况,当教师叫学生起来回答问题时,学生非常紧张,只是站起来却一声都不敢吭,既不能告诉教师问题的正确答案,也不能告诉教师自己不会。出现此种情况的原因有几种,其中一种就是学生性格比较内向,不敢在全班学生面前说话。对于这种学生教师应该采取语言性暗示与非语言符号暗示相结合的方式,给予学生鼓励性的语言:"老师在认真听取你的答案;这是一个开放性的课堂,允许多种答案的存在;即使自己的答案是错误的老师也不会归罪自己"等。同时,在表达这些鼓励性语言时直视学生的眼睛,给学生以微笑和赞许的眼神,还可以轻轻抚摸学生的肩膀,使学生放松下来。

课堂教学暗示艺术的实施,还可以利用音乐、舞蹈、游戏等方式,使学生处于一种轻松愉快的氛围,从而能使自己的思维能力、注意力、创造力、想象力得到拓展。

随着国家对基础教育的大力支持,教学研究不仅关注理论意义更加关注其美学价值。教学暗示艺术并不能直接与暗示教学法画等号,教学暗示艺术是利用多种教学方法激发学生的多元能力,改变学生的行为,对学生进行熏陶。通过对教学暗示艺术运用的影响因素进行分析研究,能够更好地对课堂中的师生互动行为进行研究,只有知道行为发生的根本原因,才能够利用好暗示机制创建具有创造性的特色课堂。对教学暗示艺术运用手段进行分类,可以使教师对影响教学暗示艺术运用的多种方面有一个清晰的了解,在教学的过程中有一个清晰的思维过程。学生是具有独立个性的人,有自己的独立人格,教师要把学生当成与自己地位对等的独立个体来对待。因此,需要分析小学中年级学生的心理特点,在了解学生心理发展特点的基础上,让教师选用合适的教学暗示手段,帮助学生激发潜能,发展多元智力,创建一个和谐、有趣、具有创造性、富有美感的小学课堂。通过对一些典型事例的分析,帮助教师了解教学暗示艺术的实际运用。任何好的教学艺术,如果不能真正地应用到实践中去,这个教学艺术就不具有价值。

让儿童站在舞台的中央

东方风来满眼春

新教育实验致力于改变学生的生存状态、教师的行走方式、学校的发展模式和教育的科研范式，实验成效显著。一路走来，我们付出了真情，收获了喜悦，教师和学生的生活方式正在悄然发生改变，学校声誉不断得到提升。

一、方向比努力重要——理念引领发展

新教育，意味着一种教育理想，一股教育激情，一份教育诗意，一项教育行动。建校伊始，五莲县实验学校在"过一种幸福完整的教育生活"新教育核心理念指引下，确立了"学以尚正，学以承责"的办学理念，并凝练形成了校训"尚正、承责"，校风"握手阳光"，教风"顺木之天，以致其性"，学风"又日新"，让孩子们的学习在为长远的人生与社会理想服务的同时，本身就是一种幸福。

围绕新教育实验，学校建设了"墨田水韵"景观、教学楼大厅等6项主题文化设施，以及理念展示墙、寻找支点、书法艺术等校园主题文化，让"四大改变"和"十大行动"的理念和愿景浸润人心，孩子们在耳濡目染、潜移默化中成长，教师们在对教育终极意义的思考与追求中前进。

在管理上，学校坚持"自由精神、规则意识"，注重"一刚一柔"，用制度的"刚"和人文管理的"柔"来加强教师队伍建设，鼓励教师践行新教育理念，致力于改变教师的行走方式，营造快乐工作与幸福生活的和谐愉悦氛围。学生方面，以"十大行动"为引领，改变他们的生存状态，注重德育、礼仪、读书、美育等全方位教育，实现人的"全面和谐的成长"，能够让每个受教育者获得成功的智力，整合的智慧，高尚的德性，丰富的情感，成为"谦谦君子"和"优雅淑女"。

二、"读书 zhen 好"——校园书香浓

"读书 zhen 好"是学校 2019 第六届读书节的主题，这一主题出自一年级的一位小同学，是从来自家长、教师、学生的 3000 多份主题中被组委会选中的。

读书真好，读书越多，书籍就使我们和世界越接近，生活也会变得愈加光明和有意义。学校因新教育实验的开展而发生了诸多改变：每年一届的读书节让

书香校园、书香班级氛围日渐浓厚,给人整洁、清新、儒雅的感觉。2020 年 4 月,学校又以"同一片蓝天•共读"为主题组织了为期一个月的第七届"云"端读书节。该届读书节中,设置了"为你读诗""我是设计者""我是领读者""我是共读者""我是诵读者""我是越读者"等活动,引导师生在疫情防控期间也坚持读书,因阅读的陪伴,心存更多的向往与美好。学校开展"主题阅读"教改实验,参与实验的语文教师对教材进行整合,他们会在最短的时间内"讲授完"教材,然后师生共读国学经典。

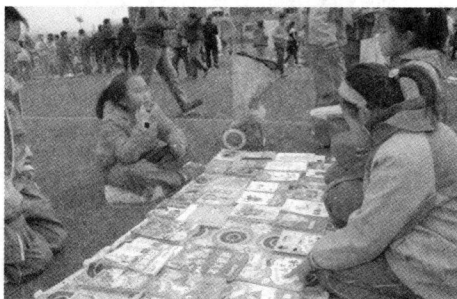

"国学经典进校园"是我校师生们共读共说共写的有效探索。他们用国学经典丰厚自己的精神世界,打好人生的文化底蕴。每名学生精心制订阅读规划,完成50 本经典书目的阅读任务。阅读书目包括唐诗宋词、历代名家散文以及四大名著等。学生在所阅读的书目上留下他们的思考,教师针对学生阅读情况进行指导。师生们还对所读经典名著共同进行一些专项课题研究,例如在读《论语》《孟子》时,对处事、求学、君子、志向、孝道、感恩、劝学、惜时等内容分门别类整理,进行专题学习研究;在读《西游记》时,开设了"认识儒家、佛教、道教"等项目研究。

漫步校园之中,能够感受到处处弥漫的浓浓书香,目之所及,到处是经典诗文。学校阳光路(校园主路)两侧的灯柱上全是师生自己创作的古诗词,并由社团师生用毛笔书写而成。课间,学生们三五成群,来到灯柱前欣赏着自己或同伴、老师的作品,诗意的光辉照亮了孩子们的笑脸。教学楼外的墙壁上张贴着诸子百家格言、古典诗词、家训家风,先圣先哲的思想每时每刻都给予师生精神的洗礼。教室内储物柜张贴《三字经》《弟子规》,净化着师生们的心灵。新教育实验的种子已洒满校园,整个校园充满浓郁的书香气息。

在校园读书文化的熏陶下,班级文化建设也被带动了起来,形成了文明儒雅的班风班貌。各班级都开展了以"经典润泽生命""读书,诗意地栖居"等为主题的班级文化建设,设立了智慧栏、才艺展示、好书推荐、班级明星等栏目,室内布置异彩纷呈,各具特色。学校的每一堵墙,每一条路,每一棵树,每一株花,每一项活动,无不彰显着新教育的风采。新教育感染着这里的每一名师生,渐渐成为学校凝聚力、向心力、创造力的源泉。

三、自主选课——卓越课程多

课程的丰富性决定了生命的丰富性，课程的卓越性决定了生命的卓越性。基于新教育理念和学校发展目标，学校构建了"1+1"课程体系，结合国家课程、地方课程，探索开发学校的自主课程，满足每个学生参与各类活动的要求，激发学生学习的兴趣，为学生创设多彩的校园生活，提升学生的综合素养。

"1+1"课程体系是指"基础课程＋适性课程"。第一个"1"是基础课程，主体是国家、地方课程校本化，比如语文、数学、英语、音乐、体育、美术等；另一个"1"是指适合学生发展需要的其他课程，我们

校本课程样书

叫"适性课程"，主要是适合学生发展而在基础课程当中又不能涵盖的课程，如思维拓展类、表达交流类课程等。

基础课程分为七大领域实施：品行修养、阳光初语、思维数学、生活英语、科学探究、艺术时光、体育健康。道德与法治和品德与生活（社会）整合为品行修养课程；语文、传统文化整合为阳光初语课程；数学课重在培养学生的数学思维，我们称之为思维数学；英语课重在交流，我们名之为生活英语；科学课和综合实践课重在

"四合一"小组合作课程展示

探究、实践，我们整合为科学探究；音乐、美术课进行适度整合，合称艺术时光；体育与安全教育整合为体育健康。适性课程分为六大类，分别是：生活实践类、艺术创作类、思维拓展类、表达交流类、科技手工类、国学研究类。老师们根据自己的特长开设一门或多门自主选课课程，学生进行自主选课。至今，专任教师每人都开设了一门个性课程，供学生进行自主选课。一般安排在每周三下午进行，学生打破常态下的班级组织，依照自己的兴趣、爱好、特长，自主选择任课教师和学习内容。如在某学期，共开设了"寻根""美丽的呼吸""说文解字""蓝裙子电影""阳光的味道""开启你未知的宇宙""拾文化""成语课堂""海量阅读""群文阅

读""石头记""跟我学诗词""品读经典"等50余门适性课程。

四、学生第一——课堂成效显

朱永新教授提出"理想课堂"要有"参与度、亲和度、自由度、整合度、练习度、延伸度"六个度。我校的老师们认真审视反思传统课堂教学的利弊,积极研究、分析新课程改革下的课堂教学内涵,最终将改革的着力点落在了学生学习兴趣、学习方式及学习心理的实践与探究上。他们不断优化课堂教学结构,努力构建理想课堂教学模式,形成了自主型、开放式的精简高效课堂教学模式。

对照新教育理想课堂的"六个度",重新审视、构建自己的理想课堂,"把学习变成研究"逐渐成了学生的学习习惯和教师构建理想课堂的不懈追求。学校先后借鉴学习广东省特级教师广州七中冯旭初老师"四合一"主体教学模式、天津教科院王敏勤教授"和谐教学法"等教学模式。在此基础上,学校分学科组织了"个性化课堂"精品课展示活动。语文学科打造了"童化"作文研究课、诗词吟诵课、博乐阅读课、海量阅读课、经典诵读课等课型模式;数学学科形成了"数学小课题"研究课、"四合一"主体教学模式课、"趣味数学"教学模式课等课型模式;英语学科主要采用英语自然拼读法进行单词学习。学生在轻松愉悦学习的同时,通过思考、疑惑、论证、答辩,掌握了知识,提升了核心素养。

我们还通过"集体备课""全员研课""推门听课"等活动,积极开展"理想课堂"探索,课堂模式和课堂氛围均发生了改变,取得了明显成效。"人人参与""预习交流""展示自我"成了课堂的主旋律。学生敢问、敢说、敢上讲台、乐于讨论,形成了一种积极主动、争先恐后、紧张活泼的课堂教学氛围。读、说、议、评、写的能力得到充分锻炼与提高。教师真正由过去的抄袭教案转变为钻研教材,关注学生学习态度的培养和良好学习习惯的养成,学生的课堂生命得到进一步丰盈。

至今,已有40余位教师在市级以上优质课比赛中获奖,6位教师在山东省青年教师基本功比赛中获一、二等奖,在市级以上业务主管部门核心期刊发表论文80余篇,共有220人次撰写的论文、制作的课件和微课作品获省级及以上奖励。教师获市级以上荣誉称号108人次。

五、我爱学校——校园生活炫

新教育认为,教育的根本目的,是培养出既有着民族情怀,又有着全球视野,既有着本真的生命体验,又拥有全面的科学知识,具有创造能力的未来公民。为了扎实推进新教育实验,我们还组织开展了系列活动。

在每年一届的读书节之外,我们还持之以恒地组织进行常规读书活动。在全体语文教师的共同努力下,全校坚持晨诵、午读、暮省、课前演讲、整本书共读等常规活动。每天 15 分钟晨诵,内容有经典诗词、古代散文等;中午 15 分钟整本书阅读;每节语文课课前 5 分钟演讲;每周两节连排阅读课,一节写字课;组织学生每天在完成作业后,思考和反省自己一天

经典诵读展示

的生活,并用随笔、日记的形式记录下来。我们还向每个班级推荐了适宜的共读图书,并进行图书漂流,开展"购买一本书,阅读更精彩"活动,让孩子们多读书,读好书,与人类崇高精神对话。学生们的心灵在读书中得到浸润,校园生活更加充实。

学生自己动手缔造美丽校园,他们用读书手抄报装扮教室、装扮校园。独具个性的绘画长廊,会说话的班级墙壁,靓丽的班级图书角,塑造了校园最美丽的风景。教室内开辟的不同栏目,彰显着各班各具特色的主题内容,真正体现了属于学生自己的个性教室。读书节活动反思、征文比赛、手抄报比赛优秀作品展,彰显了学生读书的收获、感恩的情怀和自信的力量。丰富的校园文化氛围丰盈了学生的校园文化生活,丰富了校园文化内涵,更让孩子逐渐养成一生有用的行为习惯。

六、多元育人——成长舞台广

我们对话专家,接轨名校,选派一批批教师赴北京、南京、成都、南通海门等地参加新教育实验年会,学习全国新教育实验的典型做法和优秀经验。外出培训教师回校后须讲示范课或做专题报告,将学习成果与全校教师共享,实现一人走出去,全员得发展。目前,新教育实验已成为全体教师的一种文化自觉,读书谈书、随笔写作成为教师们共同的爱好追求。

家校合作是学校与家庭携手共同促进学生成长的一种教育行为,其目的是营造互动、沟通、协调、一致的家校和谐关系,形成同向、同步的教育合力作用,以共同促进学生的道德品质、行为习惯等方面健康发展。我们高度重视家校共育工作,积极提供平台,形成教育合力。2019 年 5 月,"聆听窗外声音"家长讲坛启动。学校邀请有特长的家长进课堂,极大地丰富了学校课程资源,拓宽孩子的文化视

野,共开展讲坛活动 206 场。还举办了教学开放周,邀请家长走进课堂参与听评课;探索实行了家长参与班级管理及考试监考、校园周边秩序整治、上放学秩序及路队管理;邀请家长参加开学典礼、毕业典礼等重大集会活动;招选部分家长参与学生的研学旅行。家委会的积极参与,使家校共育成为常态。

我们在注重用阅读浸润孩子生命的同时,还积极搭建舞台,让学生潜能得到充分发挥。学校成立了交响乐团、校园微电影剧组、机器人探究小组、陶艺、根雕等 50 多个学生社团,让孩子们的潜能和闪光点不断得以挖掘培养。例如,校园微电影剧组就开展了校园微电影演员选拔、剧组人员招募、故事征集大赛等系列活动,剧本创作、影片摄制、导演及所有演员全部由师生承担,现已完成《请不要闯红灯》《父亲节的礼物》《最美红领巾》三部校园微电影作品,并屡获全国大奖。2012 年 8 月,学生歌舞节目《校园的早晨》应邀参加在清华大学举行的"相逢是首歌——北京之约"大型文艺晚会演出并荣获金奖;2013 年 5 月,知音合唱团表演的《思念》《让世界充满和平》在全省中小学生合唱大赛中荣获一等奖;2014 年 11 月,经典诵读节目《满江红》在"相约美丽日照 构筑理想课堂——2014 新教育国际高峰论坛"上参加新教育成果展演;2015 年 7 月,组织师生参加山东省第三届青少年模拟联合国峰会;2016 年 5 月,学校为初中部学生胡春歌在学校大礼堂举办了个人专场音乐会;2017 年,崔译文在江苏卫视《歌声的翅膀》中演唱《包楞调》,并在 2018 年元旦期间应邀参加中央电视台《音乐优等生》节目录制。2019 年寄托着全校师生浓烈爱国情感的短片《莲实家书》在学习强国展播。2020 年,疫情防控期间录制《世界读书日 念诗给你听》视频在学习强国展播,引领居家的学生读书。

新教育实验为我们编织了一道道美丽的风景,让我们的生命充满惊喜!带着美好的憧憬,带着饱满的热情,致力于"过一种幸福完整的教育生活",致力于"让每个生命成为更好的自己",我们步履坚定地走在追寻理想教育的道路上,过一种幸福完整的教育生活!

以课程体系为核心　搭建师生飞翔的舞台

在县教育局的正确领导和教研室的悉心指导下,学校坚持"为未来社会培养优秀公民,让学生潜能得到充分发挥"的办学目标,以"学以尚正,学以承责"的办学理念为指导,从规范常规管理入手,致力课堂教学改革,促进师生共同成长,教育教学工作稳步推进。

一、问渠那得清如许——重引领　促整合

(一)核心文化引领发展

学校立足多元文化组成的实际,按照显性文化、单元文化、精神文化三步走的建设思路,凝聚个人优势,形成团队力量。学校凝练形成"学以尚正,学以承责"的办学理念,秉承"为未来社会培养优秀公民,让学生潜能得到充分发挥"的办学目标,以"尚正、承责"为校训,"握手阳光"为校风,"顺木之天,以致其性"为教风,"又日新"为学风。以"用心经营我们的家"为主题,分年级形成"微笑文化""水文化""家文化""自由文化""易经文化""阳光文化"等文化体系。结合学校文化,开展"我与……对话""就这样慢慢长大""我爱我的老师"等征文评选,开展"我心目中的阳光品质征集评选"和"描绘我心中美丽的校园"绘画比赛活动。实现以理念文化为核心,以主题文化为基点,让隐性的校园文化全时段润泽师生生命。

(二)课程体系彰显特色

在严格执行国家课程计划的基础上,创造性地落实课程改革要求,积极推进地方课程、学校课程与国家课程的整合研究。学校初步确立了"学校课程1+1"的课程体系,即国家课程、地方课程和校本课程整合后,更能够适合学生成长需求且能彰显学校特点的课程总和。第一个"1"是指学业课程,包括目前已经纳入且有明确的评价标准和评价要求的课程,如:语、数、英、音、体、美、实验操作、体能检测等等,有国家课程,也有地方课程和校本课程;另一个"1"是指目前还未纳入评价但却对学生成长非常重要的所有课程,学校将其归纳为边缘课程。边

缘课程按不同的标准有不同的划分,如按照场所分可以有学校活动课程、家庭实践课程、社会研究课程,按内容分有开学课程、毕业课程、节日课程、微电影课程等等。边缘课程同样含有国家课程、地方课程和校本课程之间交叉、互补的内容。学校还积极引领教师"与课程共成长",转变教学观、课程观,善于研究、勇于创新,努力形成自己的个性课程,逐步建立能够体现学校办学理念和满足学生主动发展需求的课程体系,形成学校课程特色。

(三)常规管理提升素养

教学常规管理是决定教学质量的关键,根据我校教师来自多个学段、多所学校、多样化的实际,学校将教学常规管理作为最基础最重要的工作,扎扎实实落实《五莲县普通中小学教学常规》要求。

1. 完善教学管理制度

制定完善了《实验学校学科特色建设的指导意见》《专任教师考核方案》《五莲县实验学校小学课堂教学常规巡课制度》《五莲县实验学校教学常规管理细则》《实验学校小学部作业规范》《家庭作业布置要求》等制度。

2. 严抓教学常规管理

利用年级主任会、备课组长会、教研活动时间、全体教师会等多次认真学习《五莲县普通中小学教学常规》。实行周查、月考核,对抽查教学常规情况进行督查通报。

(1)重视备课研究。继续扎实开展团队递进式磨课。这学期进行主题磨课。倡导教师不仅做教材的使用者,更要做教材的开发者,根据实际需要打破教材编排,重组整合教材。根据学科实际研究制定规范备课要求,制定《实验学校各学科备课制度》,倡导自主、合作、探究的学习方式,杜绝"满堂灌"。

(2)突出学科特色建设。为实现学科组自我管理、自主发展和学科特色发展,学校制定《五莲县实验学校关于学科特色建设的指导意见》。从学科管理、学科教研、特色发展三个方面进行规范与引领,强化教导处对学科组常规管理的督查与评估,重视学科自身建设、研讨交流。组织学科组教师素养展示活动,至今已成功举办三届。扎实开展综合实践课研究性学习,进行综合实践成果展示活动、科学实验操作展示活动,提高学生的动手操作能力和创新能力。

(3)推行作业改革。积极推行作业改革,严格落实课内、课外及周末作业要求。课内书面作业要当堂完成。以班内中等学习能力的学生为标准,对作业的形式与数量做出规定。

实行作业管理责任落实,班主任、年级主任重在作业量控制,备课组长、学科带头人重在把关作业设计的质量。实行作业网上公示制度。制定《实验学校小学部作业规范》《家庭作业布置要求》,规范了作业管理。年级组定期组织检查并及时反馈,课程中心采用定期和不定期组织作业抽查。每周一抽查学生周末作业,重在落实是否和网上公示一致。节假日作业须经学科、年级、课程中心审核通过方可布置。节假日实践作业进行多次展览,已经举行了国庆假期作业展览、清明节作业展览等。定期组织优秀学习材料展示活动,培养学生做事规范认真、追求精致的良好习惯。

(四)高效课堂提高质量

继续做好团队递进式磨课,致力于高效课堂教学研究,变"学生被动接受"为"学生主动探究",增强学生学习的自主性;变"教后学"为"学后教",发挥学生的主观能动性;变"课后巩固性作业"为"当堂作业与检测",强调学习的当堂达标;变"教师问、学生答"为"学生提问、师生共同探究",注重学生的小组学习合作与探究。实行"四合一"主体教学、中高年级进行小组合作学习,激发学生学习兴趣。实行海量阅读课堂教学,开展梦想课程汇报课、观摩课。举行"以老带新,促成长"研讨会,发挥骨干教师的引领作用。

二、为有源头活水来——抓教研　强培训

(一)提升教师专业素养

(1)读写结合搭建舞台。学校制定了《五莲县实验学校教师专业发展规划》,同时,每位教师根据个人专长和实际情况制定了个人专业发展规划,定期组织总结和反思,每年度就目标达成情况进行考核。在个人教研博客中开辟"读书专栏",每月摘录4篇读书文摘,写2篇读书感悟,结合工作实践写1篇工作反思。组织学习《盘守教育本真》,编撰《阳光初语副刊》,引领教师树立正确的教育观。编写《阳光初语》,激发师生读书写作热情,提升教师素养。

(2)对话专家接轨名校。为增加教师的"宽度"与"厚度",学校开展立足"专题、专项、专业"开展教师培训。邀请全国推动读书十大人物、第三届全国教育改革创新先锋教师、齐鲁名师韩兴娥老师,到校做《课内海量阅读的策略》报告,邀请全国优秀教师、广东省特级教师冯旭初进行"四合一"主体教学模式课堂指导,邀请全国著名特级教师张伟教授到校做课堂指导,邀请广文中学赵桂霞校长到校做课程建设报告会;组织骨干教师到乐陵实验小学、即墨二中、昌乐二中、海门实验学校、北师大、国家教育行政学院等跟班学习。

（二）积极开展校本教研

（1）加强校本教研。校本教研是促进教师发展、推进课堂改革、提升教育质量的关键，学校致力于学科组建设，抓实抓好校本教研工作。周二、周四、周五下午为语文、英语、综合、数学半日教研时间。实行教研活动"四定一公示"：定时间、定地点、定主题、定中心发言人，并将会议内容形成会议纪要公示。有利于不同学科教师的学习。鼓励教师进行小课题研究。"沙丘识字"、"读写绘"、"循环日记"、"拾文化"、"四合一主体学习"、"新路朵朵花开"心语课、"品德课生活化"、"梦想课程"、"前置性学习"等课改实验取得一定阶段性成果。在山东省教研室普通中小学优秀课程资源评选中获得二等奖。《快乐读写绘》《电影，最亮丽的色彩》获得日照市优秀校本课程评选二等奖。其中《电影，最亮丽的色彩》获得日照市卓越课程一等奖。

（2）抓实课题研究。为了引领教师积极参加课题研究，鼓励老师们进行"小课题"研究，可以针对教师教学过程中存在的困惑、疑难问题、亟待解决的问题等进行交流，也可以针对观课议课中存在的共性问题进行研讨，共同寻找解决这些问题的策略，促进学科组的整体发展。学校还聘请了周立波、王兴坤、刘焕伟为课题指导专家，为课题研究把脉导航。承担的中国教育学会"十二五"科研规划课题"日记对青少年成长的影响研究"之子课题"日记与作文教学"已经结题；现承担省课题3个，市教育教学课题3个；市小微课题12个已经结题10个；现有县级资助课题3个。

三、小荷才露尖尖角——多维度 提素质

（一）抓好常规教育

在每学期的第一个月围绕主题，每周从抓一件小事做起，培养学生良好学习习惯。各班进行对学生的成长评价研究，开展学生学习习惯评价活动。如开学第一周对学生进行"三姿"教育，引导学生正确执笔写字姿势。利用家长会、开放周和班会等时间和家长一起观看《礼行天下》。组织学生学习《学生校园礼仪规范》，在上课礼仪方面继续加强学习。严格落实课前三分钟演讲，组织全体语文教师观摩王钢全老师班级的课前三分钟演讲，并组织交流。在全市德育现场会上，六年级三班的师生一起展示了演讲辩论会。

（二）拓宽研究渠道

以品德课为主，尝试国家课程校本化研究，初步形成新的整合方案现已申报

省级课题。每学期初全校师生推荐优秀影片,专人整理后形成学期、假期、亲子电影目录,定期观看。观影前后举行制作海报、写观后感、讲评电影、主题辩论会等丰富多彩的活动。

(三) 搭建发展平台

分学段确定学生阅读书目,坚持晨诵、午读。在格致楼设立"诚信书吧",学部建有"走廊书吧"。在走廊、连廊等地方为学生提供展示作品的舞台。为给学生和家长提供更多的阅读时间,图书阅览室在周末也面向师生及家长开放。开展兔子舞、韵律操、太极拳等大课间活动,全面落实学生每天 1 小时体育活动要求。举行汉字听写大赛、经典诵读比赛、书写质量抽测等活动。成立交响乐团、陶艺、根雕、微电影、武术、围棋、足球等 21 个精品学生社团,发展学生个性,提升学生综合素养。

"春风化雨,育人无痕"。我们将以课程改革为核心,努力搭建师生发展的舞台,让每一孩子和教师绽放人生的精彩。

滋兰树蕙竞芳菲,又见嫩叶吐新芽

一年来,在教育局、教研室的正确领导下,我校以"学以尚正,学以承责"的办学理念为指导,以学校核心文化为导向,以课程整合为切入点,着力打造研究型教师团队,注重发展学生的综合素养,教育教学工作继续稳步、科学、快速发展。

一、问渠哪得清如许,为有源头活水来——文化引领、制度规范,教学常规精品化

(1)坚持文化育人,营造品牌文化。在学校核心文化建设的基础上,各年级形成了有主题、有特色的文化,通过文化潜移默化的影响,引领师生发展。如一年级的雅慧笃行文化,二年级的微笑文化,三年级的水文化,四年级的家文化,五年级的自由文化,六年级的易经文化。部分班级已完善了自己的班规、班歌等班级特色文化。美术学科实行作业走上墙,让美术作业真正有美的感觉和借鉴价值。结合大厅文化,定期开展征文活动,举办了第一届校园国画展。

(2)级部工作剖析,优化常规管理。定期组织"级部工作剖析日"活动,对照学部制定的《实验学校小学部教学常规指南》,主要从课堂、常规、学科素养、精神面貌、学习习惯、6s管理等方面剖析,发现级部教学工作的亮点,找出存在问题,及时反馈,限期整改,下发剖析通报6期,为年级、学科搭建互相学习提高的平台。

(3)提升管理理念,强化工作落实。利用学部会先后举办了《我们真的不缺理念吗》《我们离课程有多远》《做一个让孩子优雅的老师》专题讲座,在年级主任、学科带头人层面开展了"如何提高执行力""如何让师生眼里有光彩"等教学论坛。成立由课程中心牵头,级部主任、学科带头人、备课组长参与的督查组,对教学的各个环节定期检查。对于发现的问题,落实责任人,限期整改并跟踪,下发督查通报10期。

二、横看成岭侧成峰,远近高低各不同——课程整合、特色外延,综合素养多元化

(1)品德课程适性化。本学期初,学部召开品德课程整合研讨会,确定了品

德与语文、品德与班会、品德与礼仪、品德与数学相整合的思路,在课程表上试行两节联排,打破年级界限,初步梳理完成基本的年级培养目标并形成知识体系。确立了品德与生活相整合的举措,将银座商城作为学校实践活动基地,组织进行了小小售货员体验、包元宵、猜灯谜、汉字书写大赛、母亲节征文大赛等活动。

（2）课程建设个性化。2015 年定为"教育创新与个性课程建设年",积极引领教师"与课程共成长",转变教学观、课程观。成立了"四合一主体学习""沙丘识字"等 4 个教师发展共同体和 29 个学生社团。年初召开首届主动参与勇于创新教育教学成果推介交流会,设立"优秀个性课程火烈鸟奖"奖项,发挥引领作用,带动学校各类社团或共同体的健康发展。在不断完善和发展"学校课程 1+1"的基础上,开设"美丽的呼吸""沙丘拾字""文化寻根""说文解字""蓝裙子电影""四合一教学""阳光的味道""开启你未知的宇宙""拾文化"等 10 门教师个性课程。三年级的《童心图志》为"童化"习作迈出了第一步。

（3）师生素养全面化。一是强化读书引领。以"读书提升人生品位"为引领,确定了《教育的智慧》《致教师》《盘守教育本真》等必读书目,要求处室主任、年级主任每月读一书,组织交流论坛 5 次。编写《阳光初语》副刊 1 期,《记忆里的阳光》1 期。分期分批开展年级主任、班主任、学科带头人、特色教师"做智慧的老师"论坛。二是多措并举,鼓励师生创作。定期评选书香班级、书香家庭、读书小达人、写作小明星,引领学生发展。举办了"与经典同行"诵读比赛,亲子阅读、师生阅读成果展示活动,并编写活动材料《人生至要》。成立"阳光初语"教师文学社,为每位成员订阅《情感读本》,表彰发表作品多的教师和学生。五、六年级学生出版了作品集《阳光初语》,县优质课一等奖以上的案例进整理汇编形成《做智慧教师》一书。三是制定高素养学子评选体系。10 月评选出首届高素养学子并表彰,从学业成绩、艺术成绩、社会实践、学习习惯方面改革综合素养教育评价标准。

三、春色满园关不住,几枝红杏出墙来——聚焦课堂、个性发展、教学质量优质化

（1）课堂教学特色化。分学科组织了"个性化课堂"精品课展示活动。数学学科组开展"教师个性化发展规划"的专题调研,根据教学特长开展个性化教学,如:李善玉的"小课题研究"、徐华的"四合一"模式、李连娟"趣味数学"模式;语文学科王成凤的"童化作文研究"、王桂梅的吟诵课、刘上铭的阅读课、真正蕾的海量阅读、郑明慧的经典诵读课;英语学科王小龙的英语自然拼读法。制定

《实验学校特色教师实施方案》,评选出6位特色教师,对特色教师进行常规免检,腾出精力进行个性课程和课堂研究。

（2）强化科学质量观。定期进行学习过程性诊断,及时反馈;及时进行教学质量分析会,年内,召开5次质量分析会,并进行教育教学质量奖颁奖活动,从团体奖、单项奖、学部特色奖三方面进行表彰。

（3）作业改革特色化。探索进行"常规＋特色"的作业改革模式。随机抽查学生常规作业,核对是否与作业公示的内容一致,发现作业违规现象及时整改。设立"学习习惯评价卡",在级部工作剖析和期末监测同时查学生学习习惯并纳入考核。双休日、假期针对学生的年龄特点,设计学生自主选择的特色作业,实现"作业实践化、生活化"的做法。组织节假日特色作业评比,并将优秀作业通过展览、视频等形式宣传。

四、欲穷千里目,更上一层楼——2016年简要工作打算

一是发展和完善"学校课程1+1"课程体系,让课程成为实验学校一张名片。进一步加大品德课程整合力度,探索边缘课程整合的新思路。扩大教师个性课程研发的广度和深度,上半年让学生社团课程化,让学校课程更加适合学生发展的需求。

二是强化目标导向机制,从学生培养、学部发展和教师专业成长三个核心项目出发,分学部和教师两个层面制定2016至2019三年发展规划,确立明确、清晰的发展目标,实行学期目标达标制,培养综合素质全面发展的高素养学子和高质量的名师队伍。

三是强化质量意识,让质量成为实验学校的品牌。进一步探索年级组和学科组双重管理的有机融合,进一步探索师生评价和边缘课程评价机制,实现学校课程质量最优化。

发展无止境,进取续华章。我们将在教研室的正确领导下,以担当、进取、务实的精神,更上一层楼。

2015年12月

让师生成为学校最美的舞者

学校秉承"学以尚正，学以承责"的办学理念，用阳光、正向的校园文化引领师生共同成长。旨在把学生培养成为有文化教养、社会担当、自由灵魂、个性鲜明，有"尚正承责"特质的未来社会优秀公民。学校根据教育局现代学校管理制度的相关要求，在县教研室的亲切关心和大力支持下，结合学部教学工作实际，本着"搭建师生成长的舞台，让师生成为最美的舞者"的工作总基调，认真落实"学生要成长，教师要发展"的教学工作总目标，围绕"课堂教学，课题研究、课程开发"组织实施教学的各项工作。

一、东风夜放花千树，更吹落，星如雨——让课堂教学成为师生成长的舞台

教学是学校工作的中心，课堂教学又是教学工作的核心。抓住了课堂教学就抓住了教学工作的"牛鼻子"。

（1）抓实课堂教学常规，落实课堂教学基本模式。严格落实课程方案，狠抓教学常规。学校成立"校长＋主任＋记录员"的督查组，每天对教学行为和常规等进行督查。学部内每月进行教师业务月查并及时公示成绩，在教师会上表扬优秀典型，通报反馈，下发整改通知单，限期整改。

抓实集体备课。备课组的教研活动，主要就是进行集体备课和磨课。集体备课要绘制知识树，4月份举行所有学科的教师绘制知识树比赛，并将优秀作品在南楼大厅张贴。英语学科组在课堂上和作业中运用思维导图。数学学科组把"结构化思维数学"作为数学教研的重点，把"数学知识树"引用到单元的起始课和结束课。

严格控制作业量，切实减轻学生课业负担。作业公示单张贴在班级公示栏内，课程中心定时和不定时进行学生作业问卷，为学生布置必做和选做作业。注重作业书写和作业质量。全体教师会上推荐一年级和六年级的作文作业，郑成霞等教师的作业全校观摩。

注重阅读教学。一年来围绕阅读教学相继开展了"诗意童年"读书节、经典

诵读比赛、经典诵读抽测、汉字听写大赛、"童书大赛"、第二届"诗意栖居"教师论坛博乐阅读专题研讨会、师生重走长征路、红色征文评选、书香家庭和书香班级评选、学生阅读成果展等。

加强实验教学。本学期实现了实验室即教室的管理,学校统筹安排,重排课程表,科学课要按要求到实验室上,课程中心进行不定期的抽查。科学实验教学水平有了很大提升。

(2)抓实常规教研活动,落实学科组的教研效果。学校设立"每周半日"教研活动,通过调整课时,语文、数学、英语学科分别利用周二、周三、周四下午,音乐、体育、美术分别利用周二、周三、周四上午一、二节课开展教研活动。以"课堂教学"研究为中心,各学科组认真组织教研活动,注重教师学科素养的提升。语文学科组按不同课型的专题研究活动,数学学科组"个性化课堂教学"展示活动,英语学科组的思维导图的研究都产生了很好的效果。特别是数学学科组每次活动结束都对活动组织、内容、效果以及反思等制成"美篇"在微信群里进行推介。

下半年把"提升教师学科素养"作为学科教研的主要内容,各学科相继举行了课程标准的集中学习,教师学科素养的理论测试,"说课标说教材"单元说课的集中培训,在录播教室为每位教师录制说课标、说教材的视频,举行说课标说教材比赛,成绩纳入教师考核。其中数学学科组研制的"说课标说教材"单元说课案例《分数的初步认识》在全县数学研讨会上做公开示范。

高质量的课堂教学,让"优效"在每一节课上得到落实,学生的学习成绩不断进步,教师的业务素养不断提升,真正实现了"学生成长,教师发展"的"双赢",实现了我校办学品位的提升。

二、明月别枝惊鹊,清风半夜鸣蝉——让课题研究成为师生研究的舞台

课题研究是我们2016年教学工作重点之一。在认真总结以前课题研究的基础上,提出了今后课题研究的目标和措施,召开专门的课题研究调度会,明确指出各学科带头人是课题研究的主要负责人。一年来先后完成了"十二五"省级规划课题语文、数学、英语的校本化课题研究的结题工作。继续开展好语文的读写结合研究、数学的"小课题研究"、英语的自然拼读的研究等省、市级课题。

倡导老师们开展个性化的课题研究,树立"问题即课题"的意识,进行"草根式"课题研究,把教学变成研究。例如:语文教师刘上铭的"沙丘识字",数学老

师王爱星和英语老师王小龙的"四合一"主体教学等都产生了很好的影响带动作用。特别在今年县教研室实施项目工作室以来,我校有近20人参加,其中有多人担任工作室的领衔人。我们利用这难得的有利条件,要求各工作室成员要把握这难得的机会,认真完成工作室的各项工作,同时要把工作室的研究项目和学校的研究课题以及自己的教学特点结合起来,在引领全县发展的同时,要形成学校特色和教师个性化教学。其中,王爱星、王小龙、吴艳艳参加的互助合作学习研究工作室把"四合一"教学、"和谐教学法"结合起来,在小组合作学习的实践探究、理论学习等方面都有了很大的进展,为我校的小组合作学习提供了范例。全县"和谐教学法"推进现场会在我校召开,郭玉香、王昌梅、王小龙、房娟、杨文文等老师提供示范教学,为全县教师掌握"和谐教学法"提供帮助。

在课题研究中,我校一批研究型的教师正在成长。为了给研究型教师"松绑",我们制定《实验学校特色教师实施方案》,评选出6位特色教师,对特色教师进行常规免检,腾出精力进行教学研究。例如,全国百佳文学社《阳光初语》的社长杨莉莉老师,古诗词吟诵研究者王成凤老师,具有深厚的国学素养的冯启刚老师,"对话式"数学课堂的倡导者李善玉老师,都是在课题研究中成长起来的"种子"老师。其中,李善玉老师的所有的备课都是自制课件设计练习题。今年春天,新疆麦盖提央塔克双语小学的数学教师听了李善玉一节常态课后,赞不绝口。向李善玉拷贝了所有她制作的课件,互相留下交流方式。

课题研究受益的不仅仅是老师,最终的受益者还是学生。一年来我们有10多位教师在不同场合介绍自己的研究成果,有30多件学生研究案例获奖,100多篇学生作品发表。一批研究型的教师带领着一群研究型的学生遨游在知识的海洋里。这是我们最愿意看到的教育美景。

三、微雨过,小荷翻,榴花开欲燃——让课程开发成为师生展示的舞台

学校积极主动落实《五莲县教育局课程建设实施意见》,建立了学校课程"1+1"课程体系,结合教师特长,凸显教师素养,积极主动进行课程研发,积极争创课程建设特色学校。研讨品德课程与国家课程的整合,创造性地开发了一系列课程。

(1)整合品德课程。我校品德课从课程整合入手,深度探索课程改革的破局策略、操作模式、运行机制,以学科《课程标准》为依据,旨在打破学科间的壁垒,实现品德课程与其他课程的整合。一是与语文学科整合,二是与其他学科整合,

三是与校本课程整合,四是与主题课程整合。品德课的整合实现学科内、学科之间、学科与实践活动、学科与学生生活之间的大融合。

（2）创办家长课程。学校成立校级、年级、班级三级家长委员会,并积极邀请家长参与学校工作,除组织家长会、家长开放周外,还组织了家长护卫队、家委会成员驻校办公等,在学校文化建设、听课评课、常规检查、运动会等活动中让家长参与学校评价、学校建设、学校管理。并向家长开放信箱、网站,广泛听取家长意见建议,及时向家长推介学校成绩等。5月,四年级五班开展班级家长委员会成员代理班主任活动;6月,学校邀请家长委员会代表参与校服讨论;7月,三年级三班、五年级五班家长委员会成员组织班级师生开展外出参观活动;10月,并征集家委会成员建议,制定了《实验学校好家长守则》,并向全校家长发出倡议;11月,召开第二届"感谢有您"家委会竞选活动,通过参观校园、工作汇报、竞聘演讲等环节,形成教育合力。

（3）研发社团课程。小学部成立了 18 个校级社团、30 个班级社团,学生参与率达到 85%。其中交响乐团多次在县级、校级文艺活动中演出。为促进社团的发展,在学期末举行社团亮点展示活动,最终合唱、京剧、交响乐等 5 个社团获金牌社团称号。在全县中小学生文艺比赛中,我校获全县第二名,获学生信息技术比赛全县一等奖、全县足球比赛小学组第二名。11 月份在山东省合唱戏剧大赛中,宗艳丽辅导的风之声社团获得日照赛区第一名的好成绩。阳光初语文学社,编辑并出版了三期《阳光初语》,并组织学生将《阳光初语》进行义卖活动,把卖得的钱资助家庭有困难的同学,培养社员乐于奉献、关心他人的崇高品质。

（4）尝试选课走班课程。中高年级开设自主选课日。利用品德课整合出的周五下午两个课时进行走班选课。开设"课程超市",在征求学生意愿的基础上,结合教师个性特长,设置了趣味数学、英语剧场、魅力健美操等课程菜单。实行"走班"制,学生打破原来常态下的班级组织,依照自己的兴趣、爱好、特长,自主选择辅导老师和活动的内容、形式。

（5）开学课程。在新生年级的入学第一个月进行习惯、礼仪、德育为主题的开学课程。在学生开学的第一天,我们为学生举办了"遇见最好的自己"开学典礼。让学生家长牵着的孩子的手走上红毯,走过"尚正门""承责门",然后在两堵心愿墙上签名,最后由各班班主任领进教室。结合学校《五莲县实验学校学生校园礼仪规范》和《礼行天下》校园礼仪宣传专题片,培养学生良好的行为习惯,如开学第一周对小学部低年级学生进行如厕教育,引导学生正确使用洗手间,上下楼梯秩序等。11月返组织学生开展"回母校看一看"活动,先参观了实验幼儿园,又为曾经教过自己的老师献花。

　　（6）毕业课程。设置"让校园温暖孩子一生"的毕业课程,组织学生在毕业典礼上投放许愿卡,并保存在学校专门准备的"许愿瓶"中,引导学生从小播种理想,对自己的人生有一个好的规划。带领孩子们再次逛熟悉的校园,讲解文化让学生感受到了学校的独特魅力。并请校领导在格致楼报告厅内,为六年级的全体师生作《请在自己的心里点亮一盏灯》的报告会。本学期召开"遇见最好的自己"六年级学生会,表彰核心素养突出的优秀学生,并对学生提出了殷切的希望。至今,课程建设取得了丰硕成果。学校共开设"沙丘拾字""寻根""说文解字""蓝裙子电影""拾文化""开启未知的世界——宇宙"等10余门教师个性课程。在全县小学教学质量分析会上做了《让课程成为温暖孩子一生的风景》的经验介绍,在县教研室组织的课程建设专题会议上,又做了典型发言。

　　赤橙黄绿青蓝紫,谁持彩练当空舞?虽然我们在教学中取得了点滴的进步,但还有很多不足的地方。但我们坚信在县教研室的精心指导下,我校教学工作会百尺竿头更进一步……

2016 年 12 月

重塑森林教学生态　追求绿色教育质量

实验学校秉承"学以尚正,学以承责"办学理念,坚持"以阳光之心育阳光之人",引领师生"做一束温暖他人的阳光"。在县教研室的关心支持下,结合学部教学工作实际,本着"构建森林教学生态"的工作总基调,认真落实"高质量低负担"的发展核心,围绕"人文、绿色、发展"组织开展各项工作。

一、打造有温度的文化

(一)"阳光"学校文化

学校坚持用"阳光"文化引领学校发展,积极正向、明礼博学的校园文化日益彰显。"做一束温暖他人的阳光"已成为全校师生的共识。通过开展"阳光团队"、"月度人物"评选、"时间的温度 阳光的味道"盘点 2019 等活动,引领广大教师追寻有品位的教育生活。建设风铃渡口、纸伞印象、百家姓文化柱、蜂巢文化墙等设施营造文化氛围。

(二)"森林"教学文化

学校倡导"森林"教学文化,打造森林般可生长、能持续发展的教学生态,坚持要绿色质量,顺木之天以致其性,促使学生蓬勃发展。在"森林"文化指引下,以师生活动为载体实现"森林"发展目标。开展"做有思想的师者"阳光有约论坛、"行走中寻见生命的光"名师工作室成立、"做一束温暖他人的阳光"阳光教师推介活动、师生晒秋摄影绘画大赛等活动。

二、构建有厚度的课程

(一)科学架构课程体系

学校积极主动落实《五莲县教育局课程建设实施意见》,研制学校课程建设规划,根据教师特长与学生发展需求形成学部"基础课程＋适性课程"的"1+1"课程体系,将基础课程分为七大领域,分别为品行修养、阳光初语、智慧数学、思维英语、科学探究、艺术时光、体育健康。适性课程也分为七大类,分别是生活实践类、艺术创作类、思维拓展类、表达交流类、体育技能类、科技手工类、国学研究类。

本学期开发完善 64 门适性课程,"寻根""时光印记""开启未知的宇宙""七彩阳光""蓝裙子"等在市各类课程评选中获奖。近期又开发"52 诗信亲子课程",课程由家长和孩子共同完成,52 取其谐音"我爱",即我爱诗信。一年有 52 个星期。每个周都有家长和孩子共同参与完成,孩子写一首诗或者一封信,家长写一篇。

(二)严格落实三级课程

学校严格落实课程方案,开齐开足三级课程。学校成立以"校长 + 主任 + 记录员"的督查组,不定期对教学行为和常规等进行督查。学部实行年级主任巡课制,及时督查规范教师教学行为。

将各级课程教学评价纳入绩效考核,保障各组课程的顺利开展。除语、数、英每学期进行期末质量检测外,其他学科以抽测任教班级的方式纳入教师绩效考核。我校邀请联盟校驻龙山小学专业教师担任抽测评委,使成绩更加客观、公正。教师开发、参与校本课程作为绩效评优的必备条件。学校定期通过调查问卷、现场抽查等方式监控课程开设情况,纳入教师常规考核。

(三)积极拓宽课堂渠道

学校开展"聆听窗外声音"家长进课堂活动。邀请不同行业、不同专长的家长进入课堂为学生讲解课本上学不到的知识,拓宽学生视野,发掘学生潜能。由家委会组织家长报名,班主任根据报名情况及家长实际安排课程表。

三、培养有诗意的教师

(一)精设计划,提供平台

学校精心制订培养计划,以人为本,将教师分层培养,激发教师发展的"光合作用"。完善《特色教师培养方案》,对特色教师"常规免检",提供更多创新创造机会。积极组织教师以校本引领培训为基点,走出学校培训学习。教师带着问题与任务外出学习,边学习边总结,结束后进行系统整理,写成心得体会,带着体会进行汇报和费用报销,并在教导处备案进行二次培训。

学校为每一位新教师精选指导教师,对新教师、指导教师提出明确的目标与策略指导。针对新教师特点,开展定期或不定期送课、沙龙式培训,由学科带头人、骨干教师进行专题讲座。总结出最简单、基本能直接套用的教学及管理模式,手把手教给他们。通过未来教师汇报课等活动,跟进督促教师成长。

(二)做实教研,涌动发展之泉

聚焦成长课堂,践行课堂改革,学校成立"学科教研团队＋个性化研究团队"专业发展共同体,定时开展头脑风暴式交流研讨活动,深度落实"半日教研"。落实"教学评一致性"教学原理,语文教研立根"三主"——主问题的提出、学生主体地位的落实、主题阅读的展开;数学教研回归"原点",形成具有学校特色的"原点式数学思维课堂";英语教研追求"精品",每学期打造一至两轮精品课例;各学科建构"万物启蒙"式教研模式,跳出传统课研究,寻找学科的共同点,探索"跨界与融合"。

(二)私人定制,播撒个性之光

开发教师个性课程。我校鼓励教师人尽其智,做自己研究领域的劳动者。学校拿着放大镜发现教师教学上的特色和闪光点,为每位教师把脉,帮助教师把特色做亮,上升到课程的层面,实现课程校本化。

成立专业发展共同体。共同体领衔人统筹规划,带领成员从事专业研究和专业发展。先后成立了阳光初语文学社、"寻根文化"研究团队、主题阅读工作室、一捧炎国学工作室、原点·数学研究工作室、TEAM 工作坊、浩乐工作室、归心艺术工作室、水墨坊工作室、01 工作室、勤思班主任工作室等。

四、孕育有光亮的学子

(一)把控日常教学,促学生健康成长

抓住课堂主阵地。利用校本教研精研课堂教学,扎实有效地开展"思维课堂"构建和展示活动。围绕课堂教学进行深入研究,促进教师的课堂教学素养提升,向课堂教学要质量,切实减轻学生负担。

严格控制作业量。切实减轻学生课业负担,学校为每位学生印发作业记录本,要求教师必须分层布置作业。每天作业在作业调控单记录后在班级公示,教导处定时和不定时进行学生作业问卷。中层主任分别加入班级微信群,定期反馈群内信息,关注作业情况。

注重阅读教学。学校成立"主题阅读"教学研究团队,召开主题阅读教学推进会。实验班在大量阅读的过程中读写结合,尝试素写式习作教学。在此基础上,开展"习作 80 分"进行教学实验,发挥好习作教学中指导与评价的作用。部分班级学生练笔每学期都有 40 多篇,发表作品百余篇。实验班级语文学科有计划学

习教材配套读物,还配了跟主题相关的整本书阅读,每学期 6 ～ 8 本;数学学科读了《马小跳玩数学》《好玩的数学》系列、《奇妙的数王国》等书。

(二)以活动丰润教学,让学生优质成长

开展读书 zhen 好——实验学校第六届"向着明亮那方"读书节活动。通过"七色花"校园书展、"字里行间"阳光读书沙龙、首届家长"阅读种子"读书联盟成立大会、国学小达人阅读知识竞赛、首届"紫藤花"杯文学大赛、创意风筝 diy大赛、实验学校首届阳光英语文化节等丰富的活动。举行第四届童书大赛。大赛主题:小眼看世界我手写我心,大赛共收到参赛作品 180 余件,童书的体裁有绘本、诗歌、童话或小说,故事等。举行第一届英语文化节。本次英语文化节涵盖听、说、读、写,内容包括英文单词我来说、英文歌曲我来唱、英文阅读我来读、英文绘本我来做、英文书法我来秀。活动倡议学生使用英语问候同学和老师,师生、生生间日常交流使用英语;推荐英文分级、绘本书籍阅读,成立实验班级,开展阅读实验;校园广播播放英文儿歌,倡导学生聆听并模仿。

发展无止境,进取续华章。我们将会以担当、进取、务实的精神,开拓新境界。

2017 年 12 月

构建绿色教学生态 促进师生阳光成长

一年来,在县教研室的关心支持下,学校继续坚持"学以尚正,学以承责"核心理念,坚持"以阳光之心育阳光之人",以课堂教学为中心,以读写教育为侧重点,以师生创新发展为目标,稳步推进各项工作。

一、文化引领、制度规范,强化工作落实

(一)坚持文化育人,营造育人氛围

学校建设诸子百家文化墙、百家姓文化柱、蜂巢文化墙等设施,积极营造文化氛围,让学生沐浴其中,自然成长。因地制宜打造连廊书吧、诚信书吧等,便于学生图书交流、随时阅读。特别制作"书引子",放在学生入学、放学经过的通道边、绿化带内,营造书香氛围,引导学生主动阅读。建设创客空间、梦想教室、风铃渡口、纸伞印象、艺术展厅等空间,鼓励学生创新,为有梦想的学生搭建展示的平台。

(二)提升管理素养,落实管理细节

学校定期召开"阳光有约"论坛,由年级主任、学科带头人就年级、学科计划或总结进行交流,促使教学管理者善于思考、精做计划、巧抓落实、全面总结、突出亮点。成立由教导牵头,年级主任、学科带头人、备课组长参与的督查组,对教学的各个环节定期检查。对于发现的问题,落实责任人,限期整改并跟踪。

二、落实课程、引入资源,搭建发展平台

(一)严格落实三级课程

学校严格落实课程方案,开齐开足三级课程。学校成立以"校长 + 主任 + 记录员"的督查组,每天针对教学行为和常规等进行督查。

学部实行主任包楼巡课制,及时督查规范教师教学行为。

将各级课程教学评价纳入绩效考核,保障各科课程的顺利开展。除语、数、英每学期进行期末质量监测外,音、体、美、信息科学等专职教师任教的学科采取

抽测的方式纳入教师绩效考核,由任课教师兼任的学科采取教导处牵头抽查上课＋学科带头人牵头抽测教学效果等方式纳入教师常规考核。继续邀请联盟校驻龙山小学专业教师担任抽测评委,使成绩客观、公正。

(二)丰实"1+1"课程体系

学部已形成"基础课程＋适性课程"的"1+1"课程体系,科学架构学生主动发展需求的顶层设计。学部倡导教师将适合的课堂由室内转移到室外,如美术课的写生、语文课的描写、数学的测量、科学的观察等等,各学科分别在室外至少上了一节课。在一年级开设围棋课,五年级试开网球课。开展"布里生花——走进扎染"课程,由美术赵玲老师根据自身特长,为学生上扎染课,让学生体验非遗的魅力。

(三)积极拓宽课程渠道

继续开展"聆听窗外声音"家长进课堂活动,邀请不同行业、不同专长的家长进入课堂为学生讲解课本上学不到的知识,拓宽学生的视野,截至目前本学期有 96 名家长参与活动,学校为每位参与家长颁发证书。邀请社会上热爱教育的专业人士进入我校开设架子鼓、古琴、武术、吉他、机器人等社团课程。

三、抓实教研、领雁帮带,提升综合素养

(一)重心下移,提升备课组教研能力

各学科组半日教研突出目标意识、问题意识,根据实际创造性地开展教研活动。学科带头人结合实际制订教学计划,按计划、有组织、有步骤开展教研活动,活动有总结、有落实,每次教研活动通过简书、美篇等及时梳理教研内容,并推送到学科组教师群、小学部管理群、朋友圈等。疫情防控期间以备课组为单位开展线上教研。语文、数学等大学科组将教研重心下移,每个备课组承办校级的教研活动,每次的教研活动安排老师们进行专题讲座,转化外出学习成果,提升教师能力。

(二)领雁帮带,促进教师专业发展

学校依托教科研培养学科带头人,在教师专业发展上坚持"面向全体,培养青年,发展骨干,推出名师"的工作思路,形成教师专业发展的领雁效应。坚持实施青蓝工程,为青年教师配备指导教师,落实师徒结对协议,开展定期或不定期送课、沙龙式培训,由学科带头人、骨干教师进行专题讲座。教导处、学科带头人采取团队磨课、随堂听课、走班听课等方式跟进督促、指导教师授课水平的

提升。

（三）优化常规，形成优质资源库

树立备课质量意识，每位教师积极参加集体备课。在集体备课基础上，教师根据学情进行二次备课，体现个性化教学。新入职教师需手写备课，教学能手可书本圈写，形成备课"1.0版本"。各年级建立优秀试题题库，速算练习题库，并将备课资源和题库实现资源共享。教导处牵头年级组落实每周检查备课。

（四）探索创新，提升学生综合素养

学校开展习作教学小实验，推广沙盘作文行动，通过复盘沙盘场景，提升孩子习作表达能力；组织"同一片蓝天"第七届读书节，借助云端，抗击疫情，助推阅读；举办"数短论长 学贯中西"第一届数学文化节；组织第七届英语口语大赛；开展研学旅行活动，让学生在行走中学习知识；举办第五届艺术节活动，开展"校园小歌手"、舞蹈、书画比赛；举行我在"童话小镇"系心愿；高素养学子表彰会；每日小目标自评督促活动等。

四、夯实读写、发展能力，奠基学生成长

（一）抓住契机，开展阅读教学研究

打破课堂时长进行阅读课两节连排，保证阅读时间。在前期主题阅读基础上，开展整本书阅读，为整本书阅读设计出20多种作业单，作业单不以摘抄为主体，而是多种形式的四句话理清事情顺序、人物画像、个人猜想、关系图谱、情景再现、整本书阅读报告、章节总结等，统一收入作品集《寻芳》。英语学科在本学期必读3本绘本的基础上，引导家长开展英语绘本亲子共读，积极参加外研社丽声英语阅读打卡活动，10余人在本年度打卡活动当中获奖。陈冉冉、王桂梅老师的"朗读小时光"、"朗读者"公众号，广受好评。在"同一片蓝天"云端读书节活动中，二年级三班学生以米小圈的口吻，创作《米小圈居家上学记》结集印发。五年级四班精品作文结集《阳光初语》印发。

（二）专项评价，提升书写质量

作业实行双等级评价，专设书写评价项，把书写等级作为作业评价的重要内容。对学生作业书写、簿本整洁度，进行专项评价，纳入教师常规考核，教师板书也作为课堂评价的重要环节。在教师中，积极开展书法示范评比活动，重视教师板书示范作用。各班加强学生书写能力培养，树立提笔即练字的观念，端正学生

书写态度。

（三）拓展能力，促进阅读纵深发展

语文、英语学科坚持课前三分钟演讲，提高学生口语表达能力。语文学科推进作业改革，提升作业实效性，形成系列化。习作方面，一至三年级采用童心图志的形式，四至六年级采用童心写意。设计固定模板，指导学生图文结合记录生活、学习、成长等内容，随着年级升高图文比例相应变化。

五、精研课堂、落实减负，实现绿色质量

（一）精研课堂教学

利用校本教研精研课堂教学，扎实有效地开展"思维课堂"构建和展示活动。围绕课堂教学进行深入研究，促进教师的课堂教学素养提升，切实减轻学生负担。学科组、备课组采取抽签的形式，决定本学期思维课堂展示观摩课顺序。教师精心备课，每周学科组组织课堂观察，截至目前已全部结束本学期课堂达标活动。

（二）严控作业量

学校要求教师精研作业，教师必须分层布置作业，新教师布置的作业要交备课组长把关。每天作业在作业调控单记录后在班级公示，教导处定时和不定时进行学生作业问卷调查。中层主任分别加入班级微信群，定期反馈群内信息，关注作业情况。本学期实行周三无作业日，周三不布置书面家庭作业，减轻师生负担。

千淘万漉虽辛苦，吹尽狂沙始到金。面对未来教育的新形势、新机遇、新挑战，我们将继续秉承"阳光"理念，开拓我校教育教学工作新境界。

2018 年 12 月

让每个生命向光生长

学校秉承"学以尚正,学以承责"的办学理念,用阳光、正向的校园文化引领师生成长。积极倡导"做一束温暖他人的阳光",说阳光话、办阳光事、做阳光人,让每个生命向光生长,让学校工作更有温度、厚度、美度、广度。

一、构建有温度的阳光文化

在学校核心文化建设的基础上,我们小学部形成了主题突出、特色鲜明的学部文化,如楼间广场的百家姓文化、尚正园东连廊的风铃渡口文化、西连廊的纸伞印象文化、各楼层走廊的 DIY 风筝文化、政教处对面的蜂巢文化。44 个班级文化个性突出。

做一束温暖他人的阳光系列,动态捕捉教师的阳光事迹,随时发美篇进行推荐。如有身孕的齐延萍老师护送受伤孩子回家,热血教师王小龙利用周末时间辅导学生功课,最美弯腰莫正蕾老师拄着拐杖弯腰捡废纸等事迹,引领教师向上向善。进行阳光教师、阳光学子、阳光家长评选,为获奖师生、家长举行了隆重的颁奖典礼,温暖了整个冬日。新中国成立 70 周年之际,2000 余名师生通过多姿多彩的活动,把对祖国母亲的祝福写成家书,表达浓浓的爱国之情。经层层推荐,莲实家书快闪被"学习强国"山东省平台上刊播。举行莲实首届晒秋节摄影绘画大赛,师生获奖作品在学校大厅展览,感悟秋的韵味,将校园之美定格于记忆中。该纪录片《莲实秋韵》在"学习强国"学习平台发布。

二、打造有质感的德育课程

学校以养成教育为基础,以"阳光教育"为特色,根据学生身心发展规律,从传统文化、公民道德、文明礼仪、心理健康与安全、诚信意识等方面对学生进行德育课程开发。

(一)仪式课程

学校为一年级新生举行"相约莲实,遇见美好"开学典礼,学生家长牵手学生穿过"尚正门""承责门",然后在心愿墙上签名。开学第一周对低年级学生进行如厕教育、上下楼梯秩序、见面问好等方面的常规教育,取得了很好的效果。六年毕业班举行"山那边"毕业典礼,校长讲话,节目表演,家长发言,教师发言,投放许愿卡,师生送别,给学生小学六年画上一个圆满的句号。

（二）家校课程

（1）健全家委会组织。学校成立校级、年级、班级三级家长委员会,全力推行家委会成员驻校办公,参与学校活动。11月举行家委会换届选举。家委会成员现场进行竞职演讲,公平公正选举产生新一届家长委员会主任、副主任、秘书长。家委会每学期填写对学校工作建议,利用家委会驻校办公的时间一一反馈给本人。

（2）开展教育大走访。小学部百名教师走进2300多个学生家庭,与家长面对面沟通,老师如实反映学生在校学习情况、行为习惯,同时了解学生在家表现,倾听家长的心声,共同找出有利于孩子成长的方法,做家长的贴心人。

（3）启动"聆听窗外声音"家长讲坛。学校邀请有特长的家长进课堂,极大地丰富了学校课程资源,拓宽孩子的文化视野,共开展讲坛活动206场。

（4）举行家教大讲堂活动,分年级、分批次为2100余名学生家长做了"教育好自己的孩子是我们最重要的事业"的报告,引起广大家长的共鸣。

（三）研学课程

打造一批具有影响力的研学旅行精品线路,探索形成广泛参与的研学旅行课程体系。2019年小学部外出研学84次,每一次研学都有方案、有备案、有美篇推荐。

（四）自主管理课程

（1）实行"小鬼当家"管理制度。班级进行班干部竞选,制定班规,由班委会根据成员的分工对每个同学的学习、纪律、卫生、文体活动等方面的表现进行周考核、月考核、学期考核。

（2）采用固定值周制度。学校红领巾监督岗协助辅导员和政教团队老师一起做好学校每日的早到、晨检、课间操等日常管理工作。每周召开监督岗成员例会,每学期召开表彰大会。

（3）遴选校长小助理,采取"自愿申报－班级竞选－年级竞选－产生校长小助理"的流程。校长小助理上岗后,共为学校提出合理化建议34条,学校专门开会,对学生的建议一一回复,有效推动了良好校风的形成。

(4)推行学生实践志愿者行动,按照岗位分工,双向选择,挂牌上岗,协助各条战线上的老师做好教育教学工作,增强了学生的团队服务意识。

(五)社团课程

每个社团有章程、有计划、有辅导记录。充分挖掘学生潜能,小学部成立了14个校级社团、50个班级社团,学生参与率达到100%。足球社团成立班级、学校足球队,举行了班级足球联赛,营造浓厚的校园足球文化。

三、涵养有美度的德育队伍

1. 主题团队培训,盘活班主任资源

学校成立了"郑成霞工作室"。由山东省优秀班主任郑成霞老师领衔,发挥骨干班主任的带动作用,带领一大批青年教师快速成长。

每月定期进行班主任培训,每期培训定主题,保证培训效果。针对班主任工作,本学期9月份开了专题班主任会议,布置精致管理专项检查标准;10月份由省优秀班主任郑成霞老师了做了"1平米好习惯"专题讲座;11月份我们举行"一间可以长大的教室"班主任年会,年会有"最美的诗诵给你""最美故事讲给你"等环节,联盟学校的150余名班主任参加了这次庆典。

2. 主题教育活动,提高教师幸福指数

开展"做有思想的师者"讲坛主题活动,引领专业发展。成立教师社团,组织"倾听教师心声"座谈会、"教职工趣味运动会",开展"教职工新时代文明研学"等活动,提高教师幸福指数。举办"阳光教师"颁奖典礼,从多个维度发现教师亮点。

四、培养有广度的素养学子

按照"每月一事"活动要求及学生发展需要,组织学生开展各类学生参与率高、活动面广的活动,培养高素养学子。例如,4月定为读书月,开展"字里行间"阅读沙龙、"紫藤花"杯文学大赛、创意风筝大赛,成立家长阅读种子联盟等。9月定为精致管理月,强化行为养成教育。10月爱国教育月,深入开展"我与祖国共成长""六个一"系列教育活动。一次升国旗仪式、一堂主题班队课、一场诗文擂台赛、一张"我和国旗"的合影、一篇大阅兵观后感、一封家书。11月运动健身月,举行学生运动四部曲,田径运动会、趣味运动会、教职工家长运动会、校园足

球联赛。12月"评选表彰月",实施多元化评价,结合"寻找身边的阳光"活动,进行阳光学子评选,结合县教育"校园群星"评选方案,制定我校校园群星评选方案,共设全面发展星、班级管理星、文明礼仪星、健康运动星等星项。从而形成积极进取、奋力争先的良好校风。

煜煜阳光动,欣欣客意宽。我们相信在各级领导的正确指引下,全校师生定会以更加饱满的热情,点亮自己,温暖他人。

让孩子在劳动课程中诗意地栖居

——记彩虹童心农场体验式课程

一、指导思想

劳动是人类的本质活动,社会的进步与发展离不开劳动。劳动教育是全面贯彻党的教育方针的基本要求,是实施素质教育的重要内容,是培育和践行社会主义核心价值观的有效途径。劳动教育具有以劳立德、以劳增智、以劳强体、以劳育美和以劳创新等促进学生全面发展的综合功能。我校为落实《中共中央国务院关于全面加强新时代大中小学劳动教育的意见》以及教育部印发的《大中小学劳动教育指导纲要(试行)》精神,正确认识劳动教育的育人价值与功能,把劳动教育纳入学校课程体系,加强课程建设,开展劳动实践,扎实推进劳动教育,开发"彩虹童心农场"体验式劳动课程。

二、开发理念

我校地处山清水秀的五莲县城,气候宜人,地势开阔。在校园的西北角有一处闲置的空地,有土壤,有自来水管道,有小储藏室。根据国家对劳动课程提出的宏观目标和原则要求,根据学校和学生的实际,利用学校的资源条件,我校开发了"彩虹童心农场"体验式劳动课程。学生根据季节时令,在空地里种植合适的植物,进行管理,体现了国家课程—地方指导—校本开分与实施的特征,体现了学校特色,整个课程实现了劳动课程的独立性、实操性、持续性、区分性、"无用"性等特点。

三、实施建议

课程共分三部分:课程开设、活动指导;实践操作、研究课程;成果展示、汇报。意图引导学生在劳动中学习,在生活中劳动。倡导学生的主动参与、乐于探索、勤于劳动,经历多样化实践,从而实现目标。

四、设计意图

学校因地制宜,引领学生设计劳动基地样式、为基地取名、铺路、除草、耕地、种植、浇水、捉虫、收获。通过开展劳动专题教育，让学生理解和形成马克思主义劳动观，牢固树立劳动最光荣、劳动最崇高、劳动最伟大、劳动最美丽的观念。通过开展体验式劳动课程，让学生体会劳动创造美好生活，体验劳动不分贵贱，能够尊重普通劳动者，形成勤俭、奋斗、创新、奉献的劳动精神。通过实施劳动教育课程，让学生具备满足生存发展需要的基本劳动能力，形成良好的劳动习惯，并为将来的生产、生活奠定基础。

五、设计目标

（1）通过开展劳动专题教育、开展班会等活动，让学生树立正确的劳动观念，理解劳动创造价值。

（2）通过为劳动基地设计样式、为基地取名、铺路、除草、耕地、种植、浇水、捉虫等一系列活动让学生充分体验小主人公的角色，熟练掌握一定的劳动技能，激发学生劳动的内在需求和动力，形成勤俭、奉献的劳动精神。

（3）展示课程的成果，感受劳动的乐趣与成功的喜悦。培养学生合作以及展示成果的能力。

（4）培养学生积极参与生活实践、劳动的意识，真正让学生体验"从生活中来，到生活中去"，感受到生活处处有课程。

（5）通过宣传，引导家长树立正确劳动观念，支持配合学校开展劳动教育。

研究方法：实际观察，查阅资料，咨询长辈，网上浏览，动手实践，整理展示。

六、活动时间

活动自 2021 年 4 月 1 日开始。

七、课程实施方案

初步设想本课程在实验年级预先开设，再向全校铺开，内容交叉进行。都以"植物栽培"为切入口，发动学生积极参与，突出动手实践、培养能力的主旨。

（1）课程设置。本课程分为劳动专题教育、我是小小设计师、我为农场铺条路、我为农场做美容、我为农场松松土、种下一粒籽、照顾一片绿、挂上我的小标签、成果展示等九个部分。根据学生的兴趣，利用活动课，有计划地进行操作，引导他们亲身体验，用自己的思维方式去探究、去发现，并掌握有关知识。

（2）学科渗透。结合科学、美术、劳动与技术教学渗透知识，切合时机地进行教学。

（3）课外实践。

① 调查观察：观察自己栽种的植物、观察周围的植物。

② 自主学习：引导学生通过上网、查阅书籍等渠道收集有关资料，进行自主学习，拓展知识。

③ 指导学生动手实践，锻炼劳动能力。

（4）在课程实施中注意主体性原则、开放性原则、实践性原则、合作性原则、活动性原则、趣味性原则、民主性原则、科学性原则等。

（5）教师在学生的课程学习过程中，应该以鼓励性的评价为主，并及时提出改进建议，学生根据实施情况和建议进行改进和完善。

八、案例实录

（一）课程开设、活动指导——劳动专题教育

活动目的：

（1）让学生认识劳动的重要性；

（2）体验劳动的快乐，从小培养爱劳动的习惯；

（3）教育学生尊重劳动人民，珍惜劳动成果的思想，珍惜父母的辛苦劳动。

课前准备：

（1）搜集名人或身边感人的劳动故事。

（2）观察班上最爱劳动的同学有谁，用一句话夸夸他。

班会过程：

（1）激趣导入：同学们，你们看看我们教室的环境怎样，你感觉到什么？这干净、整洁、舒适的环境是我们的值日生用他们的辛勤劳动创造出来的。劳动创造了美、创造了完美的生活，劳动是最光荣的！

（2）学会尊重劳动者。我们背着书包走在宽阔平坦的马路上时，当我们穿着干净整洁的衣服，吃着美味可口的饭菜时，你是否会想到那些为我们创造完美生活的劳动者？你是否体会到这些劳动者们所付出的艰辛呢？假如这些劳动者都停止了劳动，我们的生活会出现怎样的情景？

劳动仅有分工不一样，没有贵贱之分，劳动者是最值得尊重的人。让我们为这些可敬的劳动者送上最美的赞歌吧！

请欣赏诗朗诵《劳动之歌》。

（3）分享劳动的故事。劳动是平凡的，也是伟大的，不管是名人还是普通人，他们无一不都是用自己的双手去劳动、去创造一切。下面，我们就一齐来分享这

些感人的劳动故事吧！从他们身上,你受到了什么启发呢？

（4）表扬爱劳动的同学。劳动是可敬的,劳动是光荣的。同学们,擦亮我们的眼睛,看看我们班上最爱劳动的同学是谁？他平时是怎样做的？让我们向他竖起赞赏的大拇指,说一句赞美他的话！

（5）点燃热爱劳动之情。劳动是光荣的,但劳动也是辛苦的！同学们,在以后的生活中,你会怎样做个爱劳动的好孩子呢？

（6）班长发起"爱劳动,惜成果"的倡议。劳动光荣,懒惰可耻。我们应从此刻做起,从身边做起,从小事做起,把热爱劳动、珍惜劳动成果的行为习惯体现在日常的生活中,做一个优秀的学生吧！（班长宣读"爱劳动,惜成果"倡议书）

（7）总结:同学们,我们都有一双灵巧的手,让我们用双手学会服务,学会劳动,学会创造,都来做勤劳好孩子;让我们用汗水描绘自我的梦想,用双手创造完美的未来！

（二）实践操作、研究课程——我是小小设计师

活动目的:

（1）通过活动让学生自主设计劳动基地的样式和名称;

（2）体验做小主人公的心情。

课前准备:

（1）教师准备设计稿纸。

（2）学生观察身边农场的样式,可以网上查阅。

活动过程:

（1）引入课题。

师:同学们,在我们的校园里,有一处闲置的空地,为了让我们体验劳动的乐趣,学校将此处作为我们的劳动基地,你们想象中我们的劳动基地是个什么样子呢？

生纷纷回答。

师:都很好,你们愿意拥有一个完全按照自己的意愿来设计的劳动基地吗？好,今天我就给大家提供这样一个空间,让每一位同学都能体会自己做主设计劳动基地的乐趣:我是小小设计师。（投影）

（2）展示例作。

请同学们观察这些设计师的设计,看看这些作品在设计时有什么特点？他们的色彩搭配如何？构图如何？

学生评价。

教师点评。

（3）学生实践。

发放"我是小小设计师"稿纸，让学生为劳动基地设计心目中的样子，为其取名字，并阐明自己的设计思路。

农场设计书

（4）展示评价。

学生展示自己的设计，并进行自评（围绕创意、布局、颜色搭配等）。

互评：同学们想给他们一些建议吗？说说你的看法，哪些地方值得学习，哪些地方需要改进？

师评。

（5）总结

最终，采集众长，结合学校特点，劳动基地取名为"彩虹童心农场"，样式如下图。

因为实验年级有7个班，所以将农场区域分为7个部分，另在中间画出一个圆，属于7个班的公共区域。用废弃的油漆桶将各部分分隔开来，使每一部分都有了明显的界限,也形成了小路。采用抓阄方式将7个区域分给各班,由各班主任担任辅导教师,指导学生进行农场管理工作,每个班都为农场设计了富有特色的名字。

(三)实践操作、研究课程——我为农场铺条路

活动目的:

(1)让学生具备满足生存发展需要的基本劳动能力,形成良好的劳动习惯。

(2)为农场铺就一条古色古香的小路。

活动过程:

(1)学校为学生提供昔日学校搞建设时剩余的砖块。

(2)学生负责捡拾砖块,铺成小路。由小组长负责分配任务,哪些同学负责捡拾砖块,哪些同学负责铺路,哪些同学负责规划线路。发挥团队的力量,共同完成小路的铺设。

劳动基地铺设场景

(四)实践操作、研究课程——我为农场做美容

活动目的:

(1)让学生锻炼劳动能力,形成良好的劳动习惯。

(2)为农场的外部清理卫生。

活动过程:

(1)学校为学生提供劳动工具,或者学生自带工具。

(2)学生将农场周边的环境进行清理。比如废砖块、杂草、纸条等全部被移除,竖起拱形门入口。

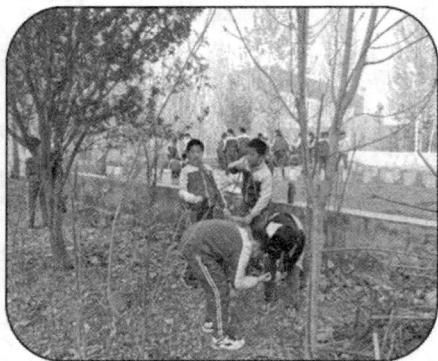

学生劳动场景

（五）实践操作、研究课程——我为农场松松土

活动目的：

（1）让学生锻炼劳动能力，了解种植的相关知识。

（2）为农场松土。

活动过程：

（1）学校为学生提供劳动工具，或者学生自带工具。

（2）学生将农场土地松土、培埂，为日后种植做准备。对于松土的深浅程度、埂与埂之间的距离、埂高等问题，教师在学生的劳动实践中予以指导。

学生种植蔬菜

（六）实践操作、研究课程——种下一粒籽

活动目的：

（1）让学生体会劳动创造美好生活，明白劳动不分贵贱，能够尊重普通劳动者，形成勤俭、奋斗、创新、奉献的劳动精神。

（2）学会种植不同作物。

活动过程：

（1）学生种植准备好的种子或者幼苗。

（2）教师在学生种植的过程中，予以技术性的指导支持，比如不同的植物该分别如何种植，先浇水还是先栽种等。

学生整理菜地

（七）实践操作、研究课程——照顾一片绿

活动目的：

（1）培养学生主人翁意识，培养责任感。

（2）学会护理植物。

活动过程：

学生在老师的指导下，定期为农场里的植物浇水、捉虫、拔草。

经过精心照顾，种下的种子破土而出，栽下的秧苗渐渐苏醒，一片生机盎然。

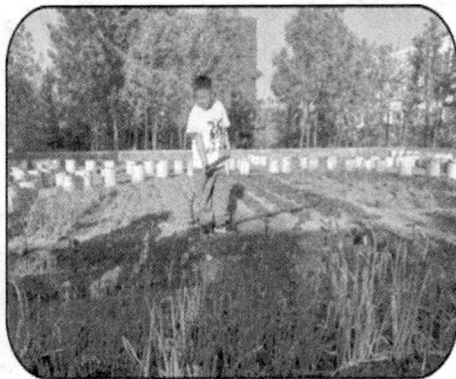

学生浇水场景

（八）实践操作、研究课程——挂上我的小标签

活动目的：

（1）通过活动让学生感受主人翁精神，培养责任感。

（2）为植株戴上个性标签。

活动过程：

（1）学生在准备好的标签纸上签个性签名，也可自己设计。

（2）学生为自己的植株戴上个性标签。

学生制作标签

（九）活动展示、汇报课题——汇报、展示劳动成果

师：同学们，经过我们的精心护理，收获颇丰。看，菜苗都已经钻出了地面，小葱也已经成活了，长大了。今天，我们一起分享收获，以及大家在活动过程中的新发现或产生的新问题，你们愿意吗？

学生将成熟的蔬菜采摘，分享收获的喜悦。目前仅有葱可以拔出品尝，相信很快就会有越来越多的品种成熟、收获。

教后反思：本课程的完成是一个季节性、长期性的过程，更能锻炼学生的劳动能力，能够以劳立德、以劳增智、以劳强体、以劳育美和以劳创新，促进学生全面发展。兴趣是最好的老师，学生对本课程的内容非常感兴趣，内容又贴合季节，学生在家里也很难有机会尝试种植花草，所以学生无论是对种植之前的整理农场还是准备种子，都很有兴趣，行动迅速，内容丰富，研究学习及动手操作起来更是很投入。学生根据教师、家长指导和网上搜索，了解到在农场比较适合种植生长周期短、对土地要求不高的蔬菜，所以大都选了此类植物。有些菜必须种苗，比如茄子、辣椒、西红柿等，而其他瓜果，比如扁豆、花草等，都可以种种子。在准备过程中，学生了解到的这些知识无疑为他们扩展了知识。因为农场距离教学楼很近，在活动课和课后服务时间，学生都可以分组到农场进行护理。浇水、捉虫、拔草，学生们干劲十足。课程在继续中，劳动教育永不止步，我们一直在路上……

校园微电影与思政课融合的实践与研究

一、选题依据

（一）国内外相关研究的学术史梳理及研究动态

传媒大师麦克卢汉说："媒介是区分不同社会的重要标志，每一种新媒介的产生与运用，都宣告一个新的时代的来临。"当前是一个新媒体高速发展的时代，微电影作为新时代的产物也逐渐走进大众的生活。微电影是在各种新媒体平台上播放的、适合在移动状态和短时休闲状态下观看的、具有完整策划和系统制作体系支持的具有完整故事情节的短型记录视频，内容融合了幽默搞怪、时尚潮流、公益教育、商业定制等主题。而校园微电影可以丰富学生们的课余生活，通过一些小的故事来体现它独有的艺术特色，给人一种视觉上的享受，使人感到趣味。它还具有互动性，可以使学生一起进行剧本的设计、拍摄的过程以及最后成果分享，组成一个集体的团队，共同分享其中的乐趣，并从中得到教育。

在信息数字化和网络化高度发达的时代，影视资源担负着进一步加强思想品德教育的重要使命，逐渐成为学校开展德育教育的重要手段之一。影视资源具备较强的感染力，能够正面引导学生，拓宽学生的德育教育平台和视野，达到培养学生多方面技能、提升学生综合素养的目的。因此，利用影视资源强化德育教育，改变传统德育教育枯燥说教的落后方式，研究微电影教学实现高效的德育教育至关重要。

由于校园微电影作为一种新的媒介形态发展时间并不长，因此国内外学者对于它进行学生的德育素养培养的研究还停留在表面现象的研究，研究论文等材料也很少，对其本身的理论建构、知识体系等还没有系统的研究，缺少统一、权威的界定。

从 2018 年开始，越来越多的人开始微视频、微电影在弘扬正能量和主旋律方面的尝试，这种尝试也是微视频在经历一系列整改之后的内容调整，虽然目前相关研究论文还非常少，尤其是校园微电影与学生的德育教育方面的研究更少，但当正能量、有意义的微电影越来越多之后，学界对它的研究也将成为一种新的趋势。

（二）本课题的独到学术价值和应用价值

校园微电影是以现代教育技术为手段，网络传播为载体，构建校园文化氛围的又一途径。优秀的微电影蕴含了深厚的思想和艺术内涵，具备直观、生动、感染力强等特征，不仅能达到一定视觉效果，还具有思想教育的功能。微电影中所表现的人物形象，故事情节、精神内涵等在潜移默化中影响着每个学生。经过长期的耳濡目染，对于树立学生正确的人生观、价值观、世界观起着莫大的作用。2019年底发生了新型冠状病毒感染的肺炎疫情，社会上涌现出钟南山、李兰娟等广大一线救护人员奋不顾身、可歌可泣的英雄人物和事迹，通过微视频、微电影的观看教学让学生转变对偶像、榜样的认知。在这样的时代，微电影对于学生树立正确的世界观、价值观、人生观，增进对家国的热爱，更有着重要作用。

开展体验式德育过程中，引导学生进行德育微电影的创作、制作，在日常教学过程中使用微电影进行辅助德育教学，都是十分有效的"立德树人"过程。学生通过参与德育主题的确定、德育内容表现形式的研究、德育内容的发布与反馈等一系列体验式德育过程，既加强了对于德育内容的认知，丰富了德育的内涵，还获得了德育体验，充分体现"学校即社会、生活即教育"的理念。

国家中长期教育发展规划纲要中明确指出，坚持德育为先，创新德育形式，丰富德育内容，不断提高德育工作的吸引力和感染力，增强德育工作的针对性和实效性。以学生为主要力量的微电影创作、观看途径的探索和创新，对于德育工作创新改革，增强德育工作的针对性和实效性，具有积极的现实意义。

它具有促进教师教育教学理念转变的应用价值。更清晰地认识"一切为了学生"的教育核心理念，着眼于学生的德育素质培养，在校园微电影的观看、创作、实践拍摄过程中，渗透德育教育，进而提升学生的综合素养。

它具有促进教学方式方法转变的应用价值。首先，仅凭说教式的方法进行德育教育，已不适合现在的学生。学生越小，注意力越不稳定、不持久，且常与兴趣爱好相关。而微电影以其短小精简的特点更适合学生进行观看。学生能够在注意力集中的时间段内欣赏完一个完整的故事片段，也更能产生兴趣。其次，小学生的思维从具体形象思维逐步转向抽象逻辑思维，但他们的抽象逻辑思维在很大程度上仍是直接与感性经验相联系的，具有很大成分的具体形象性。微电影以其直观的镜头片段和故事情节，更乐于被小学生接受，从而使学生进一步明白其中的含义和一些做人做事的准则。

二、研究内容

(一)研究对象

小学、初中学生,微电影教育资源。

(二)总体框架

(1)创建校园微电影德育教学有效策略。

① 教师观念转变。精心设计教学设计,灵活地将微电影的播放添加到教育教学中,让学生在潜移默化中受到熏陶教育。教师有针对性地实施教学,以提高效率,不断地研究与实践,培养善于创造、充满活力、充满爱心的教师团队。

② 学生观念转变。从被动地听说式德育学习或情感式德育学习转化为利用微电影适时强化、浸染的学习,促进学生真正得到教育。

③ 建立中小学德育教学的灵活性评价办法,激励评价激发学生兴趣,使学生于无声处得提升。

(2)构建校园微电影资源库。根据教育教学中的需求,充实学校的微电影资源库。

① 建立恰当的教学目标和学生的学习目标,根据目标要求,选用现有的校园微电影进行辅助教学。

② 根据教育教学目标,对于欠缺的微电影资源,发动师生进行创作、拍摄、编辑、推广。学生自主探究,在微电影制作过程中得到技术提升和德育教育。

(三)重点、难点

重点和难点在于如何将校园微电影教育真正落实到学校的教育教学生活中去,让学生、教师、家长转变方法和思路,在已有的说教式教育、情感式教育的基础上,通过校园微电影的影响(可以是创作、拍摄、观看)开展研究,强化德育教育成果,从而真正提升学生的综合素养。

(四)主要目标

(1)总体目标:通过对校园微电影与学生的德育教育研究,通过团队合作与实验,改变传统的单一说教式、情感式的德育教学模式,逐步改变教师的教育教学理念,实现教师教育教学方式的转变,从而实现学生在充满活力、充满乐趣的课堂之上、课堂之外得到更加有效的德育教育,从而促进学生综合素养的全面和谐发展。

(2)成果状态目标。

① 县城区域学校教育:积极推广校园微电影德育教学的成果经验,实现多元

合作、多向互动,实现学生全员参与、全程参与、有效参与,提高教育教学的实效性,探索总结微电影德育教学理念下教育教学的有效策略。

② 学生:以点带面,提高学生的德育水平;使学生勤于探究实践,提高自主学习和合作探究能力,提升他们的综合素养。

③ 教师:全面提升教师专业发展,转变德育教学思路,带领打造一支集学习、工作、研究为一体的科研化、现代化、睿智化的教师队伍。

三、思路方法

(一)基本思路

本课题在九年一贯制学校展开,从学校德育教育入手,以学生为主体,努力改变学生的行为习惯、心理状态,重塑能力培养;以教师为主体,立足解决教师在进行德育教学时,备课和上课中遇到的问题,使用微电影或者创作微电影并使用其进行辅助教学。综合运用文献研究、行为研究、案例研究等多种研究方法,坚持理论和实践相结合,实证与个案研究相结合,以德育教育理念为突破口,深入挖掘微电影教学与德育教学相融合的结合点和切入点,在以微电影教学促进德育教育的研究中构建比较成熟的可借鉴、可操作的模式并加以推广普及,提升学校发展内涵,促进学生的综合素养提升。

(二)具体研究方法

我们将以微电影教学教育理念和学生德育教育教学理论为指导,对教师利用微电影对学生进行德育教育和创作微电影的过程中的德育教育渗透进行调查、分析,有针对性地开展研究,通过理论学习与实践,深刻反思,在教育教学过程中不断进行验证,主要运用行动研究、调查研究、个案研究、文献研究、经验总结等方法,边实践边研究边总结,探求具有实践意义的策略,实现对学生的德育教育。

(1)教育实验法。

① 选取部分班级的教师,开展微视频德育教育理论学习。

② 教师实践新的教育理论。

(2)调查研究法。利用问卷、现场观察、交谈等多种形式,了解教师和学生对开展本课题内容的态度,对研究前期、中期、后期教师行为和学生行为的现状进行分析比对,为研究提供事实依据。

(3)行动研究法。在实验过程中,不断探索实施高效德育教育课堂教师有效行为的研究,不断修订行动方案,在行动中研究,在研究中行动,形成高效的德育教学行为。

（4）文献研究法。阅读、研究、分析关于国内外微电影与德育教育的理论与策略,借鉴已有的理论成果,指导课题的科学研究和实践操作。

（5）经验总结法。鼓励教师及时总结实践经验和教训,修改补充和完善,力争使研究水平上升到一定理论高度。

（6）个案分析法。重视以探究活动为主题的案例实践分析,从中寻找课题进展的突破口。

（三）研究计划及其可行性

本课题受到学校的高度关注和重视,使本项课题在校园的调研、探索有了行政上的支持、组织上的保证和专业上的指导。

学校先后荣获全国教育系统先进集体、全国校园影视教育研究实验学校、全国新教育实验优秀学校、山东省重点教研课题优秀实验学校等 20 余项省级以上荣誉称号,并被评选为中国校园网络电视台摄制基地,一部校园专题荣获全国中小学校园影视比赛二等奖。德育课程一体化实施案例被省教育厅评为德育课程一体化实施典型案例,并被评为本市中小学德育工作先进单位。

本课题研究团队教师任教年级有梯度,任职岗位有区别,使课题研究能兼顾横向性与纵向性。课题负责人有着较强的教科研组织能力和较高的理论学术水平,组织和领导实施研学研教方面有着丰富的理论和实践经验,指导多部微电影作品在比赛中获奖,对本课题能进行组织和实施。成员教师具有丰富的微电影拍摄经验和较强的拍摄编辑能力,均是学校骨干教师、县教学能手,具有丰富的专业知识和较高的教学科研能力。

学校电教设备先进,拥有足够的藏书和电子图书,每间教室都有先进的多媒体教学设备,每位教师也都配备了笔记本电脑,学校拥有多部摄影摄像机,有专业的视频剪辑工具,从硬件上也能保障课题研究的顺利进行。并且学校是九年一贯制学校,在课题研究中,研究对象也可在更广泛的范围内进行选择。

具体研究计划:本课题研究周期为 2 年(2020 年 10 月—2022 年 12 月)。

（1）在负责人的指导下,着手实施课题实验。

（2）认真学习相关的教育理论,提高认识,努力形成"学习—认识—实践"的格局。

（3）根据研究对象的年龄特点,结合生活实际,搜集整理与课题相关的校园微视频素材。班级实施和学校实施相结合,提升研究水平。

（4）适时召开课题指导小组会议,交流汇总实验情况,进行研讨分析,讨论怎样才能更有效地发挥利用微视频进行德育教育的高效性,并提出下一阶段的实验建议。

（5）积累经验，创作部分优秀微视频作品，写出有关论文和报告，就成功和不足之处写出自评，组内进行集体讨论，配合课题做好阶段性的总结及课题的延续、深入、提高的方法。

2020年10月—2020年12月：课题方案的论证及开题，确立课题，申请立项。制定课题实施方案，确立课题组人员分工，规划各个课题研究小队的研究目标、研究内容、研究方法，研究工作初步开展。

2020年11月—2022年4月：制订各阶段研究工作计划，按照课题方案的要点目标等开展研究。撰写阶段性研究报告。在阶段总结评估的基础上，继续开展研究。主要工作有搜集、查找、下载相关资料；整理学校的校园微电影；举行班会、讲座；有关问卷调查；整理典型教学设计、个案分析和教学反思；撰写个人、小组、课题组阶段小结报告。

2020年5月—2022年11月：研究的总结阶段。根据研究内容，收集整理归类材料，综合研究材料，对课题进行初步总结，主要形式有教学经验总结、典型案例、论文、微视频资源等，在此基础上，进行全面、科学的总结，撰写研究报告和工作报告；召开成果汇报会，全面总结和展示研究成果；申请结题，接受上级验收，推广有价值的经验成果。

四、创新之处

本课题负责人及课题团队所在学校是"全国校园影视先进集体""全国校园影视实验学校""全国校园影视拍摄基地"，校园微电影课程是实验学校的一张亮丽名片，"用光影记录成长和精彩，用声音传递温暖与感动"已深入人心。学校拟挖掘优秀电影作品的教育功能，精心开展电影教育活动，已经组建教师影视工作室，成立学生微拍影视社，制定影视工作室章程，进行个性课程开发，开展影音专题培训，组织师生自行创作校园微电影作品，旨在传达"用生命影响生命，用心灵塑造心灵"的精神力量。团队可以利用现有的优势资源，探究微电影在德育教育中的作用，并由此进行成功的经验推广。

本课题的研究以实践应用为主要特征，能够边研究边实践边推广。

五、预期成果

（一）阶段成果

成果包括典型案例分析、论文、微视频资源。

（二）最终成果

（1）以微电影的剧情为载体，用心感化学生，达到德育目标，提升学生综合素养，促进学生全面发展。

（2）以微电影拍摄为载体和手段，对学生进行多方面的德育教育。

（3）以创新德育教育，向一线教师和班主任传递创新型德育教育理念，提升德育教育内涵。

以品德课程为主的课程整合研究

一、课题核心概念的界定

（1）道德与法制课程是正在开设的以儿童社会生活为基础，促进学生良好品德形成和社会性发展的一门全新的综合课程，又是一个需要在借鉴、继承的基础上发展创造的课程领域；是以提高国民的公民素养为根本的国家课程。

（2）道德与法制课程的内容涉及广泛，课程标准的设计应具有一定的开放性，使地方、学校和教师可以根据要求开发、利用本地社会资源，并将其转化为适合学生的教育资源。

（3）我们学校的国家品德课程校本化的课题研究，就是以道德与法制国家课程为依托，再开发利用本地社会资源并结合本校实际和学生实际，将两者有机结合，实现国家课程校本化。

二、国内外研究现状述评

世界发达国家都在加强道德教育研究，加快德育课程改革的步伐，为我国小学品德教育的改革提供了丰厚的借鉴经验。例如，1994年，第44届国际教育大会将品格教育列为各国教育应进一步努力的首要方面之一。英国在1999年9月颁布的课程改革方案中明确提出，学校教育应肯定真理、正义、诚实、信任、责任感等美德。

近年来，有不少关注这方面的人士都在进行着探究，如2009—2011年泉州市教育科学研究所宋泉慧老师主持的品德课题"贴近生活的德育实践成果推广应用教学研究"等等，很成功地开辟了这一先河。值此新一轮基础教育课程改革的契机，加强小学品德课程的校本化研究势在必行。

三、课题研究的目的、意义及研究价值

传统"思想品德"学科教学，在很大程度上存在轻视学生的需要、经验和生活，将学科与学科、学科与实践、学科与生活之间割裂等弊端。我们的课改取消原有的思想品德课，用意是使品德教学贴近生活、贴近社会。因此，教师不能仅

仅照搬教材、学生也不能仅仅机械地接受教材,应大胆地根据课程要求,结合实际对教材不断进行变革与创新,使之不断转化为符合教师与学生实际的课程。

实验学校的办学理念是"学以尚正,学以承责",办学目标是"充分发挥学生潜能,为未来社会培养优秀公民"。这一切都彰显出我们学校是以德治校的。我们的品德课就应该力求成为真正的教育。要上好这门课程就应该践行"品德予生活""品德予社会"。也就是说将品德赋予生活、社会中去进行,而不是单纯地在课堂中进行传统意义上的授课。

四、本课题的研究目标、研究内容、研究假设和拟创新点

(一)课题研究目标

(1)将品德放到生活、社会中去进行,让实验学校的学生走出校门的时候不仅仅记得他们上过品德课,而是真正成为尚正承责的优秀公民。

(2)学生是学习的主体,教师应为学生的自主学习和生动活泼的发展提供充分的空间,引导学生自己去观察、体验、感悟、探究,从而获得最真实的感受。

(3)教师必须充分开发、利用校内外的各种课程资源,不求花样繁多,但求切合实际,使之有效地为教学服务。

(二)课题研究内容

1. 与校本课程整合

结合我们学校的"电影课堂",结合不同年级孩子的特点,研究孩子们在学习生活中遇到具体问题,我们选择不同的影片让学生欣赏。孩子在欣赏影片的同时,自己的思想也得到了升华。如《猫咪小贝》让孩子认识到溺爱会使自己丧失生活的能力;《数星星的孩子》让孩子们知道自己本身有着无穷的潜力……校本课程因学校独有,符合学校实际,学生有新鲜感,品德学科与校本课程有机整合,使品德教学更加贴近学生。"微电影"的拍摄,更是让孩子们亲历身边发生的感人事件,以达到德育育人的效果。如学校拍摄的微电影《红绿灯》,除了教给孩子们遵守交通规则之外,更让孩子们体会到与同学之间的友好相处是多么的美妙。

2. 与学生生活体验有机整合

与生活整合。学校生活是学生生活的重要组成部分,参与并享受愉快、自信、有尊严的学校生活是每个学生的权利。教师要积极引导学生参与学校生活,及时捕捉校园内发生的典型事例丰富品德课的教学内容。如"弯弯腰,让学校更美丽"倡导孩子爱护学校环境,"轻声慢步过走廊"让孩子维护良好的秩序。新课程要

求课堂从教室扩展到家庭、社区及学生的其他生活空间。品德学科整合学生家庭生活,既是教学方法的要求,也是教学目标的体现。与学生实践整合。让学生走出学校,到社会中去学习、实践,以开阔眼界,增长知识,扩展兴趣,发展实践能力;通过让学生直接参与各种课堂实践活动与课外实践活动,让他们在实践活动中去观察、了解、感受、认知、发展,真正明白是非,使他们在未来的社会生活中能自觉地做一个公民所该做的。

3. 与学校活动整合

教师的主要作用是指导学生的活动,而非单纯地讲教科书;学生更多的是通过实际参与活动,动手动脑,而非仅仅依靠听讲来学习。教师要善于开展学生喜欢的活动,使他们在主动积极的参与中生活得到充实,情感得到熏陶,品德得到发展,价值判断得到初步的培养。

(1)与校园环境创优活动整合。我校重视校园环境建设,为打造"科学、人文、童趣化"校园,精心设计了科学长廊、艺术长廊、绿地名言、主题走廊、诗词小路等,对学生良好品德形成产生了潜移默化的作用。品德学科教学时,教师将品德学科与校园环境整合,将学生带到校园中,学习名言,了解艺术家的童年生活,分析科学家对人类的贡献,让学生更加喜爱品德学科。

(2)与少先队活动整合。学校会结合一些节日,如"母亲节""教师节""植树节"等节日,进行一些主题少先队活动,而这不正是与《品德与法制》学科相一致吗?

(3)与学校的社团活动整合。学校开设武术、象棋、舞蹈、绘画、京剧、交响乐团等10多个社团。不同的社团有不同的特点,我们可以根据社团的特点与孩子的特点进行德育教学。

(4)与校园文化活动整合。我校每年举办科技节、艺术节、体育节、读书节,使品德教学及时与相关文化活动结合而充满生机。

(三)研究假设

课程资源的丰富和适切开发与利用将使学生的生活经验、感受、兴趣、爱好、知识、能力等构成课程资源的有机成分,使学生的发展受益于大量丰富的、开放性的课程资源的开发和利用,促使学生创造性地利用一切可用的资源,为自身的学习、实践、探索性活动服务;课程资源的开发与利用还对教师提出了新的专业能力要求,即课程开发的专业素养和能力,将促使教师必须根据具体的教学目的和内容开发与选择课程资源,充分挖掘各种资源的潜力和深层次价值,成为学生利用课程资源的引导者、开发者。

（四）拟创新点

1. 教材重组：按教学活动的需要重组学习内容

教材在设计中，在理论上符合课程学习的需要，但在实践中却有一些困难。有的多项体验性和实践性活动分散于各学习主题中，这样的设计有些理想化，不符合学生学习的实际情况。按照这样的学习视角开展学习，很难保证教学目标的落实，很有可能变成了"看图说话"。因此，教师可以对单元学习内容进行重组。

2. 与活动整合：注重和各种活动结合开展教学

标准主张教学要面向学生的生活实际，有必要结合各种活动，借助于各科教师的协作开展课程学习。如和学校、少先队组织的活动相结合，和学生的家庭生活相结合，和学校的"综合实践活动"相结合，更有利于课程目标的达成。

3. 空间拓展：开放教育时空，增强课程的现实性

（1）教学注重与社会发展变化的联系。社会是发展变化的，与之相适应的道德标准、价值观念也是在发展变化的，要培养学生良好的德行和社会性，就必定要关注社会的发展变化，特别是本地区的实际情况，将生活中鲜活的事例作为课程资源，增强课程的现实性。

（2）教学注重与学生生活环境的联系。倡导学生以多种恰当的方式接触社会，学生生活的环境必然成为重要的课程资源，是学生开展研究性学习、体验性学习重要的场所。

（3）教学注重与学生生活经历的联系。如学校开展的各项活动。

4. 人力协调：建立家长、社区资源库

（1）建立家长（社区）课程资源库。主要是通过调查，选取典型性的家长，如单位的负责人、有一技之长的人员、特殊行业的家长、社区工作者、校外的辅导员等，组成课程资源库，在实施相关课程学习时，寻求他们的指导和帮助。

（2）建立综合性学习指导小组。我们依靠少先队组织和假日少先队组织的优势，由热心教育工作又具有一定管理和指导能力的家长负责开展校外的学习，比如参观、调查、访谈等。学生的安全得到了保证，学生个性化的学习也能初步得到实践，课程的学习目标基本得到了落实。

5. 网络平台：开展基于网络的自主学习

（1）课程资源的检索。这些课程资源主要是素材性的课程资源，如收集家乡的风光照和资料，收集各地的丰富资料，收集国家和地区经济发展的有关数据等。

（2）网上的交流和指导。学生可以在网上共享一些资源。例如，把一个小组采访的实录发布在网上，其他小组通过阅读。学生也可以在网上开展交流，发布学习和研究的成果，寻求别人的帮助。教师在网上可以开展针对性的指导，了解学生学习的动态。

五、课题研究的基本思路、方法及实施步骤

（一）研究的基本思路

本课题的研究是一个持续的、长期的过程，本课题组成员将发挥每个人的聪明才智，集思广益，通过网上学习和邀请专家指导开展本课题。我们实验学校的品德课要打破课堂的局限，让品德课不再只是课堂 35 分钟，力求课内与课外不分开。

品德课是国家课程，不能少于基本课时。我们把每学期品德课程标准里所有的德育目标整理出来分类，看哪些活动适合在家庭组织，哪些适合结合学校活动组织，哪些可以趁节日组织，哪些可以和社会活动关联。这样的话，就可能打破课本的顺序，大部分活动就放在家里和学校的某些活动中进行了。在品德课上主要是学生交流材料，也就是总结和呈现活动结果。这样我们在备课的时候就可以只设计一个针对这个活动的记录和评价表格。当然这个表格需要根据活动参与的是家长、老师还是社会机构来进行了。主要就是记录学生活动情况，将理论化成实际行动来进行。

班主任与各科老师都应当也必须成为学生品德养成的责任人之一。至少也应该是品德老师占主导，其他老师协同共管的机制。

（二）研究的基本方法

1. 行动研究法

课题组要在科学理论的指导下，根据学校的特点，设计实验的实施方案，并落实到人，分阶段分层次地进行研究和实施，要求学习、实践和研究相互促进，不断提高理论水平。实践者就是研究者，实践成果就是研究成果。学生要在老师的帮助和指导下，充分发挥主体的积极性，人人参与实验实践活动，在活动中学习，在活动中感悟。

2. 个案研究法

对实验组的教师与学生进行个案研究，探讨品德与社会课程资源开发与利用的途径与方法，培养学生的综合能力，提高学生的道德素养和老师的综合教学

水平。

3. 观察谈话法

利用观察与谈话的方法来研究学生对品德与社会课学习的兴趣、态度与参与课程学习的能力。

4. 经验总结法

运用经验总结法不断探索品德与社会课程资源开发的途径及方式,并构建具有地方特色、本校特点的教学经验。

5. 调查法

运用调查法来研究品德与社会课程资源的开发对学生的行为习惯、道德品质、创新意识和实践、能力的培养以及综合素养的提高所产生的影响。

(三)课题实施的主要步骤

1. 第一阶段(2017年1月—2017年3月)设计申报阶段

(1)采用文献法查阅相关资料,学习有关理论,认识校园文化,了解课程资源,并对此做出初步的概念界定;分备课组学习现行的《道德与法制》课程标准、通研学科教材。

(2)根据学生的年龄特点、学段特点,分学段制定教学目标。明确实验的目的和实验的方向,做好实验的准备。

2. 第二阶段(2017年4月—2018年4月)实施研究阶段

(1)组织课题组教师,分学段编订学科计划,学科内容。

(2)加强学习,定期召开课案。召开课题组成员会议,促进教师改变原有的教学模式,促进师生的共同发展。

(3)以学科组为单位,制定相应的学生评价体系及教师评价体系。

(4)整理资料、汇编论文、撰写研究报告,展示研究成果。汇报实验成果,及时地宣传报道。

3. 第三阶段(2018年5月—2019年6月)结题鉴定阶段

(1)进一步修正课题方案。

(2)整理收集老师的论文、活动组织、教学案例、教学模式,并进行分析、总结。

(3)撰写课题研究结题报告,请专家及领导鉴定和评议。

让课堂充盈生命的温度

课堂改革，从目标开始

教师让学生完成的任务，每节课的目标孩子知道吗？想象一下你要去度假却没有目的地，那你怎么收拾行装？再想象一下，一位外科大夫走进了手术室，却不知道要做什么手术："让我先来给他开一刀，检查检查再看看是什么毛病。"或者你也可以把自己想象成这位病人，知道自己要做手术，却不知道自己得了什么病！这听起来很荒谬，对不对？如果学生们不知道自己能学到什么，同样是件很荒谬的事情。

陶行知先生在 20 世纪二三十年代提出要给儿童"六解放"：解放儿童的头脑，使他们能想；解放儿童的双手，使他们能干；解放儿童的眼睛，使他们能看；解放儿童的嘴，使他们能谈；解放儿童的时间，使他们多学一点感兴趣的东西，多干一点高兴干的事；解放儿童的空间，让他们到大自然、到社会上去扩大视野。

新课程实施以来，传统的课堂教学面临一场变革，但要从根本上改变传统的课堂教学模式，最关键的是我们的思想要变革，我们的理念要更新。小学语文是交际性的基础工具，是认识世界、改造世界、进行交际和思维的工具。学生在语文课上学习语言，进行听、说、读、写、书（写字）训练。语文课不仅在思想方面发挥作用，更主要的是从表达方面发挥作用；不仅要求理解课文的内容，更要求学习课文的表达形式。

我们的教师在课堂教学中要改变传统教学束缚学生思维发展的旧模式，遵循以人为本的观念，给学生发展提供最大的空间，要根据教材提供的基本知识内容，把培养学生的创新素养和实践操作能力作为教学的重点。让学生转变学习方式，学会自主学习，让他们既要"学会"，也要"会学"。只有这样，才有可能掌握尽可能多的人类文明成果，也才有可能通过学习，提高观察、分析、解决问题以及创新的能力。语文教学的着眼点在表达形式方面，即其交际的手段和工具一面。语文能力是一个整体，是语言、知识智力、品德等多因素的有机结合。语文教学目标与其他学科的教学目标相比，所包含的内容更为广泛。首先，小学语文教学目标的综合性表现在语文听、说、读、写各项能力的相互联系、相互促进，整体发展。其次，小学语文教学目标的综合性还表现在语文与其他因素有机联系，互相制约，均衡发展。小学语文教学目标的设计，必须处理好语文内部以及语文与其

他外部因素之间的关系,建立纵有序列、横有联系的目标结构,结合提高学生的
"一般能力"。

【案例分享一】

《草船借箭》教学设计

一、教材分析

　　《草船借箭》是义务教育课程标准部编教材五年级下册第二单元第5课,是根据元末明初的长篇小说《三国演义》第四十六回的相关内容改写的。全文结构清晰,以"借"为主线,按事情发展的顺序展开叙述,先写起因:周瑜妒忌诸葛亮的才干,故意让诸葛亮十天造十万支箭,以此陷害他。然后重点写了草船借箭的经过。最后写了事情的结果:十万支箭如期交付,周瑜自叹不如。故事情节紧凑,充满悬念,扣人心弦。

　　课文主要通过人物言行表现人物特点,文中重点写了草船借箭的过程,诸葛亮的各项部署、在船上和鲁肃的对话,突出表现了诸葛亮神机妙算、胆略过人的特点。

二、教学目标

　　(1)认识"瑜、忌"等9个生字,会写"妒、忌"等11个生字,正确读写"妒忌、推却、都督、迟延、探听、幔子、军令状、神机妙算"等词语。

　　(2)默读课文,理解课文内容,按照起因、经过、结果的顺序说一说故事的内容。

　　(3)紧扣课文语言,感悟文中周瑜、诸葛亮等人物的特点。

　　(4)初步学习阅读古典名著的方法,激发学生学习、亲近古代文学作品的兴趣。

三、教学重难点

　　(1)默读课文,理解课文内容,按照起因、经过、结果的顺序说说故事的内容。

　　(2)紧扣课文语言,感悟文中人物的特点。

四、教学过程

(一)创设情境,激情导入

1. 教师播放电视剧《三国演义》主题歌《滚滚长江东逝水》,请同学们欣赏

(1)学生阅读歌词,说说对这首歌的了解。

（2）问题交流：歌词里说"浪花淘尽英雄"，你最崇拜《三国演义》中的哪个英雄？（学生自由发言。）

（3）导入课题：今天我们一起来学习节选自《三国演义》的一篇课文《草船借箭》。（板书：草船借箭。学生齐读课题。）

2. 简介《三国演义》

《三国演义》全称《三国志通俗演义》，是一部长篇历史小说，作者是明朝的罗贯中。《三国演义》是中国古代长篇章回小说的开山之作，是中国古代四大名著之一，与《西游记》《水浒传》《红楼梦》齐名。

3. 简介作者

罗贯中（约1330年—约1400年），号湖海散人，元末明初小说家。《三国志通俗演义》的作者，山西太原人。

（二）初读课文，整体感知，解决字词

（1）学生自读课文。要求：默读课文，读准字音，读通句子。

（2）自学课文生字词，可以用笔在文中圈出来，然后用合适的方法来认识生字词。

（3）检查学习效果，相机指导。

1. 理清顺序

（1）学生默读课文，思考：作者是从哪些方面来叙述的？是按照什么顺序将故事串接起来的？哪些地方给你留下了深刻的印象？

（2）学生以小组为单位交流读后的收获，教师巡视指导。

（3）小组推荐一名同学汇报交流的成果，其他同学做补充。

2. 了解起因、经过、结果

（1）快速浏览课文，试着了解故事的起因、经过、结果。

（2）小组派代表做汇报发言，全班交流，教师评议并小结。

① 故事的起因：周瑜妒忌诸葛亮，用十天内造十万支箭的任务来为难、陷害诸葛亮。

② 故事的经过：诸葛亮利用草船向曹操"借"了十万支箭。

③ 故事的结果：诸葛亮借箭成功，周瑜自叹不如。

（三）细读课文，了解起因

（1）教师简介"草船借箭"的时代背景。东汉末年，曹操、刘备、孙权各据一方，称为"魏、蜀、吴"三国。当时，曹操刚刚打败刘备，又派兵进攻孙权，于是刘备和孙权联合起来抵抗曹操。刘备派诸葛亮到孙权那里帮助作战。诸葛亮"草船借箭"的故事，就是在孙、刘联合抗曹的时候发生的。

（2）请同学们默读文章第 1～2 自然段，看看从这部分课文能了解到哪些信息。

（3）学生作批注，自我品读探究。

（4）小组派代表做汇报发言，全班交流如下问题。

① 从这部分课文中，你了解到什么？（周瑜要陷害诸葛亮。）

② 刘备派诸葛亮到孙权那里帮助作战。周瑜为什么还要害诸葛亮？你了解到周瑜的什么特点？（嫉贤妒能。）

③ 周瑜要害诸葛亮，你是从课文中的哪些词句了解到的？

④ 周瑜设计想陷害诸葛亮，他是怎样一步一步达到目的的？

⑤ "公事"是什么意思？（朝廷之事，公家之事。）"推却"又是什么意思？（借理由推脱、拒绝。）为什么不能推却？

⑥ 从这段对话中你觉得周瑜是个怎样的人？

⑦ 同桌一起交流，想象周瑜当时的心理活动。

⑧ 学生交流，教师小结。

⑨ 再读加入描写人物语言和神态词语的语段，总结下列问题：

A.周瑜设计想陷害诸葛亮，诸葛亮是怎么做的？

B.诸葛亮明知周瑜要害他，为什么不揭穿他，反而接受赶造十万支箭的任务，还要立下军令状，说三天造好十万支箭呢？从中可看出诸葛亮是个怎样的人？

（5）谈话过渡：从课文第 1～2 自然段的学习中，我们了解到：周瑜想害诸葛亮，他步步紧逼，把诸葛亮圈入了他设置的圈套。而诸葛亮立下军令状，似乎已陷入他的圈套，让周瑜的计划得逞了。（板书：起因——周瑜妒忌诸葛亮，用三天内造十万支箭的任务来为难、陷害诸葛亮。）

（四）了解"借箭准备"，体会诸葛亮的"神机妙算"

（1）诸葛亮请谁帮忙做借箭前的准备？（鲁肃）

（2）鲁肃是周瑜的部下，为什么诸葛亮敢于向他求助？（诸葛亮深知鲁肃为人忠厚,顾全大局。)

（3）从哪里可以看出鲁肃为人忠厚,顾全大局？请默读课文第 3 ~ 5 自然段,把书上有关句子标出来。

（4）全班交流,教师评议并相机指导。

（五）精读"借箭经过",领悟诸葛亮的"神机妙算"

（1）指名读课文第 6 ~ 9 自然段,标出能表现诸葛亮"神机妙算"的有关语句。

（2）小组合作学习,互相交流:从哪些地方看出诸葛亮的"神机妙算"？

（3）小组派代表做汇报发言,教师评议,相机指导。

教师小结:

① 算好天气:第三天有大雾。

② 算好受箭方法:把船一字摆开,两面受箭。

③ 算好鲁肃:忠实守信。

④ 算好周瑜:嫉贤妒能,阴险狡诈。

⑤ 算好曹操:谨慎多疑。

（4）自由读课文第 3 ~ 9 自然段,总结"借箭的经过"。

（板书:经过——诸葛亮利用草船向曹操"借"了十万支箭。）

（六）了解"借箭结果",感受人物形象

（1）齐读课文最后一个自然段。

（2）结合课文说感受。

小组交流:周瑜到底在哪些地方不如诸葛亮呢？

小组派代表做汇报发言,师生评议,教师小结。

① 周瑜的智商不如诸葛亮,因为周瑜想到的是"造箭",而诸葛亮想到的是"借"箭。

② 周瑜的胸襟不如诸葛亮,周瑜心胸狭窄,嫉贤妒能,而诸葛亮宽厚待人,顾全大局。

③ 诸葛亮考虑问题的能力,观察事物的能力,掌握天文、地理的能力都要胜过周瑜。

（3）指名朗读课文最后一个自然段。

（4）教师小结:草船借箭的前前后后,的确说明了诸葛亮神机妙算。"周瑜大吃一惊,长叹道:'诸葛亮神机妙算,我真比不上他！'"这句话照应了课文开头的

第一句话。(板书:结果——诸葛亮借箭成功,周瑜自叹不如。)

(七)课堂总结,布置作业

(1)课文结构严谨。故事以"借"为主线,按事情发展顺序进行叙述。先写了草船借箭的原因;接着写了诸葛亮做草船借箭的准备;然后重点写了草船借箭的经过;最后写了事情的结果——箭如期如数交付周瑜,周瑜自叹不如。故事的起因、经过、结果叙述得清清楚楚。不仅如此,文中的许多内容还前后呼应,如,结尾与开头照应。这样严谨的结构,大大增强了故事的完整性和严密性。

(2)作业:运用学会的阅读方法,利用课余时间阅读《三国演义》中自己感兴趣的章节。

板书设计:

草船借箭

起因:周瑜妒忌诸葛亮的才干,用十天造十万支箭陷害诸葛亮。

经过:诸葛亮利用草船向曹操"借"了十万支箭。

结果:诸葛亮借箭成功,周瑜自叹不如。

【案例分享二】

《雾在哪里》教学设计(第一课时)

一、教学目标

(1)认识"雾、淘"等11个生字词。指导书写"岸"。

(2)朗读课文、读好雾说话时的语气,体会雾的淘气。

(3)学习课文,仿照课文用"无论…还是…都…"说一说雾来时候的景色,让学生体会自然景物中所蕴含的生活情趣。

二、教学准备:课件、田字格

三、教学流程

(一)导入新课,读好课题

(1)老师今天给同学们带来了一个小视频,一起欣赏一下。(出示课件2)谁能用一两句话说一说你看到的? (指生说)

（2）认读生字"雾"，发现规律。（出示课件3）

你们有没有好方法记住"雾"？（指名说）

生：由雨和雾组成。

师：形声字，从雨，务声。像这样有雨字头的字你知道的有哪些。

师：同学们知道的真多，看来生活中很认真观察，学到了很多字。

师：老师也给大家带来一组，一起读一读。（出示课件4）

（3）导出课题

今天我们就学习一篇与雾有关的课文——《雾在哪里》（出示课件5）

a. 谁来读一读课题？你读得真好听。

b. 那如果这个题目是一个句子，咱们要在句子后面加上一个标点符号，加什么呢？（问号）为什么呢？

c. 是呀，"雾在哪里"是个问句。

d. 但是标点符号是不常出现在题目中的，所以我们就把问号藏在心中，大家一起来读一读。（齐读课题）

e. 那雾到底在哪里呢？我们到课文中去寻找答案吧！

二、初读课文，理解内容

（1）自由朗读课文，边读边画出本课的生字词，不认识的生字词借助拼音多读几遍。（出示课件6）

（2）检查生字词认读情况。

① 大家认真读书的样子真美！生字宝宝看到大家读书这么认真都愿意和大家交朋友呢！我们来认识一下他们吧！（出示带音生字课件7，学生读一读，指名读词语）

② 去掉拼音，你还认识吗？（出示课件8，指名读——齐读）

③ 你打算用什么好办法记住这些字？（出示课件9，指名回答）

④ 现在我们看看这一个"岸"（出示课件10）

a. 出示海岸图片，让学生在图中找到海岸的位置。课件出示词语"海岸"，齐读

b. 拓展积累：海边我们说"海岸"，那河边可以说——"河岸"湖边可以叫——"湖岸"

⑤ 认识"梁"字（出示课件11）

大家猜猜这是什么字？（"梁"的古字，解释古字）

⑥ 我们再来齐读一遍这些词语。（出示课件 12）

⑦ 出示"步"字,指导书写。（出示课件 13）

一看整体结构,二看占格,三看特殊笔画。

评价(出示课件 14)

上宽下窄一颗☆。

竖在竖中线上一颗☆。

工整又美观一颗☆。

三、学习课文,体会雾的淘气,理解内容

(1)雾是个怎么样的孩子？ （出示课件 15）

(2)交流以上问题,据生回答贴词语表:淘气,大海,天空等。

(3)指导朗读,练习说话。

是呀,雾孩子可真淘气,这天他飞过巍峨高耸的大山,飞过一望无垠的草原,来到了大海,他是怎样说的？ （出示课件 16,指生读）

① 这可是淘气的雾,他会怎么说？ （找多生读）

雾孩子不仅是这么说的,他也是这么做的。于是,这雾孩子真的把大海藏了起来。

② 雾把大海藏起来之后什么不见了？

③ 雾孩子给大家带来一组关联词,你能把不见的东西填在里面吗？ （出示课件 17）

④ 这雾真够淘气的,一抬头看到了什么？（出示课件 18)他会把什么藏起来,藏起来的景色怎么样了？

师生合作读:男生读红色部分,女生读蓝色部分,都要读出雾孩子的淘气。

过渡:难怪我们说,生读大屏幕上的句子。（出示课件 19）

⑤ 淘气的雾又来到了岸边,把什么藏起来了？ 藏起来后又出现了什么样的景色？ （出示课件 20）

⑥ 体会"藏"和"遮"。（出示课件 21）

是呀,多淘气的雾孩子呀,同学们,雾真的能把现实的东西藏起来吗？ 生回答,不是真的藏起来,只是遮起来,因为藏才能体现出雾孩子的调皮。（出示课件 22）

课文作者就是用想象的方法,让我们跟着雾孩子一起旅行。（出示课件 23）

四、拓展练习说话

(1)雾又来到了公园。（出示课件 24）

（2）用句式练习说话。（出示课件 25）

（3）同桌交流,说说雾还能把什么藏了起来,藏起来之后的景色是什么样的? （出示课件 26,学生展示）

（4）雾把一切都藏起来了,难怪我们说——生读（出示课件 27）

（5）过渡:淘气、顽皮的雾接着把这么多景物藏起来了,他没得可藏,他烦恼地说（出示课件 28）他突然想到了,他要把自己藏起来,又发生了什么有趣的事呢? （出示课件 29、30,指名读）

（五）童创空间

（1）在作者的眼里,雾是个淘气的孩子,在你的眼里,他是什么? 快快发挥你的想象力写一写吧! （出示课件 31,写后交流）

（2）老师眼中的雾。（出示课件 32）

（六）作业

文中的雾呢? 不知道哪里去了,他将会继续他的旅程。课下继续想象雾的旅程,讲给爸爸妈妈听。

文以载道,彰显人文精神

安奈特·布鲁肖曾经讲过《一位聪明的老师》的故事:有一天,作业是画画,但我不知道该画什么。所以决定一笔都不画。老师惊奇地看着它,"白云朵朵,羽毛一般,我可以把它挂在墙上吗?"她说。我想她一定是没看到,其实我什么都没画。然后她就把我的"画",张贴起来给大家。我求她让我把画带回家,画上了天空,又画上了太阳。认真想一想,难道她真的不知道,我什么都没画?也许是我骗了她,但也许是聪明的她,用了个小小的计谋,就让我真的画了幅画。

这个故事告诉我们课堂是育人的主阵地,教育无小事,事事皆育人。小学语文教学是小学教育的重要组成部分,它的教学目标必须体现小学教育的总体目的,促使学生在德、智、体、美几方面都得到发展。"文以载道",小学语文教学目标要注意德、智、体、美诸方面教育的落实,使语文教学成为实现学生全面发展目标的重要教育途径。当然,这并不意味着把教育性内容简单地搬到小学语文教学目标中,而应从小学语文教学的特点出发,联系生活实际和学生成长经历,充分发挥小学语文知识本身的教育性。例如,对语文内容的讲解,不能就事论事,而应就事论理。

【案例分享一】

《西门豹治邺》教学设计

一、教学目标

(1)会认"豹、娶、媳"等12个生字,会写"豹、派、娶"等15个生字,正确读写"管理、人烟、媳妇"等词语。理解"田地荒芜、提心吊胆、磕头求饶、开凿"等词语。

(2)在朗读中体会语言描写、动作描写的妙处,理解故事情节,感受人物智慧。

(3)理清课文顺序,了解这件事情的起因、经过、结果。

(4)感受故事魅力,学习复述故事。

二、重点

（1）体会语言描写、动作描写的妙处。

（2）理清课文顺序，了解这件事情的起因、经过、结果。

三、难点

理解故事中主人公的言行，感受人物智慧。

四、教学课时：2课时

五、教学过程

（一）导入新课

（1）教师谈话。同学们，培根说："读史使人明智，读诗使人灵秀。"老师知道咱们班的同学最喜欢读书。读了很多历史故事，今天我们一起学习一个新的历史故事。

（板书课题）西门豹治邺

（2）学生齐读课题，引导质疑：读课题，你想知道什么？

预设：西门豹是谁？他是干什么的？课文写了他的哪些事？"邺"是一个地名吗？

（3）教师引导介绍西门豹。

课件出示：

西门豹：复姓西门，名豹。战国时期魏国人，历史上著名的政治家、水利家。去管理邺县时，他曾破除当地"河神娶媳妇"的陋习，并开凿水渠，引漳水灌溉，改良土壤，发展农业生产，深受百姓爱戴。

（二）自主认读、书写生字

课文我们都预习了，老师检查一下咱们生字都认识了吗？

（1）课件出示："我会认"。自由读，指读，小老师读。

（2）"我会读"。词语自由读，指读，小老师读，开火车读。

（三）整体感知课文

生字词语都读得这么好，课文预习好了吗？

（1）自由读课文，学生整体感知。

① 教师谈话:这篇文章是一个历史故事。文中介绍了西门豹做了一件什么事?带着问题自由读课文。

② 课文比较长,咱们读的时候要注意提取关键信息。理清课文是按照怎样的顺序记叙的?西门豹先做了什么?接着做了什么?最后又做了什么?(课件出示)

预设:课文是按事情发展的顺序记叙的,西门豹先进行调查研究,摸清底细,接着将计就计惩治巫婆和官绅,最后兴修水利。

(2)理清课文的脉络,哪位同学能试着用连贯的几句话概括出课文的主要内容?(学生回答,教师总结。)

战国时期,西门豹去管理邺县,看到田地荒芜,经过调查摸清底细后,惩治了巫婆和官绅,兴修水利,庄稼年年获得好收成。

(3)出示"我会填"。讨论交流,确定答案

(　　　　)——(　　　　)——兴修水利

四、自主探究,感悟人物品质

(1)默读课文(第1～9自然段)探究调查摸底。

① 自由朗读第1～9自然段,西门豹初到邺城,看到什么情况,他做了什么?(出示课件10)

② 西门豹向老大爷调查了哪几件事?

从老大爷的回答中,西门豹了解到哪些情况?

西门豹经过调查,弄清了四个问题:a.邺为什么田地荒芜、人烟稀少?(河伯娶媳妇闹的。)b.谁要给河伯娶媳妇?(巫婆和官绅。)c.新娘从哪儿来的?(哪家有年轻的女孩子,巫婆就到哪家选。没钱的人家只能眼睁睁地看着女孩被拉走。因而有女孩的人家纷纷逃走,人口越来越少。)d.漳河发过大水没有?(漳河从没发过大水,倒是年年闹旱灾。)

③ 西门豹的调查弄清楚了邺这个地方田地荒芜、人烟稀少的原因。主要的原因有两个。(出示课件9)

a.巫婆和官绅头子以河伯娶媳妇为借口骗取百姓钱财,使得有女没钱的人家都逃到外地去了;b.邺这个地方年年闹旱灾。

点拨:面对着自己掌握的情况,西门豹并没有马上揭穿事情的真相,也没有立即采取措施,他是如何说的,如何想的,如何做的呢?

④ 他说:"这样说来,河伯还真灵啊。下一回他娶媳妇,请告诉我一声,我也去送送新娘。"西门豹表面上赞同给河伯娶媳妇,实际上他已识破巫婆和官绅骗

取钱财的诡计。

（2）探究惩治巫婆官绅，破除迷信。

① 出示自学要求。

a. 默读第 10 ~ 15 自然段，想想西门豹是怎样一步步揭穿骗局，惩治巫婆和官绅头子的。

b. 找到描写他是怎么说的句子，用直线画出来，你能体会出什么呢？

c. 你认为他的办法妙在哪里？

② 同桌合作学习，填写表格，讨论交流。

③ 汇报学习成果。

a. 救下姑娘："不行，这个姑娘不漂亮，河神不会满意的。"

b. 惩治巫婆："麻烦你去跟河神说一声，说我要选个漂亮的，过几天就送去。"（西门豹是为了找理由把巫婆投到河里，他这样说是故意装着认真的样子，用这些话作为惩治巫婆的借口。）

c. 惩治官绅头子："巫婆怎么还不回来，麻烦你去催一催吧。"（"还不回来"并不是西门豹认为巫婆真的能回来，而是故意这样说。"麻烦"表面上是客气话，实际上是要严惩这个官绅头子，要把他也投进漳河里去。）

质疑：官绅们见巫婆和官绅头子没有回来，西门豹又说让他们去催催。他们磕头求饶，西门豹没有立刻放过他们，而是说"再等一会儿"。这是什么意思？难道真的要惩办他们吗？（"再等一会儿"，对官绅们的震慑可想而知了，制服了他们，达到破除迷信的目的。）

d. 西门豹利用假戏真做的办法惩办了巫婆和官绅头子及官绅们。这个做法很巧妙：巧妙之一，安排周密；巧妙之二，不动声色；巧妙之三，假戏真做；巧妙之四，讲究策略，区别对待。

e. 西门豹一开始调查摸清底细，并没有把巫婆、官绅们抓起来杀掉，而采用这种将计就计、假戏真做的办法。你们知道他的用意吗？再默读这一部分，在读中感悟。（彻底破除迷信，关键还是在于让老百姓们从这件事中真正明白迷信的危害。巧妙地惩办，深刻地教育，这才是西门豹真正的目的所在。）

f. 自由朗读最后一个自然段，看老百姓们有什么变化。（老百姓在西门豹的带领下，兴修水利，年年都有好收成，再也不迷信了。）

g. 师生配合演一演。（读西门豹的话。）

（五）总结全文，整体理解

（1）拓展延伸：补充西门豹治邺的历史资料。

（2）复述课文：指导复述要点：要抓住课文的主要内容，对于其他内容可以适当省略。如调查民情这个情节不是主要内容，可以复述得简单一些；而惩治巫婆和官绅是主要内容，要讲得详细一些。

（3）课件出示：复述提纲。练习复述，找 2～3 人。

（4）你此时最想对西门豹说什么？（你的办法真妙。真的很佩服你。我也要向你学习做事要有策略……）

（六）布置作业超市（二选一）

（1）喜欢读书的同学可以阅读《史记·滑稽列传》《中国历史故事集》

（2）排练课本剧。

① 以课文为主要内容，注意要有层次。

② 可以展开合理的想象，如给文中没有语言描写的其他人物（如官绅等）加上语言。

③ 注意表现出不同人物的特点，有恰当的表情。

（七）推荐阅读

《中国历史故事集》《史记·滑稽列传》

【案例分享二】

《掌声》教学设计

一、导入

很开心能跟大家在这里上课，今天我们学习新课文《掌声》。请伸出手来跟老师写课题。掌的上半部分是尚的变形，高尚的行为表现在手上，那就是掌声。让声音传递我们的热情（齐读课题）。

二、整体感知

（1）请打开课本，自由读课文，读准字音，难读的句子多读几遍。开始吧。

（2）刚才大家读书很认真，字词能读好吗？来看这个词语"小儿麻痹症"（齐读），这是一种发生在儿童身上的疾病，患病后会出现下肢肌肉萎缩，严重时影响走路，甚至会"落下残疾"。加点字"落"，还有一个我们比较熟悉的读音，可以组词——在这里读——是指生病留下后遗症，请再读两遍。再看这组词语，谁来当小老师领读？（字正腔圆,铿锵有力）意思都能明白吗？"骤然间"是什么意思？再看这个词"犹豫"（拿不定主意）你是怎么知道的？查字典,真是个会学习的孩子！那"忧郁"呢？（不开心,忧愁苦闷）谁能给它找一个反义词？"歧视"呢？（看不起）去掉拼音一起读。

（3）读得真好,回想一下课文,本文的主人公是——她是一个——的女孩？（不开心、寂寞就是 -- 板书:忧郁）后来呢？她变成了一个什么样的女孩？（开心——天天心情很好性格就很开朗,板书:开朗）谁能用这三个词说说课文讲了一件什么事？有了主人公,抓住关键词就能说出故事的主要内容。

三、品读课文

先让我们走近这个忧郁的英子。默读课文,从哪些句子中看出英子很忧郁？用横线画出来。

她很文静,总是默默地坐在教室的一角。上课前,她早早地就来到教室,下课后,她又总是最后一个离开。

（1）同意吗？请看大屏幕,哪个词一下子让你心里一动？

（2）从"默默"里你感受到什么？（孤独、寂寞）她为什么不出去,不跟大家一起玩？"早早"和"最后"让你知道了什么？（故意比别人来得早走得晚,不想让别人注意她）是啊,她躲躲藏藏的,想象一下:当同学们在草地上奔跑的时候,英子总是——;当同学们在操场上打雪仗的时候,英子总是——;当同学们在快乐地跳舞的时候,英子总是——;她不想让同学们看到她走路的样子,所以上课前——,下课后—身体的残疾使她感觉自己不如别人,她的心里一定——（难过）,她感到——（板书:自卑）。

（3）这样的英子让你（心疼,可怜）,请带着你的这份感受读一读这段话。（从你的朗读中我感到了你对英子的心疼）这么忧郁的小女孩我们大家都心疼了,一起轻轻地读。

（4）后来,英子变得开朗了,同桌合作,从文中找出她变成什么样了？

她和同学们一起游戏说笑,甚至在一次联欢会上,还让同学们教她跳舞。

她不再默默地坐在教室的一角,而是——,平常连走路姿势都不愿让人看见,现在却让同学们——,她变得——对自己充满了——（板书:自信）。

（5）是什么让英子变得开朗、自信？这样的掌声有几次？让我们一起回到那次故事会上。请自由朗读第3段。

平时总是默默地坐在教室的一角,现在却被老师点名上台讲故事,此刻,英子有什么表现?

英子犹豫了一会儿,慢吞吞地站了起来,眼圈红红的。在全班同学的注视下,她终于一摇一晃地走上了讲台。

(1)从这段话中,你看到了一个怎样的英子?哪些词语让你感受到她的心情?抓住关键词体会,是很好的学习方法。还有没有别的词语让你感受到她的心情?

(2)不想上台又不得不上去,英子心里一定——,你来读——;眼泪都要流出来了,她是多么的不情愿呀,请你读——,想到走路一摇一晃的样子,她心里多么难过,一起读——她的犹豫,她的不情愿,都是因为她内心很自卑。

(3)此时如果你是英子的同学,你想对她说什么?(你真善解人意)我听出来了,你这是在——(板书:鼓励)多么贴心的孩子,请把掌声送给他!

(4)此时,所有的话语都化作了一种无声的语言,请你读——就在英子刚刚站定的那一刻,教室里骤然间响起了掌声,那掌声热烈而持久。就在英子忐忑不安的那一刻——(请你来)就在英子最需要鼓励的那一刻——,所有的鼓励都汇聚在这掌声中,所以这掌声——。

(5)第二次掌声又是什么时候响起的?(英子讲完故事后),为什么给她掌声?这掌声是同学们的—是的,热烈的掌声就是对英子最好的(板书:赞赏)

(6)此时的英子心里非常感动,她是怎么做的?英子向大家深深地鞠了一躬,然后,在掌声里一摇一晃地走下了讲台。

(7)此时,同样是一摇一晃地走,英子心情有什么不同?

四、拓展升华

(1)故事会后,英子变得不一样了。这都是因为——也许大家想象不到,那掌声对英子的影响有多大!几年以后,英子给我来了一封信,信中是这样说的(请你来读:我永远不会忘记那掌声,因为它使我明白,同学们并没有歧视我。大家的掌声给了我极大的鼓励,使我鼓起勇气微笑着面对生活。)同学们的掌声影响了英子的——(一生),她说——。

(2)这就是掌声的魔力,尤其是对身处困境的人来说,这掌声是鼓励,是赞赏,更是人与人之间的——(板书:关爱)。

(3)生活中,人人都需要掌声,让我们珍惜别人的掌声,同时,也不要忘记把自己的掌声献给别人。此时此刻,你想把掌声送给谁?为什么?有没有想把掌声送给班里的同学?

（4）同学们，伴随着对生活的热爱，对身边人的关心，让我们的掌声响起来吧！让这掌声再热烈而持久<u>些</u>。课后推荐大家阅读《昂起头来真美》这篇文章，相信你会有更多的收获。

板书：

掌　声

忧郁　鼓励　开朗
自卑　赞扬　自信
关爱

目标可行,跳一跳摘到桃子

艾莫·布鲁说过:"如果你不做计划,那你就是在计划失败。"在所有的新教师都接受了关于如何授课的基本培训——列出重点、课堂讲授、辅导练习、自由练习和复习后,我们在课堂上看到了巨大的变化。它对提高教学效率起到了相当大的作用。小学语文教学目标要考虑教学实际,保证目标切实可行。好的目标体系应该既能体现语文教材的实际,力求反映语文教学大纲的要求,又能注意到学生原有的语文基础和发展水平。如果目标定得过高,学生不易接受,就会造成"消化不良"。目标定得过低,又不能激发学生的学习欲望,优质的目标应该是在力所能及的范围稍做努力就可以达到,"跳一跳摘到桃子"。语文教学目标中哪些知识应该掌握,掌握到何种程度,要反复权衡。

【案例分享一】

《女娲补天》教学设计

一、学习目标

(1)识记生词,学写"炼"字。

(2)展开想象,借助动词、叠词等,感悟故事的神奇,体会女娲为了拯救人类不怕危险、甘于奉献的精神。

(3)了解神话文体充满神奇的想象力的特点。

二、课前交流

(1)展示图片,能说出故事的名字吗?

(2)讲《女娲造人》的故事。

三、教学过程

(一)资料导入,初现神奇

(1)出示女娲资料。

（2）板书齐读课题。作为神话故事，《女娲补天》也充满了神奇的想象。

（二）识记字词，整体感知

（1）出示词语。指导读好"露出、轰隆隆"

（2）多音字"挣"。出示：挣，挣扎，挣脱。

（3）看到"冶"字，你会想到哪个字？出示：冶。"炼"字呢？

（4）指导写字。在写法上尤其要注意什么？师范写，生书写，评价，修正。

（5）快速默读课文，看看，讲了一件怎样的事？

出示：天_____，地_____，人们_____。（起因）

女娲先_____，又_____，接着_____。（经过）

女娲_____。（结果）

（抓住起因、经过、结果，我们很快地概括出了故事的内容。）

（三）感受起因神奇和人间悲惨

（1）先来谈补天的起因。默读第一段，用"——"画出想象神奇的句子。

（2）生勾画。指名读句子，说体会。

（3）出示：（远远的）天空塌下一大块，露出一个（黑黑的）大窟窿。地被震裂了，出现了（一道道）深沟。山冈上燃烧着（熊熊大火），田野里到处是洪水。许多人被火围困在山顶上，许多人在水里挣扎。

① 看括号中的词语，你发现了什么？（板书：叠词）

② 这些叠词有什么妙用呢，读去掉叠词后的句子。

课件出示：我仿佛看到_____。

我仿佛听到_____。

（4）指导读。

（5）张开想象的翅膀，这是读好神话故事的一大秘诀。（板书：展开想象）

（6）天为什么会破一个大窟窿，交流。课下可以读《共工怒触不周山》的故事。

（四）体悟找石炼石的辛苦与神奇

1. 找石

（1）面对人间惨剧，作为人类的母亲，女娲决定冒着生命危险来补天，拯救人类于水深火热之中。

（2）默读课文的第3、4自然段，哪些句子体现了女娲遇到了种种困难和重重危险，把相关的句子画下来，想想你的体会。

（3）交流。

（4）由"几天几夜、找啊找啊"展开想象，你会把这个故事变得更精彩、更神奇。

女娲寻石记

她忙了几天几夜，她来到黑黑的山洞，她来到陡峭的_____，她来到_____，她来到_____，找到了红、黄、蓝、白四种颜色的石头，还缺少一种纯青石。

女娲又找啊找啊，她来到_____，她也许会被毒蛇咬伤，也许会_____，可是还是没有找到纯青石。终于，在一眼清清的泉水中找到了纯青石。

生填，交流。此时，你有一种什么感受？带着自己的体会再读读这两句话。

（5）拓展名著《红楼梦》资料：五色巨石36501块。

（6）采访女娲。（板书：不怕危险，甘于奉献）

（7）感情读。

2. 简单交流炼石

（1）找五彩石不容易，冶炼五彩石补天就更不容易。谁来交流你在这一部分画出的句子？生读并谈体会。

（2）这一段里，表示动作的词有许多，请你在文中圈画出来。你能找一到两个动词，想一想女娲又会遇到什么生命危险吗？（板书：动词）

（3）出示图片，多神奇的一幕！让我们再来读这句话。

3. 五彩云霞，怀念女娲

（1）出示：现在，人们常常看见天边五彩的云霞，传说那就是女娲补天的地方。

（2）展示雕塑和送给女娲母亲的赞歌。

（五）回归现实，体悟神话文体

（1）故事中写了许多现实生活中并不存在的现象，出示句子。这就是神话最大的特点。（板书：想象神奇）

（2）出示马克思、郭沫若名言。

（六）激发兴趣，布置作业

（1）展开独特的想象，给爸爸妈妈讲《女娲补天》的故事。

（2）推荐阅读《中国神话故事》《世界经典神话与传说故事》等。

【案例分享二】

《真理诞生于一百个问号之后》教学设计

一、教学目标

（1）会写 5 个生字，正确读写"诞生、机械"等词语。

（2）能联系上下文理解含义深刻的句子。摘抄对自己有启发的句子。能仿照课文的写法写一段话，用具体事实说明一个观点。

（3）理解 3 个关于科学发现的故事，能从具体事例中正确理解"真理诞生于一百个问号之后"的含义。

二、教学重难点

重点：从具体事例中正确理解"真理诞生于一百个问号之后"的含义。能联系上下文理解含义深刻的句子。能仿照课文的写法写一段话，用具体事实说明一个观点。

难点：理解 3 个关于科学发现的故事，能从具体事例中正确理解"真理诞生于一百个问号之后"的含义。

三、教具准备

课件。

四、教学过程

（一）导入课题

（1）（课件出示：苹果落地的图片）师：看到这张图片会让你想到什么？（学生自由发言）

（2）很好，再看第二张图片，这张呢？

（3）下面请关注一组数据。（出示图片）有什么想问的吗？你是个很会提问的孩子！对呀，为什么都是 1435 毫米呢？这难道是一个巧合吗？不是。请看！据说，这 1435 毫米，是由两匹马的马屁股决定的。这到底是为什么呢？不告诉你，下课你自己去查。

（4）其实很多有趣的发现和发明都藏在这套书里——《十万个为什么》。本书的主要作者之一是叶永烈，今天我们就来学习他写的一篇文章——《真理诞生于一百个问号之后》,读课题,谁能说一说你是怎样理解课题的?（学生自由发言）这些都是我们对"真理诞生于一百个问号之后"这句话的理解,相信你们在学习了课文之后,会有更深刻的理解。

（二）初读感知,点体解题

（1）课前大家已经预习了课文,这些词语你会读吗?（出示词语）谁来读?读的怎么样?我希望能听到你响亮的声音,齐读。（"百思不得其解,打破砂锅问到底",照样子说成语）出示生字,读,怎样才能把这个字写得美观呢。教师写字,学生在写字纸上描一个,写一个,学生评价,学生再写一个。

（2）同学们,这篇课文和我们平时学习的课文有些不一样,预习时你看出来了吗?这是一篇议论文。我们在第三单元曾经学过一篇这样的课文——《为人民服务》。课文的题目就很明确地亮出了这篇课文要说的观点,那就是——。请同学们打开书快速浏览一下,课文在哪一段还提出了这个观点?指名读。你知道这种写法叫什么吗?对,我知道你们在写作文时特别擅长用这种写法的。

（3）为了说明这样的一个观点,作者列举了哪些事例来说明呢?请再次浏览课文,并简要概括一下。

（4）指名回答。老师发现这位同学很会读书,他能够借助文章中简练的句子来回答。其他同学找到了吗?我们一起读一下第六段的第一句。

（三）研读课文,梳文悟理

（1）师:课文是在哪几段具体写这三个事例呢?现在请大家认真默读这三个事例,根据屏幕上表格的要求,在书上找到相应的句子做出批注。（生读课文）

（2）交流:现在让我们共同交流你读书的收获。谁来说第一个事例中的内容?谁能像他一样来回答第二个事例中的内容? 谁来说第三件事例?

（3）师:下面让我们来仔细地观察这幅表格,从这三个事例中你发现了哪些相同点?

（4）老师觉得这位同学不但会发现,而且很会概括。课文中第二自然段的内容跟他表达的意思是一样的,我们来读一读吧。（出示第2自然段的内容）指名读,师评价。你觉得这段话中哪里写得特别有趣?

（5）师:哎呀（板书）这里的两个标点符号都用进来了。好好思考一下,这里的问号指的是什么呀?这里的感叹号又指的什么呢?你觉得作者这样表述有什么好处?（这样写是为了把抽象的道理说得更直观形象,给人留下深刻的印象。）

师:那么这三个事例的问号是什么呢?读一读,同学们想一想在他们头脑中,仅仅冒出的是这几个问号吗?要知道真理是诞生于一百个问号之后的,他们还会提出什么问题呢?(出示课件)在这么多的问号中你体会到了什么?(问号不止一个,画多个"?",省略号,一百表示很多)(板书:见微知著,不断发问)

师:他们是怎样把问号拉直变成叹号的呢?让我们一起来读读他们反复研究的句子吧。插入谢皮罗的二十多年研究,谢皮罗现象。大家想象一下他这二十年里是怎样紧紧地抓住问号不放,反复进行试验和研究的?(出示课件)从中你又体会到了什么?(板书:锲而不舍,追根求源)

(6)师:在科学史上,能够从生活的细小现象中发现问题,并找到真理的事例还有很多,你能举出一个吗?(出示课件)

(7)这么多的科学事例说明了什么?(出示课件第7段)指名读。

师:"见微知著"这个词是我们以前没有接触到的,谁能解释这个词?

师:你是借助工具书来理解词语的,真是个善于学习的孩子。除了借助工具书理解词语,还有什么办法吗?生:联系上下文。师:这也是一个好办法。那赶紧找找这个词跟第二自然段中的哪句话意思相同?指名读。

同学们,你们觉得把问号拉直变成叹号容易吗?是呀,课文的最后一段已经告诉我们了。

(8)师引读:当然,见微知著,善于发问并不断探索的能力,不是凭空产生的。正像数学家华罗庚说过的——生读:科学的灵感,绝不是坐等可以等来的,如果说,科学领域的发现有神秘偶然的机遇的话,那么这种"偶然的机遇"只能给那些有准备的人,给那些善于独立思考的人,给那些具有锲而不舍精神的人。

(9)师:要想把一百个问号变成真理,我们得见微知著,善于发问,锲而不舍,追根求源,(师板书箭头,把问号跟叹号之间联系起来。)(指板书)

(四)读写迁移,以写促读

(1)师:同学们,现在让我们回顾这篇文章的写作方法,谁起来说?(出示课件)

(2)请你学习作者的这种写作方法,用具体的事例说明这个观点,写一个小片段。(生自由谈,学生评价,给予肯定)(出示观点)

(3)师小结:俗话说"事实胜于雄辩",典型有力的具体事例能增强文章的说服力。但是老师来告诉你啊,一个事例不足以证明,因为我们在论证的时候叫孤证,两个事例叫无独有偶,在中国有句俗语叫"事不过三",三个事例,就会让人心服口服。希望大家在课下继续把这篇作文写具体,写得让人心服口服。

（五）课外拓展，形成能力

（1）出示：学习了这篇课文，你有什么收获？

（2）师总结：同学们在这节课中，不但收获了写作上的知识，更明白了"真理诞生于一百个问号之后"这句话的深刻含义。让我们努力去做一个有准备的人，一个善于独立思考的人，一个具有锲而不舍精神的人！让我们每一个人都走在发现真理的路上！

（3）布置作业。

（六）板书设计

20 真理诞生于一百个问号之后

见微知著　不断发问

？？？ _____！

锲而不舍　追根求源

整体把握，让课堂游刃有余

亚里士多德说过："所有的知识都是彼此相关的。"换句话说，在学习任何新知识之前，我们必须先从已有的知识中找到一些与之有关联的东西。对我们而言，只有某项工作有意义，我们才会去做；如果毫无意义，我们肯定连想都不想。学习那些毫无关系，分割杂乱的知识有什么用呢？

小学语文教学目标，受到目标分类系统和语文知识系统的双重制约，好的教学目标是一个完整的二维结构体系。教学目标在教材中的呈现是阶段性和累积性的。不同的教学阶段，教学目标的侧重点是不一样的：课始，侧重于感知；课中，侧重于理解；课末，侧重于巩固。同一教学内容在不同阶段出现，其能力水平的要求和目的是不同的：课始的朗读，要求读准字音；课中的朗读，旨在读中理解；课末的朗读，为的是培养语感。小学语文教学目标，要从整个目标系统出发，体现阶段性和整体性的统一。

一篇课文的教学目标是一个完整的系统，可以分解为相互之间有机联系的若干子目标，这些子目标既可与更高层次的目标结合，又可向更低层次的目标推演，从而形成上下贯通、前后衔接的目标网络。

【案例分享一】

《端午粽》教学设计

（一）创设情境，导入新课

（1）出示图片。同学们，看看老师带来什么好吃的？

（2）你知道什么时候要吃粽子吗？这节课我们就来学习《端午粽》。（板书课题）

（3）跟老师齐读课题：端午粽。

（4）（补充资料）端午节，是我们中华民族的传统节日，在每年农历的五月初五。端午节时，各地的人们喜欢包粽子、赛龙舟、插艾草、佩香囊，以此来纪念伟大的爱国诗人屈原。下面就让我们走进课文，一起品一品端午节的粽子吧。

（二）初读课文，学习生字

（1）请同学们自由朗读课文，注意读准字音，读通句子，遇到不认识的字该怎么办？可以借助拼音多读几遍。

（2）课件出示：课文里的生字宝宝跑到大屏幕上了，我们先通过一组图片认识它们，这是——谁想喊出它们的名字？谁还想来？让我们一起读一读。

① 再来看这一组，先自己读一读。谁来当小老师领读？哪位小老师还想来？齐读。

② 相信去掉拼音也难不倒大家，同桌互相读一读，开火车读。

（3）这一课还有两个新偏旁，就藏在这两个字里，你发现了吗？这两个都是左右结构的字。

"端"左面是"立"字旁。谁还知道带"立"字旁的字？（站）

"粽"左边是"米"字旁。这节课里还有一个"米"字旁的字是——（糯），真是火眼金睛！

包粽子可离不开糯米，我们来看看"米"字是怎么演变来的。是不是很神奇？那我们就来写写这个神奇的"米"字。仔细观察，怎样写好这个字？（交流）

① 伸出小手，跟老师一起来写。点撇左右相呼应，横在横中线，竖要直，起笔高于点撇，写在竖中线上，下边的撇捺要舒展，看明白了吗？

② 拿出练习纸，先描一描再写两个。我们来看这位同学写的：书写正确一颗星，横平竖直一颗星，美观大方一颗星。按照这个方法快给同桌评价一下。你都收获几颗星？课后多加练习，争取都是"三星"好少年，好吗？

（三）精读课文，品味情感

请拿起课本，听老师读课文，你能从课文里知道什么？（范读）

交流：谁来说一说你知道了什么？（真是会学习的好孩子！）

一到端午节，外婆总会煮好一锅粽子，盼着我们回去。外婆煮的粽子是什么样子的？味道怎样呢？请大家快速读一读第2自然段。

（1）有谁知道外婆包粽子用的什么材料？

（2）箬竹叶、糯米、枣都是什么样的？你能从课文里圈出来吗？交流。

青青的、白白的、红红的，你发现了什么？这样的两个字在一起的词语叫作叠词，谁还能说出这样的词语？（蓝蓝的、绿绿的、黄黄的……五彩缤纷，好美啊）谁想美美地读一读这句话？

你的声音真好听，尤其是"青青的…"非常有节奏感，谁来像他一样读一读？

外婆包的粽子美美的,味道怎么样呢? (出示句子)

预设:外婆一掀开锅盖,好——香啊,一股清香扑鼻而来,谁来读?

咬一口粽子,好——甜啊,请你来。

男孩们读读香香的味道,女孩们接着读甜甜的味道,明白吗?

出示:青青的箬竹叶,白白的糯米,红红的枣,(　　　　)的粽子? 能用上这种形式的词语来形容一下吗? 你看,这样就变成一首小诗了,你们都是小诗人!

(3) 如此美美的、香香的、甜甜的粽子,让我们通过朗读再来品味一下吧。(齐读,板书:色香味俱全)

(4) 外婆包的粽子不仅十分好吃,而且花样也多,都有哪些? 快来找一找,用横线画出来。(板书:花样多)谁找到了? (交流)

(5) 你吃过哪种粽子? 能说说你的感受吗? (我吃过…它里面有…吃起来…)还有谁吃过其他的粽子?

(6) 哎呀,听得我口水都要流出来了,吃着外婆包的粽子,"我们"心里——,看"我们"吃着粽子,外婆心里——,为什么? 因为这粽子里有外婆浓浓的——(板书:爱)当"我们"把粽子分给邻居的时候,邻居心里——,看着邻居品尝外婆包的粽子,我们心里——,这就是——分享的快乐! (板书:分享)

(7) 让我们带着美滋滋的心情读一读这句话。

四、拓展延伸,练习表达

渐渐长大,离外婆也越来越远,但是小作者一直没有忘记外婆的"端午粽",又一年的端午节就要到了,如果你是小作者,你想对远方的外婆说些什么呢?

练习说话:亲爱的外婆,我想对您说……

同学们,这节课我们不仅品尝了粽子的香甜,也感受到了外婆的爱以及分享的快乐。你们知道吗? 人们端午节吃粽子,据说还是为了纪念爱国诗人屈原呢。想知道端午节和屈原的故事吗? 下节课听老师讲述好吗?

最后让我们在一首端午儿歌中结束我们的课程,请起立,伸出小手,跟老师一起读:

粽子香,香厨房。

艾叶香,香满堂。

桃枝插在大门上,

出门一望麦儿黄。

这儿端阳,那儿端阳,

处处都端阳。

五、结束课程,布置作业

好听吗?老师把这首儿歌也写在了练习纸上,课后把这首儿歌读给爸爸妈妈听,好吗?另外,大家还可以跟爸爸妈妈讨论一下,我国还有哪些传统的节日?都有什么习俗?

这节课就到这儿,谢谢同学们!

板书设计:

10 端午粽

色香味俱全　　爱

花样多　　分享

【案例分享二】

《凡卡》教学设计

一、导入

亲爱的同学们,今天我们一起学习了《凡卡》,作者契诃夫。(强调作者姓名读音)

板书题目:凡卡,介绍作者。(课件出示作者简介)

二、初读课文,解决生字词和人物障碍

(1)画出生字词,并读准字音。

(2)找出文中出现的人物姓名并对应他们的身份。

三、通过介绍主人公凡卡,走进文本

关于凡卡你了解多少?学生回答,教师补充。

正如同学们所说,你从文中了解了凡卡也就知道课文的主要内容。(课件出示主要内容)那么这篇课文的线索就是凡卡给爷爷的"信",以"信"为线索按事情发展的顺序来看这篇文章就可以简单地分成三部分:准备写信—写信—寄信(板书)

四、品读书信,体会人物生活状态

(1)下面请同学们快速浏览课文,把文中是书信内容的段落标示出来。(学

生找到:第 3、8、10、11、12、15 自然段)

（2）概括这封信所要表达的大致意思。

生:① 问候,② 跟爷爷倾诉学徒生活的遭遇,③ 介绍莫斯科的情况,④ 求爷爷把他接回去。

（3）这封书信里给你留下印象最深刻的是哪一方面?（对凡卡来说写这封信最想告诉爷爷的是什么?）

生:凡卡的学徒生活。

（4）对啊! 凡卡最想告诉爷爷他的痛苦的学徒生活,那么写信的这些段落里又有哪个段落是写凡卡痛苦的学徒生活的呢?请同学们找出来。

（5）课件出示第 8 自然段。细细品读这一段找出凡卡受到的虐待。

挨打:

昨天晚上我挨了一顿毒打,因为我给他们的小崽子摇摇篮的时候,不知不觉睡着了。老板揪着我的头发,把我拖到院子里,拿皮带揍了我一顿。这个礼拜,老板娘叫我收拾一条青鱼,我从尾巴上弄起,她就捞起那条青鱼,拿鱼嘴直戳我的脸。伙计们捉弄我,他们打发我上酒店去打酒。

通过重点词语体会感情:找出动词:揪、拖、揍、戳……

闭上眼睛想象凡卡挨打的场景,同学们能用一个词来形容一下老板吗?

生:恶毒、没有同情心

挨饿:

吃的呢,简直没有。早晨吃一点儿面包,午饭是稀粥,晚上又是一点儿面包;至于菜啦,茶啦,只有老板自己才大吃大喝。

他们叫我睡在过道里,他们的小崽子一哭,我就别想睡觉,只好摇那个摇篮。

如果用一些词语来形容凡卡的生活可以怎么形容? 生:痛苦至极,可怜死了……教师出示课件:凡卡的生活没有指望了,连狗都不如!

五、对比感悟,了解写作社会背景

（1）这就是当时在沙皇统治下穷苦百姓人家的孩子的生活,那么当时的富人的生活又是怎样的呢?请同学们找出相关段落和相关句子。

生:第 11 段,还有凡卡的老板大吃大喝的句子。

富人的生活和凡卡的生活形成了鲜明的对比,孩子们,通过这样的对比我们可以这样说:当时的莫斯科简直就是富人的天堂、穷人的地狱。

（2）让我们一起读一下凡卡哀求爷爷的话吧!

（出示课件,配乐朗读）

仔细观察这三段话的标点符号,用了很多的"……"和"!",从这些标点符号你能体会到什么?(生:凡卡已经受不了,非常想回到乡下爷爷那里。)

（3）凡卡迫切想要离开这里回到爷爷身边,回到他念念不忘的乡下去,以至于在写信的过程中都忍不住回忆乡村那些美好的生活,请同学们找一下凡卡回忆乡村生活的段落。

学生找到相关段落:第4、5、6、13、14段。介绍写作方法:插叙。（板书:插叙）

那么同学们读了这些段落谁能告诉我凡卡在乡下的生活怎么样?冷不冷?苦不苦?累不累?凡卡在乡下和爷爷一样挨冻,爷爷那么大年纪了还要给"老爷"干活,为什么凡卡还要回去?还觉得美好?

师总结:是啊,你的体会很到位,凡卡在乡下虽然也很苦,也冷但是可以待在唯一的亲人爷爷身边,他觉得不孤单,心里很温暖很幸福。同学们,这又是对比和反衬,城市与乡村、冷酷无情的老板和唯一的亲人爷爷,我们仿佛更加感受到了凡卡的痛苦和孤独,当凡卡把所有的遭遇都写信告诉了爷爷的时候,也就等于把所有的希望都寄托在了这封信上:读最后一段。（美好的愿望好像实现了一样）

凡卡顺利地写完了信,也及时地寄了出去,而且把想要告诉爷爷的也都写上了,所以凡卡做了一个最甜最甜的梦!一个九岁孩子生活的全部希望在这封信了。可是,同学们,凡卡的信爷爷能收到吗?

生:不能,因为地址没写清楚;因为没贴邮票;因为没有邮编。

我们都知道凡卡的信爷爷收不到,那为什么课文却在凡卡睡熟并做着甜蜜的梦的地方结束?这样写有什么用意吗?（生回答）

师总结:这个甜蜜的梦正暗示了他愿望的破灭,给人留下深刻的思考,激起人们对凡卡深切的同情和对黑暗社会的愤怒。

六、了解社会背景,拓展课下延伸

孩子们,我们来看一下作者契诃夫是在什么背景下写完成这篇小说的。（出示写作背景）所以,孩子们了解了社会大背景之后我们再来假设,假设爷爷能收到信,他会来接可怜的凡卡吗?（生结合社会分析）

七、课后作业

请同学们结合课文及其社会背景,展开想象,续写《凡卡》,想想凡卡后来的生活是怎么样的?

目标可测，精确把脉学情

小学语文课文中蕴含着丰富的人文情感，浓浓的意、款款的情、深深的理……这人文情感就蕴含在语言文字中。《语文新课程标准》（以下简称《新课标》）也明确提出："阅读是作者、作品、读者这三个环节之间的一个互动过程，其中作品是媒介，是联系作者和读者之间的一个桥梁。作者以文字符号为形体表达自己的思想感情，读者则往往从已有的经验出发，通过对文本的解读触摸作者的灵魂，与其发生思想共振、情感共鸣。"所谓"情动于衷而发于笔"，表现了学生对文本的个性理解。因此，小学语文教学目标要做到具体化，目标中的知识点和能力水平都要有明确而具体的规定，避免产生歧义，并能通过某种测试手段验证目标的达成度。

当然，由于目前测试手段的局限，小学语文教学中有些内容很重要，但不具有可测性，却又是教学目标之一。例如，许多课文包含着创造的因素，可以直接用来训练学生的创造力。寓言和童话带有深刻的哲理，思维独特，有利于培养学生思维的新颖性、独特性；文艺性作品，适用于培养创造性想象。

【案例分享一】

《父爱之舟》教学设计

【教材分析】

《父爱之舟》是部编版五年级上册第六单元第二篇精读课文。本单元的课文围绕"舐犊之情，流淌在血液里的爱和温暖"这一主题来进行编排，以"体会作者描写的场景、细节中蕴含的感情"为单元要素。《父爱之舟》是一篇回忆性散文，课文以梦的形式呈现往事，以舟贯穿全文，描写了作者和父亲在一起的七个生活场景，体现了深沉而伟大的父爱，字里行间饱含着作者对父亲的无限思念。

与本单元的第一篇课文《慈母情深》相比，《父爱之舟》没有那般浓烈的感情，没有华丽的辞藻，可只要我们深入探究，就会发现这篇文章有着《慈母情深》所没有的魅力。

【教学目标】

1. 能正确、流利、有感情地朗读课文,概括文中描写父爱的七个场景。
2. 能抓住场景及细节描写,体会作者语言文字中所蕴含的浓浓父爱。
3. 理解课文题目的含义,学会用恰当的语言表达自己的看法和感受。

【教学重难点】

1. 关注细节描写,体会浓浓父爱。
2. 理解课文题目的含义,学会用恰当的语言和文字表达自己的看法和感受。

【教学过程】

一、情境导入,揭课题

情境:"见字如面——书信朗读"的主专场活动,镜头记录,并将爱传递给镜头外的父母。

二、设疑自探

任务一:回顾课文,再现场景
(1)回顾课文内容,找出作者梦到的场景。
(2)自探印象深刻的场景。

三、解疑合探

任务二:聚焦细节,体会父爱
(1)小组合作交流,选出一到两处印象深刻的场景,谈体会。
(2)交流感悟,引读体会。
师小结:抓住场景中的万花筒、凉粽子、豆腐脑这些细小事物,联系课前搜集的资料、对比思考,我们不难感受到其中蕴含的深沉的父爱。
(3)聚焦"凑钱缴学费"场景。
① 共学场景中的细节,方法提炼。
师:谁来读读这个场景?
生读。
师:同学们,你们从这个场景中的哪些细节感受到了父爱?
生汇报,师点拨。

② 抓关键词"凑"想象画面,体悟情感。

a. 如何凑? 结合背景资料,体会父亲不易

b. 为什么花钱支持我读书?

师小结:我们抓住枇杷这细小事物和父亲养蚕的细微举动这些细节,感受到了养蚕的艰辛和挣钱的不易,更感受到了藏在细节中的父爱。

③ 关注父亲为我铺床的细节

a. 从心酸流泪切入,深入文本,联系上下文引导体会"新滋味"的含义。

b. 带入感情,指生读。

c. 齐读【配乐朗读】

师小结:让我们带着对新滋味的体会来读一读。

④ 场景:缝补棉被

a. 还从哪些地方感受到父爱?

b. 结合父亲弯腰缝补的背影想象画面。

任务三:对比阅读,体会表达。

对比阅读:梁晓声《慈母情深》、朱自清《背影》谈体会。

师:不同的背影,不同的场景,不同的细节,相同的是永恒的父母之爱。

四、质疑再探

任务四:着眼题目,思辨提升

(1)品读重点句:我什么时候能用自己手中的笔,把那只载着父爱的小船画出来就好了!

(2)同桌讨论,共议课题。

师:课文为什么以《父爱之舟》为题目呢?

五、运用拓展

任务五:表达运用,升华总结

1. 课堂小练笔:

选取生活中的某些场景,注意细节,试着写一写爸爸对你的感情吧。

师小结。(板书:读场景、品细节、想画面、悟深情)

2. 升华总结

六、课后作业

（1）观察并记录生活中父母之爱的场景和细节。

（2）推荐阅读：莫言《父亲的严厉》，汪曾祺《多年父子成兄弟》（节选），梁晓声《普通人》（节选），赵丽宏《挥手》（节选），北岛《给父亲》。

【案例分享二】

《比尾巴》教学设计

一、教学目标

（1）认识部分生字，认识笔画"撇折"，会写"云"等生字。

（2）正确、流利地朗读课文，并读好问句。

（3）知道一些动物尾巴的特点。

二、教学重难点

重点：识字、写字、朗读课文。

难点：读好问句，知道一些动物尾巴的特点。

三、教学准备：课件

四、教学过程

（一）猜谜导入

师：同学们喜欢猜谜语吗？今天我带来了很多谜语，看谁猜得又对又快。（出示谜语）

师：都被你们猜对了。想和这些小动物交朋友吗？小动物们说了，要和它们交朋友，得会叫它们的名字。（出示图片和词语）

学生自由读、指名读。（老师请最认真听讲、坐姿最好的同学来读，其他同学认真听，他们有没有读正确。）

师：仔细看第一排，你发现了什么？

生：这三个"子"都是轻声。

师：你的眼睛真亮！我们把这三个轻声词语读一读。

师：再看第二排，读音有什么特点？

生:韵母都是 ong。

师:齐读。

师:这么多的小动物聚在一起干什么呢?（出示课题,齐读）

师:"巴"在这里读轻声,要读得又轻又短——尾巴。真棒!一学就会,连起来读一次。（生齐读）

（二）认读生字

师:课文小朋友都预习了,这些词语你会读吗?（出示词语）

生自读、指名读、齐读。

师:离开了朋友,这些生字宝宝你们还认识吗?（出示生字)指名读、开火车读

师:你有什么方法记住他们呢?

① 组词法:猴、鼠、比、最。

② 反义词:短——长　　扁——圆

③ 加一加:公——松　巴——把

④ 鸭:鸟字旁,有鸟字边的字一般都和有翅膀、有羽毛的动物有关。

⑤ 尾:尸字头（尾巴上有毛）,你还知道哪些字也是这个偏旁的?

师:看,通过加一加偏旁,我们可以认识更多的字。

（三）学习儿歌

认识了生字,相信读起课文来,同学们就轻松多了,赶快把书翻到第 83 页自己读一读吧。

生自读课文。

小动物们真是急性子,凑在一起就开始比尾巴了。它们是怎么比的呢?（出示文字)生读。

师:读着读着,你发现了什么?

生:六句话后面都有个问号。

师:对,像耳朵一样的符号叫——问号,有问号的句子就叫问句,要读出疑问的语气。

师范读、指名读、齐读。（板书:长、短、一把伞、弯、扁、最好看）

比赛的结果是什么?请同学们对照图片告诉我答案。

师:和你们合作真开心,现在请你们同桌合作,互相问一问答一答。

同桌合作读、男女生合作读(出示文字)。

（四）拓展训练

师:看,又有几只动物赶来比尾巴了!

（图片出示:恐龙、老鼠、燕子)看看他们的尾巴是怎样的?

请你也来模仿课文编一编儿歌吧! 先自己试一试。

指名交流、齐读。

（五）指导写字

看同学们表现得这么优秀,动物们还给你们送来了一份礼物呢! （出示:云、公、车。)来,一起读一读!

师:仔细看这三个字,你发现了什么?

师:(板书)这个新的笔画叫"撇折"。不拖音,读两次。举起小手指和老师写一次。(生书空)

师:(出示"云")要把这个"云"字写好,应该注意哪里?

生交流。

师范写"云",生练写一个。

评价学生写的字,展示写得好的,给予表扬。

小结:动物的尾巴真有意思,更有意思的是每个动物的尾巴都有不同的作用呢! 想知道都分别有哪些神奇的作用吗? 下节课让我们精彩继续! 下课!

学生活动,作为课堂教学的线索

我们知道,课程目标主要包括知识与技能,过程与方法,情感、态度、价值观三个维度的内容,而这三个维度的内容落实到教学层面,与其相对应的教学目标主要包括由学会、会学、乐学整合而成的学生的语文学习素养。具体来说,语文教学目标的设计应包括以下内容。

(1)学会:习惯、积累和了解。阅读习惯的培养,如诵读、查工具书、圈点勾画、看注释、做笔记、看"说明"和"目录"、阅读姿势等。积累,如积累字词、积累语文常识、积累篇章等。了解是对知识而言的,主要为了解表达方式、文学样式、语法知识等,通过训练加深理解,熟能生巧。

(2)会学:体验、感悟和揣摩。体验要求学生要有原始阅读的感受。感悟是建立在阅读体验之上的一种心理过程。揣摩就是反复思考推敲,揣摩的内容有字词的精妙、句子的隐含意义、深刻含蓄的题旨、独具匠心的表现手法,揣摩是从体验走向感悟的必然过程。

(3)乐学:评价、鉴赏和探究。评价要求学生对阅读的内容进行优劣是非的判断,是阅读能力和判断能力的结合。鉴赏,要求对书面文字所提供的信息能够引起想象,留下无限的思维时空。探究,要求学生充分利用课本,发现问题,提出问题,自行探讨,寻求结论,学语文爱语文。

【案例分享一】

《两茎灯草》教学设计

一、教学目标

(1)认识4个生字;会对"临""监"进行形近字组词;"监"多音字组词;借助注释,理解"监生""再不回头""郎中""已后""一声不倒一声""哥子"。

(2)理解课文内容,学习作者抓住人物的动作、语言、外貌、心理活动等描写人物的方法。并进行心理活动描写小练笔。

(3)正确、流利地朗读课文,感受严监生鲜活的人物形象。

（4）激发学生阅读中外名著的兴趣。

二、教学重点、难点

感受严监生人物形象，体会作家描写人物的方法。
体会作家描写人物的方法，并在习作中学习运用。

三、教学过程

（一）旧知引入，揭示课题

1. 猜一猜

同学讲本册或四大名著中鲜明性格特点的人物，猜猜是谁？（感悟鲜活的人物形象。如：曹操、诸葛亮、鲁肃、孙悟空等等）

2. 揭题

① 读题："临"字写法、结构；"监"写法、结构；"监生"中的"监"读音 jiàn，还可以读 jiān。

监生是读书人的一种称号，相当于我们常说的王举人、张秀才之类的。严监生这监生是用钱捐来的。他家中十分有钱，在《儒林外史》中写道："他家有十多万银子。钱过百斗，米烂陈仓，僮仆成群，牛马成行。"同学们，先埋下伏笔一下，再从文中找一找，这样一个人，临死前应该是怎样的情形？

3. 作者简介

吴敬梓（1710—1754），字敏轩，又字文木，全椒（在安徽）人，著有《儒林外史》和《文木山房集》等。吴敬梓虽是名门望族的后代，小时深受儒家思想的熏陶，但由于经济地位的迅速变化，使他接触了劳动人民，看到了社会的黑暗和科举制度的罪恶。因为思想上有进步的一面，并且掌握了描写现实的讽刺手法，所以才能在晚年写出《儒林外史》这部十分杰出的长篇讽刺小说。

（二）初读课文，感知人物形象

（1）自由朗读课文，注意把课文读准、读通，遇到不明白的地方，多读几遍，看看注释或查查工具书。
（2）指名学生轮读。
（3）交流生字学习：侄子、郎中；多音字"挑"tiāo 和 tiǎo，组词。
（4）交流注释内容。

过渡:同学们,读完课文,严监生临死前的情形和我们想象的一样吗?我们从文中找一找。

三、细读课文,走进人物内心

严监生不住的咳嗽,喉咙里的痰一进一出的,他手指得越发紧了,面对不着边的回答,心里又急又说不出来。

都问些什么,严监生会怎样想呢?

1. 大侄子文段

大侄子走上前问道:"二叔,你莫不是还有两个亲人不曾见面?"他就把头摇了两三摇。

严监生心想:_____。

2. 二侄子文段

二侄子走上前问道:"二叔,莫不是还有两笔银子在那里,自曾吩咐明白?"他把两眼睁的滴溜圆,把头又狠狠摇了几摇,越发指得紧了。

严监生心想:_____。

3. 奶妈文段

奶妈抱着哥子插口道:"老爷想是因两位舅爷不在跟前,故此记念。"他听了这话,把眼闭着摇头,那手只是指着不动。

严监生心想:_____。

4. 赵氏文段

赵氏慌忙揩揩眼泪,走近上前道:"爷,别人都说了不相干,只有我能知道你的意思!……你是为那灯盏里点的两茎灯草,不放心,恐费了油。我如今挑掉一茎就是了。"

严监生心想:_____。

众人看严监生时,点一点头,把手垂下,登时就没了气。

过渡:赵氏挑掉了一茎,才安详地离去。这是一篇写人的文章,读完以后你的第一个反应,这是一个怎么样的人?

5. 同桌讨、交流、汇报

(板书:节约　吝啬)理解感情色彩的词。

相同的就是不太爱用自己的财物。不同的是:节约是对生活中不好的消费行为进行限制,该用的用;而吝啬是不该用的不用,该用的也不用。

6. 小结

直到赵氏猜到了他的心事,他才终于了了心中所愿,顿时没了气。同学们,严监生临死前倔强地伸着两个指头,就是不肯咽气,为的是那两茎灯草,不是为了没有见面的亲人,不是为了遗产交代清楚没有,而是为了那微弱的一点儿灯光。你们有什么想说的?

我想说:_____。

（四）总结写法,拓展阅读

（1）细节描写。

（2）把吝啬鬼的形象刻画得栩栩如生,让我们过目不忘。介绍《儒林外史》其中一个人物形象。

（五）板书设计

临死前的严监生

神情、动作	内心想法
大侄子	摇了两三摇
二侄子	狠狠 摇了几摇
奶妈	眼闭着 摇头
赵氏	点一点头

【案例分享二】

《伯牙绝弦》教学设计

一、教学目标

（1）朗读课文,背诵课文。

（2）能根据注释和课外资料理解词句意思,能用自己的话讲讲这个故事。

（3）积累中华经典诗文,感受朋友间真挚的友情。

二、重点难点

课文教学的重点是让学生凭借注释和工具书读通、读懂内容,在此基础上记诵积累。教学难点在于体会伯牙、子期之间真挚的友情。

三、教学准备

多媒体课件。

四、教学过程

(一)知识树导入,揭题解题

(1)如果我们的语文学科是一片包罗万象的森林,那每一片树木都是汉字织就的锦绣。第一组课文中我们一起领略大自然的风姿,第二组感受到祖国在我心中,今天再一起走进艺术的氛围。

(2)齐读课题。

教师加节奏,再读,注意节奏。

"绝"是什么意思? (断绝)面对这个"绝"字,你有什么疑问?

(为什么要"绝"? 什么时候"绝"? ……)

是呀,伯牙是春秋时期一位非常著名的演奏家,琴应该是他的生命,可是他为什么要把自己的琴弦弄断呢? 我们一起追溯它的小篆写法。

(二)初读课文,感知整体

1. 读通课文

(1)请同学们自由地读课文,争取读通课文。

(2)指名学生读课文。

(3)教师范读课文。

(4)说说老师在哪些地方停顿? 试着用"/"标记。(教师在黑板右板书"/")(课件出示正确的停顿。)

(5)学着老师的样子,按照正确的停顿,自己再练读一遍。

练读后再指名读,教师评价。

全班齐读,教师评价。

2. 读懂课文

(1)"书读百遍,其义自现",同学们能把课文读得正确、流利了,课文中有一些难字、不常见字,你又是怎么理解它们的呢?

(学生举例,教师根据学生回答,在黑板右板书:看注释、查字典、自己琢磨……)

教师小结:学无定法,贵在得法。你们看,这位同学,就找到了适合自己的学习方法,值得我们学习。

(2)追问:那课文的大意也知道了吗?谁能用自己的话讲讲这个故事?

(指名用自己的话讲这个故事:伯牙擅长弹琴,钟子期擅于欣赏。伯牙弹琴的时候,心里想到高山,钟子期听了赞叹道:"你弹得太好了!简直就像巍峨的泰山,屹立在我的面前!"伯牙心里想到流水,钟子期如痴如醉,击掌称快道:"妙极了,这琴声宛如奔腾不息的江河从我心中流过!"不管伯牙心里想到什么,钟子期都能准确地道出他的心意。钟子期去世后,伯牙觉得世界上再也找不到比钟子期更了解他的知音了,于是,他把自己最心爱的琴摔碎,终生不再弹琴。)

(3)再读全文。

理解了课文的意思,我们再来读课文,相信大家一定读得更好!

(三)品读课文,感悟"知音"

1.品读课文第一部分

(1)默读全文。思考:茫茫人海,为什么伯牙独独把子期当作知音?

派生问题思考:伯牙作为全国闻名的大琴师,难道没有人称赞过他?别人是怎么夸奖他的?(想象说话)

(2)钟子期又是怎样称赞的呢?

教师引读:

伯牙鼓琴,志在高山,钟子期曰——"善哉,峨峨兮若泰山!"

伯牙鼓琴,志在流水,钟子期曰——"善哉,洋洋兮若江河!"

正因为钟子期听懂了自己的琴声,所以伯牙才把子期视为——"知音"!

(3)想象说话。

请同学们想象:伯牙的琴声还会描绘哪些自然景物?钟子期又是如何称赞的?

指名回答:伯牙鼓琴,志在明月,钟子期曰:"_____!"

教师引读:伯牙鼓琴,志在清风,钟子期曰:"_____!"

指名回答:(3人)伯牙鼓琴,志在_____,钟子期曰:"_____!"

不管伯牙琴声中表达了什么,钟子期都能感受得到并由衷地称赞。用课文里的句子说,这就是:"伯牙所念,钟子期必得之。"

一个所念,一个必得,心有灵犀一点通,所以伯牙才把子期视为——"知音"。

(4)"人生得一知己,足矣!"用一个字来概括他当时的心境,那就是——喜!请你用一个词来形容伯牙此时的心情,那就是——欣喜万分。

(5)"相识满天下,知音能几人!"得到人生的知己,岂一个喜字了得!来,让我们伴着《高山流水》的乐曲,轮读课文的第1~4句,读出伯牙得遇知音时的欣喜若狂。

2. 品读课文第二部分

（1）配乐，教师讲述伯牙与钟子期的故事。

子期和伯牙因琴相识，相见甚欢，并约好明年中秋老地方见。第二年八月，伯牙千里迢迢赶到汉阳江边，久等不见子期。于是，弹起《高山流水》，仍不见子期。伯牙到处寻觅子期，遇一老者，老人说："子期去年染病身亡。死前有嘱咐'请把我葬在江边，此生不能听到伯牙操琴，让我九泉之下聆听他的琴声！'"知音死了，伯牙的琴还有谁能欣赏得了呢？伯牙悲痛万分，久久伫立在子期墓前，长歌一曲后，把琴摔个粉碎，至死不再弹琴。

（2）请读最后一句。

——子期死，伯牙谓世再无知音，乃破弦绝琴，终身不复鼓。

（3）用一个字来概括他当时的心境，那就是——悲！用一个词语来形容他当时的心情，那就是——悲痛欲绝！

（4）知音已死，岂一个悲字了得！摔破瑶琴凤尾寒，子期不再对谁弹，满面春风皆朋友，欲觅知音难上难！

请再读最后一句。

——子期死，伯牙谓世再无知音，乃破弦绝琴，终身不复鼓。

（5）读写结合。

这就是钟子期的墓碑，这是高山流水纪念园，如果有一天你来到这里，你会想起两个人，如果有一天你来到这里，漫步在园里你会思绪万千……请在作业纸上写一写你的感受。

（四）拓展延伸，升华情感

（1）伯牙跟子期这个故事感动和温暖着一代又一代渴望着心有灵犀心心相印的中国人，就在这个故事发生在三百多年后的战国时期，古书《列子》就记下了这个感人肺腑的故事，记下了这对知音的名字，我们一起读。

生：（齐读）伯牙善鼓琴，钟子期善听。

师：时间在流逝，五百多年后，古书《吕氏春秋》又为我们展现了这对知音相遇时那最美好的瞬间。（齐读：高山流水琴三弄，明月清风酒一樽）

（2）一千多年后的唐代，人们又在古诗中为伯牙的破琴绝弦而叹息不已呀。（齐读：借问人间愁际遇，伯牙弦绝已无声）

（3）两千多年后的明代，人们又在小说中为伯牙的破琴绝弦而叹息不已。

（4）两千五百多年后的今天，就在这个课堂上，我们六年一班的孩子也在传颂着这个高山流水的知音故事，能背的同学背诵，不能背诵的同学高声朗诵。

（五）随堂检测，巩固提升

（六）课外作业，巩固运用

从《列子》《吕氏春秋》《警世通言》中选择自己喜欢的一本书去读一读。

"三维"目标,让学习无限延伸

三维目标作为新的课程理念,主张课程回归真正的知识,回归真实的知识学习。对三维目标的质疑,主要是基于旧的知识观,即知识是客观的、对象化的。一切知识都是人的知识,没有人也就无所谓知识。知识一经产生,就很难逃脱客观化的命运,这是人类保存、传播知识的策略。但,知识的主语终究是人。教育与学习,就是要促进知识"返乡",赋予知识本当有的"人称性质"(佐藤学),进而使学习进入知识发生状态。这就是三维目标作为课程观的本质所在。三维目标是一个整体,三个维度的表述只是分析性的,任何一个维度都包含着其他两个维度。从分析者的观感看,知识与技能维度,与对象化的、单向度的"双基"不同,呈现为三维目标的"固体"状态,蕴含着其他两个维度"引而不发,跃如也"的势能;过程与方法维度,呈现为三维目标的"液体"状态,表现为学生知识学习时思考与行动状态;情感、态度和价值观维度,呈现为三维目标的"气体"状态,表现为弥漫在学生学习行为中的身体—心理、感性—理性交融的精神元素。是所有课程均应浸润的思政因子。三维目标是一个有机的整体,应从系统的、整体的角度来理解,而不能割裂开来。

三维目标之间不是并列关系,它们是一体"三维"的,其中的任何一维都与其他两维有关系。例如,语文课程标准提出了十条总目标。方智范先生指出:"第一条的表述强调'在语文学习过程中',就涉及过程与方法;第二条既是对各种文化的态度,也可理解为是学习内容和能力的要求;第三条侧重语文学习习惯和方法,但'热爱祖国语言文字的情感'和'语文学习的自信心'又属情感态度要求;第四条既讲能力,又讲态度,又讲方法,等等。"[①] 我们认为,在基础教育的所有学科中,"知识与技能"是教学目标的核心,是显性因素,是其他两维目标达成的载体。"过程与方法"有较多的隐性特点,不是独立存在的,它体现在其他两维目标的达成之中。情感态度和价值观是隐性的,但其形式又是外显的,正确的、积极

[①] 方智范《义务教育语文课程的目标及其设计思路》,巢宗祺,雷实,陆志平主编．教育部基础教育司语文课程标准研制组组织编写,《语文课程标准 实验稿 解读》,湖北教育出版社,2002 年,第 48 页。

的情感、态度和价值观能够进一步促进学生其他两维目标的达成。所以说,三者是一个有机的整体,彼此联系,互相渗透,互相影响。因此,在完成语文教学目标时,应正确处理三维目标之间的关系,必须以语文学科的"知识和能力"为核心,突出本学科特有的课程价值。

【案例分享一】

《宝葫芦的秘密》(节选)第一课时
导学案

一、学习目标

(1)认识"妖、矩"等7个生字,读准1个多音字"冲",会写"介、绍"等15个字,正确读写"介绍、妖怪"等15个词语。

(2)初步了解课文内容,感受童话的美妙。

二、学习重点

(1)认识生字,读准多音字"冲",会写15个字,正确读写15个词语。

(2)默读课文,初步了解课文内容,感受童话的美妙。

三、学习难点

初步了解课文内容,感受童话的美妙。

四、自学导引

(1)了解什么是童话。

(2)认真阅读课文,熟悉课文内容。

五、课堂导学

(一)知作者

张天翼(1906—1985),中国当代作家。代表作有童话《大林与小林》《宝葫芦的秘密》《秃秃大王》,小说《华威先生》《鬼土日记》等。

(二)读课文,识字词

(1)自由读课文,读准字音,读通句子圈画出课后生字。

（2）字词学习情况。

读准字音：矩（jǔ）　撵（niǎn）　拽（zhuài）

多音字：冲 chōng（冲锋）　chòng（冲着）

必须掌握的词：介绍　规矩　妖怪　乖巧　撵上　脚丫　拽住　冲着　烫着　溜开　幸福　舔手　罢了　向日葵　又瘦又长

理解词语：

① 介绍：沟通使双方相识或发生联系；引入；推荐。

② 规矩：一定的标准、法则或习惯。文中指奶奶让王葆做什么，就得先讲一个故事。

（3）掌握识记方法。

字源识字法。如，葵的古体字是"䔈"，上部的"ㄓㄓ"表示植物，"癶"表示测量方位，所以"䔈"表示能追逐太阳方位的植物。

形近字识记。如，乖—乘。

编儿歌识记。如，舔：小舌头，天天舔一粒小小米。

"福"字我们既可以看图识字，也可以编儿歌识记。（有衣保暖，有田耕种，即为幸福。）

（4）写字。

观察每个生字的结构、笔顺及在田字格中的位置。

> 上下结构找主笔，
> 左右结构作对比，
> 独体结构如上下，
> 包围结构有诀窍。

重点指导书写。

乖：独体字，撇短横长，竖为悬针竖，两侧对称。书写时注意先中间后两边。

瘦：半包围结构，"疒"要包住里面的"叟"，"叟"上半部分的竖要稍出头。

烫：上部汤字宜扁平，横折折折钩第二折略向右伸，折画左斜。下部火字穿插，点画呼应，撇捺伸展。

溜：三点水窄长，相互连贯。右部字形稍大，上下对齐、布白匀称。

葵：草字头扁平，中部撇捺舒展，下部穿插，横画略紧，撇、点稍开。

舔：左部稍小偏左上，口框内收。右部首画为横，上紧中舒，最后两点并排。

（三）再读感知

（1）自读课文，思考课文主要写了一件什么事？做好批注。

（2）引导质疑。

"宝葫芦是什么？"

（四）总结提升

尝试从不同角度去思考,提出自己的问题,是一种很好的阅读策略。

（五）训练检测

（1）读拼音,写汉字。

有一位叫阿 fú（　　　）的小 yā（　　　）头种了一棵向日 kuí（　　　　），但是它长得又 shòu（　　　）又小,她多么想要一个宝葫芦能帮助她把向日 kuí（　　　）养得棒棒的。

（2）《宝葫芦的秘密》（节选）作者是（　　　）,主要讲了宝葫芦的主人（　　　）在得到（　　　）之前,经常听（　　　）讲许多关于（　　　）的故事,非常希望（　　　）也有这么一个（　　　）。

（六）拓展延伸

把你读到的这个童话故事讲给别人听。

《宝葫芦的秘密》（节选）第一课时
教学设计

一、学习目标

（1）认识"妖、矩"等 7 个生字,读准 1 个多音字"冲",会写"介、绍"等 15 个字,正确读写"介绍、妖怪"等 15 个词语。

（2）默读课文,初步了解课文内容,感受童话的美妙。

二、学习重点

（1）认识 7 个生字,读准多音字"冲",会写 15 个字,正确读写 15 个词语。

（2）默读课文,初步了解课文内容,感受童话的美妙。

三、学习难点

初步了解课文内容,感悟童话的美妙。

四、教学过程

（一）单元概述

（1）通过单元知识树，了解单元学习内容和学习重点。

（2）了解本节课的学习目标。

（3）介绍作者。张天翼（1906—1985），中国当代作家。代表作有童话《大林与小林》《宝葫芦的秘密》《秃秃大王》，小说《华威先生》《鬼土日记》等。

（二）导入新课，读课题

今天就让我们一起去探寻宝葫芦的秘密，请同学们读课题——宝葫芦的秘密（节选）。这篇课文节选自原作的开头部分，是这个故事的开端。现在我们就走进课文，从字里行间去了解宝葫芦里面到底有什么秘密吧！

（三）初读课文，识记字词

（1）读课文，读准字音，读通句子，圈画出课后生字。

（2）字词识记。

（3）识记方法。

字源识字法。如，葵的古体字是"𦵡"，上部的"屮屮"表示植物，"𤇾"表示测量方位，所以"𦵡"表示能追逐太阳方位的植物。

形近字识记。如，乖—乘。

编儿歌识记。如，舔：小舌头，天天舔一粒小小米。

（4）指导写字。

① 课件出示要求会写的字。

② 师引导学生观察每个生字的结构、笔顺及在田字格中的位置。

③ 重点指导书写。

乖：撇短横长，竖为悬针竖，两侧对称。书写时注意先中间后两边。

瘦：半包围结构，"疒"要包住里面的"叟"，"叟"上半部分的竖要稍出头。

烫：上部汤字宜扁平，横折折折钩第二折略向右伸，折画左斜。下部火字穿插，点画呼应，撇捺伸展。

溜：三点水窄长，相互连贯。右部字形稍大，上下对齐、布白匀称。

葵：草字头扁平，中部撇捺舒展，下部穿插，横画略紧，撇、点稍开。

舔：左部稍小偏上，口框内收。右部首画为横，上紧中舒，最后两点并排。

（四）再读课文,整体感知

1.自读课文,整体感知

（1）默读课文,思考课文主要写了一件什么事。

（2）小结:王葆对奶奶讲的宝葫芦的故事着了迷,总想得到一个宝葫芦。

（3）总结方法:像我们这样,依据文章的顺序,提出相应的问题,认真思考后概括起来,就可以归纳文章的主要内容了。

2.引导质疑

故事中的宝葫芦是什么?

小结:尝试从不同角度去思考,提出自己的问题,是一种很好的阅读策略。

（五）课后作业

（1）练习写生字词语。

（2）把你读到的这个童话故事讲给别人听。

【案例分享二】

《宝葫芦的秘密》(节选)第二课时
导学案

一、学习目标

（1）继续学习课文,感受童话的神奇。

（2）知道主人公王葆为什么想得到一个宝葫芦,感受人物的特点。

（3）培养学生阅读的兴趣,能依据已有内容创编故事,并进行拓展阅读。

二、学习重点

继续学习课文,感受童话的奇妙,知道主人公王葆为什么想得到一个宝葫芦,感受人物的特点。

三、学习难点

培养学生阅读的兴趣,能依据已有内容创编故事。

四、自学导引

熟读课文,在横线上填上恰当的词语。

奶奶总是一面_____,一面_____。

我总是一面_____,一面_____。

奶奶撵上了我,说洗脚水刚好_____也_____。

于是奶奶又_____一个_____又_____宝葫芦的故事。

五、课堂导学

(1)自读课文画出描写王葆的句子。

从课文中我们知道了王葆是一名(　　　　),他是一个平平常常的(　　　　),他很爱(　　　　)。

(2)朗读课文,找出奶奶给王葆讲了哪些关于宝葫芦的故事。

所有的故事,都有一个美好的结局,这个结局是什么?

他们都从宝葫芦那儿得到了(　　　　),他们(　　　　)。

(3)朗读:请你按下暂停键,与幸福、快乐的语气和老师分角色读一读奶奶和"我"的对话吧!

(4)自主探究:自读课文第19～21自然段,圈画出王葆要宝葫芦的目的是做哪些事。

(5)指导朗读,读出王葆对宝葫芦的渴求,对幸福生活的向往。

六、创编故事

听了奶奶给王葆讲了这许多神奇又简短的宝葫芦的故事,请你也来根据课文内容,发挥自己的想象力,选择自己喜欢的片段创编一个更生动、更有趣的故事吧。

七、拓展延伸

1.阅读材料

片段一

从此以后——你们当然也可以想到,我各方面的生活也起了变化。

以前我每天自习,总得让数学题费去我许多时间。可是现在还不要一秒钟,我刚把书打开,拿起铅笔来慢慢地削,脑筋还没来得及开动呢,桌上就冒出了一沓纸,上面整整齐齐写着算式和答数。

"嗬!"我跳了起来,"这可真没料到!"

我不知道你们会有怎么样的感想。我可又高兴,又担心——老实说,我生怕我是在这里做梦。

"可是我还得画一张地图……"

我刚这么一打算,就有一幅地图摊在我面前,我自己绝画不了这么好。简直用不着再添一笔,也用不着修改。只要写上我的名字就行。我说:

"哈,这可真好!这么着,我每天就可以省下许多时间来了。"

片段二

姚俊这个人——你别看他个儿小——勇气可真不小。哪怕他下不过我,哪怕他和我为了下棋吵过嘴,他还是敢跟我下。

同学们都闹哄哄地围过来看。我对自己说:"可不能大意了。也不能打架。这虽然不是正式比赛,可也差不离。他们都想考验考验我呢。"这回我的确很沉着:不慌不忙地动着棋子。我总是看清了形势,想好了招法,然后才下手。凡是下棋的人,都该像我这么着。姚俊的棋不如我,这是大家公认的。连他自己也是这么说。不过他有一个极其奇怪的毛病——我可实在想不透他脑筋里到底有个什么东西在作怪:他净爱走"马"。他把个"马"这么一跳,那么一拐,不但害得我的"炮"不能按计划办事,而已还闹得我的"车"都不自在了。好像一个"车"还该怕一个"马"似的!

"我非得吃掉他那个'马'!"我打定了主意。"我该想一个巧招儿,叫他意想不到。"

这可并不容易。唔,我来这么一着,行不行?然后又这么一来。

"要是他那么一下——嗯,他准会来那么一下,那我……"

我正这么想着,正想得差不多了,忽然我嘴里有了一个东西——我虽然没瞧见,可感觉得到它是打外面飞进来的,几乎把我的门牙都打掉。它还想趁势往我食道里冲哩:要不是我气力大,拿舌头和牙齿拼命这么合力一挡,它早就给咽下去了。

同时姚俊嚷了起来:"咦,我的'马'呢?我这儿的'马'呢?"

哼,我知道这是怎么回事了。

2.阅读《宝葫芦的秘密》整本书

《宝葫芦的秘密》(节选)第二课时
教学设计

一、学习目标

(1)继续学习课文,感受童话的神奇。

(2)知道主人公王葆为什么想得到一个宝葫芦,感受人物的特点。

(3)培养学生阅读的兴趣,能依据已有内容创编故事,并进行拓展阅读。

二、学习重点

继续学习课文,感受童话的神奇,知道主人公王葆为什么想得到一个宝葫芦,感受人物的特点。

三、学习难点

培养学生阅读的兴趣,能依据已有内容创编故事,并进行拓展阅读。

四、教学过程

(一)引入课题,了解形象

我们在读童话时,不仅能感受到童话充满着奇妙的想象,还能感受到人物真善美的特点。这节课我们继续跟随王葆的脚步,去探究《宝葫芦的秘密》吧!

(二)深入理解,探讨故事

1. 了解主人公形象

(1)王葆是个什么样的孩子呢?自读课文画出描写王葆的句子。

(2)品读句子:

我姓王,叫王葆。

可是我要声明,我并不是什么神仙,也不是什么妖怪。我和你们一样,是一个平平常常的普通人。

我是一个少先队员,我也和你们一样,很爱听故事。

"要是我有那么一个宝葫芦,那……"

小结:从这些句子中我们知道了王葆是一名(　　　　),他是一个平平常常的(　　　　),他很爱(　　　　)。从最后一句王葆的思考中我们还可以看出他是一个

（　　　）的孩子。

（3）设疑：从这些对话中可以看出王葆是个怎样的孩子？

"乖小葆，来，奶奶给你洗个脚。"

"我不干，我怕烫。"

"不烫啊。冷了好一会儿了。"

"那我怕冷。"

"你爱洗就让你洗。你可得讲个故事。"

"好小葆，别动！""让我给你剪一剪……"

"那，非得讲故事。"

读读上边的句子，说说在你眼前仿佛出现了一个怎样的王葆？

练习读对话，读出幸福和快乐。

2. 奶奶讲的宝葫芦的故事

（1）设疑：王葆是怎样知道了关于宝葫芦的故事的？

（2）朗读课文，找出奶奶给王葆讲的关于宝葫芦的故事。

（3）文中所有的故事，都有一个美好的结局，故事的结局是什么？

（4）续编故事：听了奶奶给王葆讲了这许多神奇又简短的宝葫芦的故事，请你也来根据课文内容，发挥自己的想象力，选择自己喜欢的片段创编一个更生动、更有趣的故事吧。

3. 自主探究

自读课文第 19 ～ 20 自然段，画出王葆为什么想得到宝葫芦的句子。

4. 指导朗读

读一读自己画出的句子，从朗读中，感受王葆对宝葫芦的渴求，对幸福生活的向往。

（三）拓展升华，布置作业

（1）阅读片段一和片段二并观看视频，感受宝葫芦给王葆的生活带来的变化。

（2）拓展阅读。同学们读了两个片段，观看了这段视频，你感受到王葆得到宝葫芦后的快乐和幸福了吗？你是不是也想拥有一个这样的宝葫芦呢？但是，当你真正像王葆一样拥有一个宝葫芦，所有的愿望都能不劳而获地达成时，这样的生活真的就幸福吗？如果你想知道答案，就赶紧读一读《宝葫芦的秘密》这本书吧。

（3）完成课上续编故事。

精彩导入，让课堂绽放光彩

正如著名特级教师于漪所说的："课的第一锤要敲在学生的心灵上，激发起他们思维的火花，或像磁石一样把学生牢牢地吸引住。"一个精彩的导入，既可使学生情趣盎然，又可激起他们强烈的求知欲望，像强烈的磁场将学生吸入课堂学习中。

课堂导入，是课堂教学的一个重要组成部分，而这部分必须成为其他部分最自然、最恰当和最精彩的开端。常言道：好的开始是成功的一半。课堂导入必须声声击到学生的心扉上，让学生的思维在碰撞中产生智慧的火花，消除其他课程的延续思维或心理杂念的干扰，把学生的注意力迅速集中起来，使他们饶有兴趣地投入新的学习情境中去，提高学习效率。

导入没有固定的模式，也无所谓最好的模式，完全因教学的氛围、对象、目标的不同而不同。同一篇课文可设计不同的导语，以期达到最好境界。课堂导入技能是教师组织课堂教学基本技能之一，它用于上课的开始，是一堂课的首要环节，其主要功用是引起学生注意，并激发学生兴趣。因此，课堂导入成功与否，直接关系整堂课教学质量。

一堂课如同一首优美的散文，开头便要漂亮，引人入胜；一堂课又恰似一支动人的乐曲，开头就要定好基调，扣人心弦……导入是语文课的第一个环节，十分关键，应当引起重视。好的导语是思想的电光石火，能给学生以启迪，提高整个智力活动的积极性。我们要创造科学有效的导入形式，就必须把握课文的特点，根据学生好奇心理，运用喜闻乐见的导入形式导入新课。那么如何导入新课呢？

一般地说，导入新课，应遵循以下原则：第一，符合教学的目的性和必要性；第二，符合教学内容本身的科学性；第三，从学生的实际出发；第四，从课型的需要入手；第五，导语要短小精悍；第六，形式要多种多样。开头导入的方式很多，设计导语时要注意配合交叉运用。不能每一堂课都用一种模式的导语，否则就起不到激发学生兴趣，引人入胜的作用。

【案例分享一】

《沙滩上的童话》教学设计

一、联系生活,导入新课

(1)播放《赶海的小姑娘》歌曲视频。同学们去过日照的沙滩吗?你们都在沙滩上玩些什么?指生交流。

(2)引出课题《沙滩上的童话》。板书课题,引导读课题。

(3)课题质疑,指生交流。小结提出的问题。

二、初读课文,学习字词

(1)初读课文,强调读书要求。

(2)出示本课词语:心里试读,小老师领读,开火车检查读。(如有问题,正音)

(3)出示去掉拼音的生词,指生读,齐读。

(4)出示多音字量。引出课本中带有量的句子,读词语。指生练读。

指生练习多音字组词。出示多音字的词语:指生读,齐读。

(5)学习写字。今天我们学习补字。

一看结构,这是什么结构的字?指生交流。二看占格,你发现左右两边什么特点? 指生交流。三看笔画,仔细观察一下,有没有在横中线和竖中线上的特殊笔画?指生交流。

教师范写,边写边说注意事项。

学生描一写一。(写之前强调写字姿势三个"一")

投影仪展示学生作品,师点评,并画星星鼓励。

同位互评,根据注意事项画星星。根据同位的点评,补写一个。

(6)课文写了什么?出示框架,同位交流,指生交流。

三、朗读感悟

(1)那这是一个怎样的童话呢,请同学们拿起笔把孩子编童话的话用横线画出来。出示:学习要求。

(2)集体交流。

指生读句子,并出示句子。

自由读,并想想可以给这个童话起个什么名字?指生交流。

加上童话的题目指生读这个童话。学生读的时候,顺势指导。

这是一个什么样的魔王？"凶狠"是什么意思？谁能做个凶狠的表情？

再读这句话,试着把凶狠的意思读出来,评价。

关注第3句的感叹号,怎么读能读出感叹号的语气？（着急)再试读。

你们同意用飞机去轰炸吗？为什么？指生交流。

为了突出反驳的语气,可以把哪个词语重读？（没有)一起来试试。

指生练读。（看学生朗读情况,是否教师范读。）

分角色朗读。

（3）孩子们怎么会编这样的童话呢？这是因为他们正在沙滩上干什么？出示垒城堡的图片,观察他们的表情,你看出他们是什么心情？

出示垒城堡的句子。

带着这种心情自由练读这段话,指生展示读,评价。

（4）可是童话并没有结束,他们商量出了救公主的办法,马上就要行动起来了。

出示相关语句。学生齐读。

顺势指导:挖城堡用力吗？从哪个词看出来？做动作体会。挖的时候着急不着急？为什么呀？学生做着动作齐读。

（5）最后,我们救出公主了吗？谁是我们救出的公主？

出示相关语句。为什么连"我"自己都忘记了她是"我"的妈妈？指生交流。

（6）引出课文第1段。学生齐读。海边的沙滩是什么？

哪里是你的快乐天地？指生交流。

（7）你觉得这是一群什么样的孩子？师小结。并适时板书。

（8）配乐诗歌朗诵。

四、推荐书目《沙滩上的童话》

五、当堂测试

完成测一测的12题。展示评价,同位互批。

【案例分享二】

《称赞》教学设计

一、谈话导入

让我仔细看一看,老师要先称赞一下我们班同学,这两排的小朋友坐得最端正,这两排的小朋友注意力最集中,这节课我们一起学习的新课就叫《称赞》,跟老师一起写题目,齐读课题。称赞也可以说是——生:夸奖、表扬。

要想了解故事内容,就要先读课文,孩子们打开课本85页,自己读自己的,圈出生字,读准字音。让洪亮的读书声开始吧!

二、初读课文解决生字词

老师不得不先称赞孩子们的学习习惯,读书声音洪亮,读完书都坐端正了。读了课文我们知道文中的两个小动物他们是谁?

生:小刺猬和小獾。

教师领读,跟他们打声招呼吧:你好小刺猬,你好小獾。

他们两个认识了,其他的生字宝宝呢? (出示幻灯片)

先自己读一下——小老师领读(小老师领读的真不错,尤其是粗糙的"糙"和傍晚的"傍"发音真准)——男女生读(男生一个女生一个比一下,领读第一个)——去音节齐读——开火车摘苹果读(这列小火车开得真顺利)。

孩子们这儿还有一个调皮的多音字宝宝,谁认识他? (出示课件)

这一课还有8个生字要孩子们会写,今天老师先跟你们写"采"这个字。谁起来教大家写字应该注意什么?先观察结构,"采"是上下结构,下边的木的横要在横中线上,竖在竖中线上,组一个词:采果子。你的提醒非常重要。伸出小手跟老师一起写,竖不能出头太多,撇和捺要写得舒展。好孩子们在生字练习纸上描一个然后写一个。写完一个就坐端正。(再一次称赞我们小朋友写字姿势真端正)——展示评价(对照自己的也给自己一颗称赞的小星星)——写得不满意的字课下再补写一个。

三、再读课文,感悟称赞

孩子们生字都认识了,再读课文是不是就更轻松了?这次读书的时候想一想文中是谁称赞了谁?怎样称赞的?

生:小刺猬称赞了小獾,小獾也称赞了小刺猬(板书贴图)。

那小刺猬是怎么样称赞小獾的?学生找到。(出示课件)(你可真会读书,一下子就找到了)

一起看一下小獾刚开始学做木工做的小板凳吧? (出示课件)

啊?我听到了惊讶声。这板凳是不是很好吗?生:不好。腿歪着,乱糟糟的。板凳其实做得不好,用课文中的一个词说就是——粗糙,而且是很粗糙!齐读:板凳做得很粗糙。

师：小板凳这样粗糙为什么小刺猬还会称赞呢？（先别着急，认真读课文第二、三段，看看小刺猬是怎么做的？）

生自由回答：因为他做得很认真，因为小板凳做得一个比一个好。（你和小刺猬一样发现了小獾的优点）

师：小刺猬是怎么发现小獾的这些优点的呢？

生：因为仔细地看了看。（提示在称赞前做了什么？）

你有一双会发现的眼睛，这样的称赞才是真心的。孩子们，称赞别人要找个别人的优点，还要用真心，这样才是真正的称赞！（板书）

我们也真诚地称赞一下小獾：你真能干，小板凳做的一个比一个好。

师：这些小板凳 除了一个比一个好，还可以怎么夸？

生：漂亮、认真 一个比一个棒。（你知道的词语可真多啊）

把你的词称赞一下：你真能干，小板凳做的一个比一个——（棒、漂亮，认真）

孩子们，小刺猬这样真诚地称赞小獾带来了什么吗？生：有用，小獾会做板凳了，有自信了，还会做椅子了。

（板书：带来自信）

正像你说的一样，小獾自己也这样说的。齐读。出示幻灯片。

在我快要泄气的时候，是你称赞了我，让我有了自信，瞧我已经会做椅子了，这是我的一点心意，收下吧。

你们的朗读让我听出来了小獾的喜悦和浓浓的感激之情。那是什么让小獾变得这么厉害，这么自信的？

生：小刺猬。（对，就是小刺猬的称赞）

瞧，孩子们，称赞有一股神奇的力量，就像是一根魔法棒。那小獾称赞小刺猬有没有发生神奇的作用？

出示课件。（小獾接过苹果闻了闻）学生读，我好像闻到了苹果的香味。这个称赞有什么神奇的作用吗？

生：消除了我一天的疲劳。（板书：消除疲劳）

孩子们，称赞就是短短的一句话，却能给泄气的小獾带来自信，让劳累的小刺猬消除疲劳。

让我们再一次完整的感受一下称赞的魅力吧！（配乐朗读）

现在同桌一个当小刺猬一个当小獾，读一下对话吧！

谁来当小刺猬，谁来当小獾？老师来给你们当旁白。

孩子们你们读得太精彩了，谁来称赞夸奖一下这两个同学？

采访一下,心里什么感受? (生:高兴)老师还要采访一下你,你在称赞他们的时候心里什么感觉? (生:也很高兴)

总结:称赞不但能给别人带来欢乐,还能给自己带来幸福,从今天起就让我们学习小刺猬和小獾,课下把真诚的称赞带给更多的人。

结束:布置作业。

课下小作业:课下用心地发现同桌和家人的优点,真诚地称赞一下他们。

课堂提问,释疑解惑中前行

　　苏霍姆林斯基说:"真正的学校应当是一个积极思考的王国。教会学生思考,这对学生来说,是一生中最有价值的本钱。"可见,课堂提问在课堂教学中的作用有多么重要。然而,并非所有的课堂提问都能达到预期的目标。这就需要教师掌握一定的提问技能、发问技巧,确保提问的有效性。

　　教育心理学告诉我们:"学生的思维过程往往是从问题开始。"古语亦云:学起于思,思源于疑。可见,设疑是多么的重要。正因如此,几乎所有的教师在教学过程中都会有意识地提出问题,让学生回答。然而,并非所有的课堂教学提问都能达到预期的目标,那些肤浅平庸的提问、置学生于被动地位的提问,都会抑制学生的思维活动,妨碍学生智能的发展。语文课堂的提问艺术,是一项随语文教学活动发生的教学技能艺术。教师提问能起到设疑、解疑和反馈的作用,能指明方向、承上启下、启发思维和调节气氛。因此在教学过程中,提问成为联系师生思维活动的纽带,开启学生智慧之门的钥匙。课堂提问具有很强的技巧性。在全面推进素质教育的今天,探究与素质教育相适应的课堂提问艺术,促使全体学生全面、主动地发展,显得更加重要。课堂提问主要有知识水平的提问、理解水平的提问、应用水平的提问、分析水平的提问、综合水平的提问、评价水平的提问。以上问题的类型,对课文的教学以及对学生思维各阶段的发展、作用各不相同。因此,应根据教学要求、学生学段、课文内容等因素,对不同类型的问题进行合理的设计、灵活的搭配。除去教师的提问,课堂上提倡鼓励教师或同学提问,对老师准确把握学生难点更精准答疑解惑有很好的帮助。

【案例分享一】

《苏菲生气了》教学设计

一、教学目标

　　(1)阅读绘本《苏菲生气了》,使学生了解故事内容,认识生气是可怕的,大自然可以安慰愤怒的情绪,引导学生找到发泄自己情绪的好方法。

（2）在阅读中感受绘本色彩运用的巧妙。

（3）指导学生学会观察，培养学生想象、说话的能力。

（4）练习写绘，引导学生大胆地表达自己排解愤怒情绪的方法。

二、教学重点

（1）感受绘本色彩运用的巧妙，培养学生想象、说话的能力。

（2）通过故事引导学生讨论，使学生了解排解自己愤怒情绪的方法很多。

三、教学过程

（一）观察人物，激发兴趣

谈话：你们认识我吗？能通过你的观察找到我的信息吗？

（1）今天，咱们再来认识一位新朋友，她叫——苏菲。

你看，苏菲的心情怎样？你是从哪里看出来的？

（2）苏菲为什么生气？我们一起走进故事。

齐读《苏菲生气了》。

（3）这个故事的图文是由美国的作家莫里·邦创作的。它荣获 2000 年美国凯迪克银奖，同时获得夏洛特·佐罗托夫金奖。

（二）师生共读，品味绘本

（1）故事发生在一个美好的星期天，苏菲拿着心爱的猩猩玩具在家里玩，她玩得正高兴时，姐姐来了，她一把抓住了大猩猩，说："该我玩啦。"苏菲没玩够，不肯给姐姐，大叫着："不给！"妈妈说："给她！苏菲，现在该轮到她玩了。"听了妈妈的话，姐姐一把抢走了大猩猩，苏菲摔得趴在了玩具车上。家里的小猫咪也在吃惊地看着这一切。

（2）你要是苏菲，此时的心情怎么样？

（3）你生气的时候会是什么表情？会做什么样的动作？（谁来演一演）

（4）"这下苏菲可气极了！"她踢打，她尖叫，她想把所有的东西都撕碎。

（5）仔细观察这幅图，你发现了什么？

你看这幅图，作者用了大量的什么颜色？为什么要用这么多红色呢？

看来，红色代表愤怒啊！

（6）苏菲是一座就要爆发的火山，当苏菲生起气来——非常非常的生气……看到生气的苏菲，你还想到了哪些词来形容她此刻的样子？

老师这儿也有一些词,咱们一起读一读。

一会儿在进行写绘作品时,咱们可以这样表达生气时的心情:"我很生气,我气得火冒三丈。"

(7)这样的苏菲真让人担心啊,砰！她跑出了门,她跑啊,跑啊,一直跑到再也跑不动了。

(她来到了平日和姐姐一起玩耍的地方,她耷拉着脑袋,看着熟悉的景物,她感觉很委屈、很难过,然后,她哭了一会。)

(8)她看看石头、看看大树,又看看羊齿草。她还听见了鸟儿叫。

小鸟在和苏菲对话呢！你们想,小鸟会对苏菲说些什么？苏菲会怎么说？

小鸟和苏菲还会说些什么？同桌互相来演一演吧！

咱们来看看他们在交谈什么？

(9)这时的苏菲已没有那么大的怒火了。她走到一棵老榉树跟前,爬了上去。苏菲坐在树干上……此时,她看到什么？听到什么？闻到了什么味道？她还会想到什么？

看着这些,想到这些,苏菲的心情又好了很多……

她感觉到微风轻轻吹着她的头发。她看着流水和浪花。这个广大的世界安慰了她。

(10)孩子们,现在的画面又是什么颜色？这些颜色可以让我们的心情变得怎样？

是啊,蓝色、绿色表示平静！

咱们在写绘时,也要学习用颜色来表达你的心情,这样,你的作品会更丰富,更精彩！

(11)这会儿,她觉得好过多了。她从树上爬下来,往家里走……这时,她又遇到了这只小鸟,看到高高兴兴往家走的苏菲,小鸟又会说些什么？苏菲会怎么说？

(12)快到家了,你们猜一猜,苏菲的家人会怎样对待她呢？

你看,家里人是怎样对待苏菲的？

屋子里暖暖的,香香的,看见苏菲回来,每个人都很高兴。这里的暖暖的,香香的,就是"温馨"的意思。

(13)一家人又在一起了,而且,苏菲也不再生气了。连小猫也呼噜呼噜地睡着了。只有一家人在一起,家才是温馨的。

(14)你看,苏菲画了一幅什么画？对苏菲来说,家是什么呢？咱们合作读这首小诗《家》,男孩读蓝色的字,女孩读红色的字,最后一句黑色的咱们齐读。

家是妈妈温暖的怀抱,

家是爸爸关心的微笑,

家是姐姐真诚的道歉,

家是小猫轻轻地喵喵叫……

家永远是暖暖的,香香的。

故事讲完了,孩子们,咱们来回想一下,当苏菲发火后,她用什么办法平息了自己的怒火?(边说边画)

(15)小结:看来生气并不可怕,只要我们适当地控制下自己,选择合理的方式来发泄我们的不良情绪,好心情会马上回来的。

(三)交流写绘,展示个性

(1)在生活中,咱们会有和小伙伴、家人发生矛盾、生气的时候,你都用什么好的办法让自己不再生气?学生交流。

(2)孩子们,你们有这么多的好方法啊!接下来,就进入咱们的写绘时间了,用笔把可以让自己不再生气的好方法写下来,画下来吧!

老师这里有一点小提示,给你参考。

(四)点评写绘,升华主题

(1)交流学生的作品。

(2)展示、评价。

(3)课件出示。

当你生气的时候,你也可以试试下面的办法:

★跟好朋友聊聊天;　　　★到大自然中散散步;

★听听音乐;　　　★做做运动,画一幅画,或者看看书……

课后,老师会把你们的作品装订起来,这就是属于咱们班的《情绪控制手册》,以后要是自己遇到不开心的事情了,可以从这里找到适合自己的方法,让自己尽快地开心起来,每天都做个快乐的儿童!

最后,老师还再为大家推荐几本书,相信你们会喜欢,也一定能从中学到点什么!

五、拓展阅读,延伸主题

课后阅读《生气汤》《生气的亚瑟》《小绵羊生气了》。

【案例分享二】

《太空生活趣事多》教学设计

一、教学目标

（1）认识"航、宇"等 13 个生字,会写"杯、失"等 8 个字,积累"宇、航、员"拓展的 3 组词语,能初步体会每组词语的特点。

（2）有感情地朗读课文,抓住关键词句感悟太空生活的新奇、有趣。

（3）初步了解一些太空生活的常识,激发了解科技的兴趣。

二、教学重难点

有感情地朗读课文,抓住关键词句感悟太空生活的新奇、有趣。 初步了解一些太空生活的常识,激发了解科技的兴趣。

三、教学过程

（一）创设情境,导入新课

（1）同学们,你们认识下面这些叔叔阿姨吗? 他们都是什么人? 介绍航天员,激发学生的学习兴趣,引出课题《太空生活趣事多》。

（2）了解本课的学习目标。

（二）初读课文,整体感知

（1）现在请同学们大声朗读课文,注意读准字音,读通句子,遇到不认识的字或者词,借助拼音多读几遍。

（2）标出自然段。

（三）识记生字词,读准字音

（1）课文读完了,这些词语宝宝你认识吗? 跟老师读一读。

háng	yǔ zhòu	wěn	bēi	yǐn	cāng
航天员	宇宙	安稳觉	杯子	饮水	舱体

jiàn	gù	tí	yù tǒng	mì
一件	固定	难题	浴桶	密封

（2）去掉拼音"帽子"你还认识他们吗？

航天员　　宇宙　　安稳觉　　杯子　　饮水　　　舱体
一件　　　固定　　难题　　浴桶　　密封

（3）识记生字：词语读完了。看！这些调皮的生字宝宝跳出来了，同学们试着来读一读吧。

航　　　　宇宙　　　稳　　　　杯
饮　　　　舱　　　密　　　件
固　　　　题　　　浴桶

（4）要记住这些字你有什么好办法吗？

a. 我们可以用"熟字比较"的方式认识：杯 饮

b. 我们可以用"想象记忆"的方式认识：一座古城，四周被围——固

c. 编口诀识记：山上树林密，蜜蜂是益虫。

d. 偏旁识字：宇、航、宙、稳。

e. 联系生活逐步扩词识记：

宇　宇宙　宇宙飞船
航　航空　航空公司
员　队员　少先队员

（5）巩固识字：识字游戏。

（四）学写生字，掌握要点

（1）这节课还有 8 个字需要我们会认会写，出示：杯、失、洗、澡、容、易、浴、桶。

（2）指导学生认识每个字，观察结构及写法，写的时候要注意什么呢？

（3）板书笔顺。同学们伸出手指跟老师书空。

（4）学生练习写生字。

现在我们打开课本第 80 页，注意写字的时候姿势要端正：头正肩平腰直足安。握笔姿势：一尺一寸一拳头。相信你一定写得很好。在课本上把"杯"描一个写一个。开始吧！

（5）用上面的方法学会要求会写的 8 个字。

（五）再读课文，找趣事

（1）课件出示课文第 1 自然段：你知道航天员在太空中怎样生活吗？说起来还挺有趣呢！

① 你能读好这两个句子吗？

② 指导学生朗读。（第一句抓住"怎样""吗"读出悬念。第二句抓住"挺"字，先用换词的方式理解"挺"的意思，再指导把"挺"字读得稍重一点，可以强调特别有趣。）

③ 自己读出有趣。

（2）默读课文，提取关键词，找出趣事。

① 航天员在太空到底有哪些事情特别有趣呢？请同学们自由朗读课文，用直线在文中将所写的趣事画出来。

② 交流趣事：睡觉，喝水，走路，洗澡。

③ 你这是怎么找的？ 引导学生关注段落的关键语句，初步学习如何理解段落的主要内容。

航天员在太空中生活到底怎样有趣呢？下节课我们再接着去感受太空生活的有趣！

（六）精读课文，感悟趣事

请同学们朗读课文第 2～5 自然段，想一想从哪些语句中能感受到太空生活的"有趣"？

1. 航天员睡觉的有趣

你从哪些语句感受到了航天员睡觉很有趣呢？

（1）有趣之一——站着睡觉和躺着睡觉一样舒服。

① 平时睡觉和太空中睡觉对比。

② 理解"舒服"的意思。

③ 在宇宙飞船上，站着睡觉和躺着睡觉给人的感觉是一样舒服，多有趣呀。自己读一读。

（2）有趣之二——要想睡个安稳觉，航天员必须钻入固定在舱壁上的睡袋里。

① 什么是安稳觉？（睡觉没有人来打扰）如果在太空上想舒舒服服地睡个安稳觉，必须怎么样？

② 航天员必须钻入固定在舱壁上的睡袋里才能睡个安稳觉吗？理解"不然"的意思。

③ 这就是宇航员在太空睡觉的方式。想象一下，如果在太空中睡觉的时候，不钻入固定在舱壁上的睡袋里，会发生什么情况？

（4）同学们,如果你正在宇宙飞船里旅行参观,看到这些情景该多么新奇,多么有趣啊! 现在,让我们一边想象着这些画面,一边读读这个自然段,把你的感受读出来。

2. 航天员活动的有趣

（1）请同学们默读第三自然段,画出人在宇宙飞船里活动和在地面上活动有什么不同?

（2）科学家想出了什么好办法,方便航天员在舱体中活动呢?

（3）宇航员在太空中活动视频。

（4）在太空中活动和我们平时活动可真是不一样,太有意思了! 你能把这种有趣读出来吗? 自己试试吧!

3. 航天员喝水的有趣

（1）我们平时喝水都用什么容器? 这是我们平时喝水的容器,真是多种多样。

（2）在太空里喝水用什么呢? 在宇宙飞船里是没有办法用普通的杯子喝水的,得使用一种带吸管的饮水袋,直接把水挤到嘴里。这可真有趣啊!

（3）为什么必须使用一种带吸管的饮水袋呢? 请你在这段话中找一找原因,并把原因画出来。

（4）学习关联词:即使……也……

4. 航天员洗澡的有趣

（1）在太空中睡觉、活动、喝水都很有趣,但洗澡可不是一件容易的事。这是为什么呢?

（2）宇航员要在太空中洗澡,这个难题怎么解决? 密封浴桶的缺点呢?

（3）现在洗澡通常用什么办法?
这可太有趣了,请同学们用你喜欢的方式来读读吧!

（七）感悟全文,拓展延伸

1. 学习最后一个自然段

（1）出示课文最后一个自然段:你看在太空生活是不是很有趣?

（2）这一个问句,说的是什么意思? （太空生活很有趣。）

（3）与课文第一自然段比较,体会首尾呼应的写法。

2. 了解失重现象

（1）太空中生活这么有趣，是什么原因造成的？在文中画出相关的句子。是的，就是因为水处于失重状态，这种现象叫作"失重"。

（2）看失重现象视频。

3. 拓展趣事

（1）太空吃饭。

（2）你还知道宇航员在太空中还可以做什么有趣的事？

八、布置作业，课后延伸

（1）知道了，这么多有趣的事情。老师想请你当一次太空小导游，为身边的人介绍宇航员有趣的太空生活。你们愿意吗？但是，做导游可不容易呢，老师有要求：

① 可以运用书上的内容把话说完整。

② 也可以用了解到的内容把话说完整。

③ 联系生活，大胆想象，把话说完整。

（2）出示导游提示。

【案例分享三】

《牧场之国》教学设计

一、教学目标

（1）认识 8 个生字，理解"端庄、威严"等词语的意思，正确、流利、有感情地朗读课文。

（2）想象、体悟牧场之国中动物的情趣，和作者共振，由衷赞叹"这就是真正的荷兰"。

（3）体会以动衬静、一咏三叹的表达效果。

（4）感悟文章语言的生动性，积累语言。

二、教学重点

想象、体悟牧场之国中动物的情趣，和作者共振，由衷赞叹"这就是真正的荷兰"。

三、教学难点

体会以动衬静、一咏三叹的表达效果。

四、课前准备

多媒体课件。

五、教学过程

（一）课题导入定基调

"牧场之园"这是美誉,带赞美之情读课题。

（二）检查预习初感知

（1）词语。分行分类呈现,读解结合。
（2）荷兰简介。配图片。
（3）开篇的赞叹。对比添加"也是"一词的效果。
（4）主内梳理。白天动物们在牧场悠然的生活及夜晚牧场的寂静。

（三）牛马猪羊找相同

预设牲畜多。交流,读句子。
预设生活得快乐。用词形容,小结:这里是他们的王国,他们是王国的主人。
板书:这就是真正的荷兰。

（四）品味不同悟情趣

自读自悟交流提升。
牛段:主抓牛犊和老牛句。
马段:＿＿＿＿＿＿＿＿。
读写结合后激情读文。
猪羊段:略处理,重品味其角色的情趣。
总结读文。

（五）夜晚牧场揣写法

结合生活经验谈一谈有声音为什么又有如此沉寂之感？小结以静衬动。
读出静美之感。

（六）一咏三叹巧升华

对照板书总结，"这就是真正的荷兰"反复出现用意何在？可以去掉试一试。

（七）拓展练笔树自信

课件展示中国、荷兰及世界其他国家的风情，进行动静描写的小练笔，布置作业。

多元方法，自主学习成为现实

　　一节好的语文课，是追求个别学生的精彩还是追求全体的提升。教学方法改革依赖于使用教学方法的教师素质的提高。同样的教学方法，在不同的教师手中会产生不同的教学效果。所谓"教学有法，教无定法，贵在得法"，课堂上从学生个体需求出发，关注孩子的个性、主体性、整体性，才能让教学方法成为教与学相互作用的活动纽带，教学方法的运用不只是教师的事，还依赖学生的参与，依赖师生之间的积极互动。教师在运用各种教学方法的过程中，还要善于调动学生的主动性和积极性，善于和学生交往、互动，提高教学效果。

　　单一的教学方法总有各种不足，教师要在教学中综合运用多种教学方法。本着提高学生独立思考、发现并解决问题的能力，既"授之以鱼"，又"授之以渔"，同时满足了学生不同层次的知识需求。例如，在教学中采用"先学后教"这一教学方法，可以最大限度地调动学习的积极性，让学生自己主动地学习，这种教学方法可适用于篇幅较长的略读课文。教师综合运用多种教学方法的前提是要认真钻研各种教学方法的特点、作用、适用范围和使用禁忌，在具体教学中选择运用恰当的教学方法，并将这些教学方法进行优化组合，取各种教学方法之"长"而避其"短"。教学方法不是孤立的，方法之间存在关联，互相渗透，任何一种教学方法的作用都是有限的，单纯运用某种教学方法难以取得好的教学效果。

【案例分享一】

《慈母情深》教学设计

一、知识与能力

认识课后生字，理解词语"失魂落魄、震耳欲聋、龟裂"等。

二、情感、态度与价值观

学习描写母亲外貌、语言、动作的重点句、段，体会母亲的慈祥、善良、辛苦和作者对母亲的感激、尊敬、热爱之情。

三、过程与方法

有感情朗读课文,积累自己喜欢的词句。

四、教学重难点

学习这篇课文,重难点是通过描写母亲外貌、语言、动作和神态的语句体验母亲的深情,体会母爱的平凡与伟大。

五、课前准备:多媒体

六、时间:一课时

七、教学过程

(一)感情读题,初品词意

师:同学们,今天我们要学的课文选自梁晓声的小说《母亲》。当慈母这两个字映入你眼帘的时候,你脑海中闪过怎样的画面?

师:把自己的想象、感情带进去读课题。

(生有感情地齐读课题)

师:老师在课题的深字上加了个着重号,这是为什么?

师:作者为什么用这个"深"字,情深在哪里呢?让我们一起学习课文。

(二)检查预习,理解新词

师:请同学们凭预习时的记忆,用课文中的词语完成填空。

(出示课文内容填空)

"我一直想买《青年近卫军》,想得(　　　　)。于是,我来到母亲工作的地方,那里的噪声(　　　　),我发现母亲极其瘦弱。当知道我是来要钱买书,母亲用(　　　　)的手将钱塞在我手里,立刻又陷入了(　　　　)。我鼻子一酸,(　　　　)着钱跑了出去。"

(一生读)

师:你一定发现这段话其实就是课文的主要内容,我们齐读一遍。

师:"震耳欲聋"的是什么意思?

师:龟裂的手看见过吗? 让我们看一幅图片,点击链接词——龟裂,出现龟裂的土地,这就是干涸而裂开的土地,母亲的手就如同这土地裂开了口子。

师:知道"攥"的意思吗?能做个动作吗?

师:它跟握有什么不同?(更用力跟紧)

师:再读这段文字,读着读着你会有什么问题?

生齐读,找到为什么"鼻子一酸"。

师:你向自己的母亲要过钱吗?(有过)你有过鼻子一酸的时候吗?

师:但是读着最后一句,问题来了,为什么我鼻子一酸呢?

三、研读课文,细品词句

师:下面请默读课文,边读边体会。在感动的地方用波浪线工工整整地画下来。

(生按要求边读边画)

师:下面谁来读读,读出你的体会。

预设1:"七八十台缝纫机发出的噪声震耳欲聋。"

(师出示读句子)

师:"震耳欲聋"刚才我们已经知道意思了,那你们听过震耳欲聋的声音吗?在哪里?你什么感觉?你还愿意待在那里吗?(捂着耳朵,很难受,不愿意)

师:把这个感觉送入你的朗读中。(生感情朗读句子)

师:这震耳欲聋的噪声只是响一会儿吗?马上消失了吗?立刻停止了吗?答案就在字里行间,迅速地找出来。

师:再读这一句,把你的想象、感觉读出来。

师:噪声震耳欲聋,母亲却持续工作着。读——

师:明天、后天母亲还将在这震耳欲聋的环境下工作,读——

师:日复一日,年复一年,在怎样的环境下工作?读——

师:假如是你,你看到母亲在这样的环境下工作,你是怎样的感受?

师:再读,表达出你对母亲的关心与疼爱。

师:看到母亲工作的环境如此恶劣,我的鼻子怎能不酸? 下面继续交流你感动的句子。

预设2:"背直起来了,我的母亲。转过身来了,我的母亲。褐色的口罩上方,一对眼神疲惫的眼睛吃惊地望着我,我的母亲……"

师:(出示句子),你一定发现这部分写得非常特别。

生:"我的母亲"出现了三次。

师：对，还有吗？

（生答不到点上。师点拨）

师："我的母亲"放在前面，读读。（出示倒置后的句子）

（生读）

师：把母亲放在后面，你读出特别了吗？

师：我们看过电影、电视里面的慢镜头吗？

生：看过。

师：自己读，感受一下哪个地方给你慢镜头的感觉？

师：细细慢慢地读。通过读，你看到了一个怎样的背？

生读后交流。（极其瘦弱的、背弯曲的背）

师：转过身来了，你看到了一张怎样的脸？（疲劳的脸，有皱纹的脸）那又是一双怎样的眼睛？慢慢看，细细看。（疲惫的、充满血丝的）

师：（《再见警察》乐曲）这是我的母亲吗？不，不是的。记忆中的母亲不是这样的，她曾经有过什么样的背？（挺直的）她曾经有过一张什么样的脸？（年轻的，没有皱纹的，）她曾经有一双什么样的眼睛？（水汪汪的、炯炯有神的）

师：母亲，你那坚挺的背哪去了？你那光洁脸哪去了？你那水汪汪的眼睛哪去了？让我们带着困惑、惊诧来读这句。老师读黑字部分，你们读红字。

（师生合作读）

师：下面同学们黑字部分，老师读红字。

（师生合作读）

师：我的母亲就是这样挣钱的！我的鼻子怎能不酸？

师：还有令你感动的句子吗？

预设3："母亲说完，立刻又坐了下去，立刻又弯曲了背，立刻又将头俯在缝纫机上了，立刻又陷入了忙碌……"

师：如果说前一句是慢镜头，那么这一句是个什么镜头？（快镜头）

师：哪个词给你这样的印象？（立刻）

师：几个"立刻"？（四个）

师：是啊！一人不够，两个。两个不够，三个。三个不够，四个。下面读，读出快镜头的感觉。

师：立刻还可以换成什么词？（迅速、马上、赶紧等）

（出示变词后的句子）请你读这一句，比一比，作者为什么不用下面的词语？

你读出什么不同了？（连用立刻更显出时间紧、忙碌）

师：这四个动作是一气呵成的，那么请再立刻点，一口气读下来。感觉怎么样？（喘不动气）

师：同学们读得太快了，觉得有点受不了。你不过是动了下嘴皮子，而母亲却是一连串的动作啊！带着这样的理解齐读。看到母亲竟然处在这样的工作环境中，我的鼻子怎能不酸？

插入介绍：同学们，当时梁晓声的父亲在遥远的大西北工作，母亲在这家工厂打零工，每月只有27元的工资。梁晓声兄妹5人，包括母亲在内全家六口人的吃穿用度都靠母亲这微薄的27元工资来维持。他向母亲要多少钱？（一元五角）你们知道一元五角在当时是什么概念吗？当时一个学生每个学期的学费是3元，梁晓声全家六口人平均每天的生活费是一角五分钱。这一元五角相当于他们十天的生活费呀！

师：当我向母亲伸手要钱时，母亲是怎样的表现？读课文，画出有关语句。当旁边的女人大声呵斥我时，母亲又是怎样说，怎样做的？

（生边读边画，然后交流。师出示句子："母亲却已将钱塞在我手心里了，大声对那个女人说：'我挺高兴他爱看书的！'"）

师：哪个细节让你特别有感触？（塞）

师：读，细细地体会一下，这是怎样的一"塞"？（这是迅速的一"塞"，这是慈爱的一"塞"）

师：带到句子中读。

师：这是慷慨的一"塞"，毫不犹豫的一"塞"。带着这样的感受读句子。

（生有感情地朗读）

师：母亲塞到我手里的只是钱吗？那更是母亲的爱、期盼、汗水与心血。

四、拓展想象，升华词句

师：那个时刻，我鼻子一酸，跑了出去。

师出示句子"我鼻子一酸，攥着钱跑了出去……"

师：请注意句末的省略号。当时作者我内心一定感慨万千、思绪万千、情不自禁，他会一遍又一遍地对着震耳欲聋的噪声说，对着瘦弱、弯曲的脊背、对着毅然塞在我手心里的钱的母亲说出此时此刻的心里话。拿起笔，写下来。

（学生交流）

师：你们已经懂得了母亲的爱。那么你们也一定理解了这句话。

出示：我想我没有权利用那些钱再买任何别的东西，无论为我自己还是为母亲。

（学生交流）

师：母亲的话，母亲的行为感染了我。使我懂得了要做一个孝顺、呵护母亲的人。因此才有了我后来的成就。出示梁晓声简介。

其实不只是梁晓声的母亲，我们的母亲也同样深深地爱着我们。从我们出生的那一刻起，我们就一直沐浴在母亲温暖的关爱里。

师：现在让我们端端正正地坐好，注视着屏幕，用你的心灵感应这曲满文军唱给母亲的歌——《懂你》。

（播放歌曲，屏幕随着歌声变换有关母子图）

教师插入介绍：还记得我们生病时，母亲那焦急的神色吗？还记得一汤匙一汤匙喂我们饭时，母亲那慈祥的笑容吗？还记得我们有一点小意外时，母亲那心疼的目光吗？今天我们回家后，一定要看看母亲的头上是否已增添了一缕银色？母亲的脊背是否已变得弯曲，轻轻摸一摸母亲的双手是否已变得粗糙，从现在起，好好地爱我们的母亲吧！

歌曲完。随即出现两行鲜红的大字"谁言寸草心，报得三春晖"。

板书设计：

18、慈母情深

母亲：瘦弱　辛劳　贫穷　通情达理

儿子：感激　崇敬　热爱

【案例分享二】

《和时间赛跑》教学设计

一、设计理念

《和时间赛跑》是人教版三年级下册第四单元的一篇课文，课题"和时间赛跑"既是文章的重点，又是全文的中心所在，文中的"假如你一直和时间赛跑，你就可以成功"这一人生启示，也与课题息息相关。所以教学本课时，我采取"牵一发而动全身"的方式，引出问题，启发学生思考，进而在探究问题的过程中辐射全篇，使全篇的教学"形散而神不散"，最后达到披文入理、感悟人生的目的。

二、教材分析

《和时间赛跑》是一篇清新、淡雅而又略带忧伤痕迹的散文。"我"因外祖母去世而悲伤不已,后来听了爸爸的一席话,看到太阳落山、鸟儿飞行等自然现象,明白了为什么要珍惜时间,并在和时间赛跑的经历中,体会到了应该怎样珍惜时间。

课文给我们以深深的启示:虽然"光阴似箭,日月如梭",虽然"所有时间里的事物,都永远不会回来了",但是,"假若你一直和时间赛跑,你就可以成功"。使学生在阅读时获得这一启示,引导他们对这一问题有所感悟,是课文学习的重点。由于时间的概念比较抽象,学生对时间概念也比较模糊,因此,引导学生感受珍惜时间的意义,是课文学习的难点。在阅读时紧密联系学生的学习生活经历加深体验,是突破难点的重要途径。

三、学情分析

时间是非常抽象的概念,对于三年级的学生来说,他们对时间的理解可能很肤浅,或许仅仅停留在数学知识的层面,而非生活的高度。在学习本课时,可以在学生已有认知水平的基础上开展教学,使学生通过阅读体会时间的宝贵,形成珍惜时间的观念。

四、目标预设

(1)知识目标:会认 6 个生字,能正确读写词语。

(2)能力目标:有感情地朗读课文,体会重点语句的含义,背诵自己喜欢的段落。

(3)情感目标:懂得珍惜时间,形成正确的时间观念;养成主动思考和自觉积累的习惯。

五、教学准备

学生准备:搜集有关时间的名言。

教师准备:多媒体课件。

六、教学过程

(一)情境引入,思想共鸣

课前播放《时间都去哪儿》。

师:孩子们,这歌你听过吗?知道歌里唱的是什么吗?

生:时间。

时间一去不复返,今天这节课我们一起分享一篇美文,它的题目就叫《和时间赛跑》,请同学们齐读课题。

师:课题要读得短促,和时间赛跑,预备起!

(二)初读课文,整体感知

1. 初读课文,学习生字词语

师:这篇文章是台湾著名的散文家林清玄写的,课文写的是他读小学三年级时候发生的事情。那么我们今天对时间的认识,和当时的林清玄一样吗?让我们一起走进《和时间赛跑》。大家预习过没有?师:真好!读书百遍,其义自见。为什么要和时间赛跑?请同学们打开书大声朗读课文,注意读准字音,读通句子。不理解的字词多读几遍。

2. 检查预习情况

(1)课件出示生字词。自由读,小老师读,齐读。

(2)师:词语掌握得很好,生字你认识了吗?

课件出示:小老师领读。说一说,你记住了哪个字?交流识字方法。

指读。哪个字你觉得难写?或者你想提醒大家?指导写字:赢。

(3)课文当中还有三组词语,会读的小朋友请举手!

课件出示:忧伤——哀痛;着急——悲伤;高兴——快乐。

这三组词语都是写什么的?作者的心情。

学贵有疑。请同学们默读课文思考:作者为什么忧伤,哀痛;又为了什么着急悲伤;为什么高兴快乐?可以拿起笔来,勾一勾,画一画。学生默读,教师巡视。交流,指答。

课件出示:我的外祖母去世了,我十分(　　　　);我看到时间过得很快,我感到有点(　　　　);后来跟时间比赛,每次比赛胜过时间我都很(　　　　)。

(三)共同品读,在读中理解文本,体验情感

(1)上小学三年级的时候,林清玄的外祖母去世了,他十分忧伤和哀痛。去世是什么意思?他哀痛到什么程度?指读。

(2)爸爸为了安慰我,跟我谈话,而这段话对当时的我来说,却是一个谜。那我们先来揭开这个谜。

(3)课件出示:品读第4自然段。

下面请同学把第4段认认真真地读,边读边思考:爸爸说的哪一句话才是真

正的谜,把这个谜找出来。

师:作者当时读小学三年级,还不能理解,我们能理解这个谜吗?开火车读,一人读一句。

生:所有时间里的事物都不会回来了,时间把外祖母带走了。师:时间还把什么给带走了?

生:时间把昨天带走了。师:谁的昨天?

生:作者的昨天。师:时间还把什么带走了?

生:时间还把爸爸的童年带走了。

师:时间带走的仅仅是"作者的昨天","爸爸的童年"和"外祖母的生命"吗?

生:还带走了时间里所有的事物。

师:是不是一个人的所有事物?

生:所有人的昨天,所有人的童年,所有人的生命。(教师板书:昨天 童年 一生)

师:(指第一位学生)你读的第一句话跟后面的话有什么联系?

生:先是昨天,再是童年,再是过完我的一生。

师:对的,但是没说清楚。你看,这三个时间段,哪个长,哪个短?

生:昨天最短,童年长一些,一生最长。

师:他是按照时间从短到长的顺序排列的。短的时间过去了,长的时间也过去了。所以我的心情就越来越——

生:着急。师:越来越——生:悲伤。

师:因为我们的一生都会被时间带走的。现在你来读第一句话。

生:所有时间里的事物,都永远不会回来了。

师:你现在知道这句话和后面三句什么关系?

生:把后面三句都包括进去了。

师:对的,这句话是总写,也就是概括地写,下面三句话是具体地写。

师:好,带着这样的理解,同桌一起把爸爸说的这番话读一遍。要读出你们的理解。

师:小朋友想不想听老师读?(范读)谁来评一评?

师:说得真好!无论是短的还是长的时间,都终将消失在时间的流里。时间就是这样的无情,它带走一切的一切!永远不会回来了……就是今天上的课,终将也会被时间带走。有了这样的理解,你再读这段话,一定会有更深入的体会。(音乐响起,找名学生深情朗读)

师：平平淡淡的几句话,告诉我们,面对时间的流逝,爸爸是怎样的无奈,又是怎样的伤感啊。这就是林清玄这样的散文大师的魅力!这样的文字我们要一读再读。我相信,我们很多同学已经把这段话深深地记在了心里。(生深情背诵第4自然段)

2.师：爸爸等于给我说了一个谜,往下读——(生读完第5自然段)

师：(来到当时提出关于"可怕"这个问题的学生身边)你站起来说说,为什么这个谜比"一寸光阴一寸金,寸金难买寸光阴"还让我感到可怕?

师：理解得真好!谁提出"一种说不出的滋味"是什么?请你来说说,这是一种怎样的滋味?

生：一种很难过的滋味,愧疚的滋味,忧伤的滋味……

师：很多很多,说不出来那就读出来吧!　(生读第5自然段)

3.品读第6、7自然段

师：同学们,外祖母的突然离世,和爸爸那番意味深长的话,对作者的触动很大。从此,他所看到的平平常常的事物,都和过去不一样了。每天升起的太阳在他眼里不一样了。(出示关于太阳的句子)

师：每天在空中飞来飞去的小鸟,在他的眼里,也不一样了——(出示)

师：同学们,无论是你的昨天,爸爸的童年,外祖母的一生,也无论是沉下去升起来的太阳还是在天空中飞来飞去的小鸟,它们都一次又一次告诉我们——(音乐起,屏幕用诗歌的方式呈现第4段)

4.读写结合,当堂训练

仿写诗歌《时间》。

师：读着读着,我们仿佛把课文读成了一首诗,这首诗的题目就叫《时间》。(指生配乐朗诵,教师学生合作朗诵)

师：孩子们,时间一去不复返。读着读着你也许想起了身边的很多事物也永远不会回来了。请同学们拿出本子,仿照这几节的写法,写几句话。写一写在你眼里哪些事物跟昨天不一样了。

(生在淡淡的背景音乐中书写,师巡视)

师：请一些同学来读读自己的诗句……

5.品读第8～10自然段

师：同学们,这就是时间!从昨天走到今天,又从今天走到明天,最终把一切都给带走了。但是林清玄并不是一味地在时间面前忧伤、悲哀、着急,他选择了和时间赛跑。请同学自由朗读剩下来的部分,拿起笔,找找从哪些地方读懂了林清玄一直和时间赛跑?

师：正因为一直和时间赛跑，所以受益无穷，也就是收到了很多的益处。

师：读一读这段话吧——

生："虽然我知道人永远跑不过时间，但是可以比原来跑快一步，如果加把劲，有时可以快好几步。那几步虽然很小很小，用途却很大很大。"

师：这句话我想借助一段资料帮助大家理解。

师：这样一位了不起的作家你想见他吗？ 2009 年 4 月，林清玄参加了在绍兴举行的全国第四届班级读书会活动。那次会上，他走上讲台，底下很多老师那天都像大家一样哗然失笑，林清玄很坦然地说，我知道你们看了我的样子一定会笑，你们一定在想：林清玄怎么可以长成这样？然后他又摸摸自己的额头说，如果你们也像我一样，不到 40 年的时间，写了 100 多本书，也许你们这里比我更荒芜。台下又一阵哄然大笑。

师：你看，看起来很小很小的一些积累，贡献却很大很大啊！同学们，你现在再来读读这句话，关于时间，关于生命，一定有了更深的理解，如果此刻，林清玄伯伯就站在我们的课堂上，你想跟他说点什么？

师：是啊，我们都应该感谢林清玄，是他告诉我们，（出示）假若你一直和时间赛跑，你就可以成功。

四、拓展延伸，真切感受珍惜时间的必要性

师：这篇文章是林清玄三十岁时写的。随着时间的流逝，他度过了三十一，三十二，三十三岁……一直到四十岁，10 年过去了，他对时间又有了新的认识，又写了一篇跟时间有关的《与太阳赛跑》，我们一起来合作朗读其中的片段吧——

到了四十岁，可能说不出"我跑赢太阳了"这样有豪情的话。

但是，每天我起床的时候，对着镜子的第一件事就是对自己的影像说："嗨！让我们今天来为生命创造一点什么吧！"

我，宁与微笑的自己做拍档，不要与烦恼的自己同住。

我，要不断地与太阳赛跑！不断穿过泥泞的田路，看着远处的光明。

——节选自林清玄《与太阳赛跑》

五、拓展阅读

（1）朱自清先生也曾写过一篇关于时间的散文，叫作《匆匆》：洗手的时候，日子从水盆里过去；吃饭的时候，日子从饭碗里过去；默默时，便从凝然的双眼前

过去。我觉察他去得匆匆了，伸出手遮挽时，他又从遮挽着的手边过去……

（2）珍惜时间的名言。

六、作业

（1）与经典为友，与名家握手，选择林清玄的作品来读读。

（2）读读朱自清的《匆匆》。

（3）搜集、积累有关珍惜时间的名言警句，可以选择一个做座右铭。

板书设计：

和时间赛跑（就能成功）

林清玄

昨天、童年、一生……

【案例分享三】

《老人与海鸥》教学设计

一、教学目标

（1）有感情地朗读课文，感受老人与海鸥之间深厚的感情。

（2）在感受人与动物之间真挚感情的同时，学习如何把这种感情真实、具体地表达出来，并进行语言积累。

二、教学重点

练习用较快的速度阅读课文，抓住描写老人神态、动作和语言以及描写海鸥动作的重点语句，体会蕴涵其中的深厚感情，并揣摩作者是如何把老人与海鸥之间的感情写具体的。

三、课前准备

（1）收看关于动物方面的科普电视，尤其关注海鸥。

（2）收集关于"海鸥老人"吴庆恒的资料。

四、教学过程

第一课时

（一）创设情境，导入新课

（1）出示海鸥与老人图片，你看到了什么呢？

（2）今天我们要学习的就是一篇人与海鸥之间的真实故事。看着老师写课题，齐读。

（3）说说读了这个课题，你想了解些什么？

（二）检查效果，整体感知

（1）检查字词认读。

（2）通过读书，你弄懂了哪些内容？（概括主要内容）

（3）如果请你用一个词语概括老人与海鸥之间的关系，你会选择一个什么词？（如果学生说不出来，可提示：其实，课文里就有这个词语，看谁能最先把它找出来。出示那句话，齐读）

（4）理解什么是"亲人"。你觉得课文中是谁把谁当成亲人？

（5）是的，不仅仅是老人将海鸥当成了亲人，而海鸥也将老人当作了自己的亲人。

（6）下面，请同学们用较快的速度默读课文，看看课文的哪些段落写出了老人把海鸥当作了亲人，哪些段落写出了海鸥把老人当作了亲人？

（7）抽生回答。分成两部分，第1～13段这部分表现了老人对海鸥无私的爱，第14～17段这部分表现了海鸥对老人那份令人震撼的情。

（三）品读课文，感悟深情（老人对海鸥的爱）

请默读课文的第一部分，边读边想，哪些地方可以感受到老人把海鸥当作了亲人，关心照顾，让你印象深刻？勾画出相关的语句，并在感受最深的地方作批注。提示：注意抓住老人的外貌描写、动作描写、语言描写、神态描写。

1. 外貌描写

他背已经驼了，穿一身褪色的过时的布衣，背一个褪色的蓝布包，连装鸟食的大塑料袋也用得褪了色。朋友告诉我，这位老人每天步行二十余里，从城郊赶到翠湖,只为了给海鸥送餐,跟海鸥相伴。

（1）从老人的外表描写,你能感受到什么？（勤俭、贫穷）（为什么连用抓三个"褪色"？）

（2）老人是怎么来的？老人背是驼的,为什么不坐公交车？你从中体会出什么？（老人无私地对海鸥的付出,这是源于老人对海鸥的爱。）

（3）老人仅仅是一个冬天这样来到翠湖边给海鸥喂食吗？看看课文后面哪句话说明他不是一个冬天来给海鸥喂食？

课件出示:"朋友告诉我,十多年了,一到冬天,老人每天必来,和海鸥就像亲人一样。"

十多年啊,十多个冬季,多少个日子啊……这十多年的日子每天都阳光明媚吗？会有什么日子,会遇到什么困难呢？（出示课件,学生填写）

无论_____,老人每天_____。

无论_____,老人每天_____。

无论_____,老人每天_____。

（4）十多年的日子,有多少风风雨雨,可是老人来了,只为了给海鸥送餐,跟海鸥相伴。这里有一份老人的账单,请看——

（5）读了这段文字,再看看老人那褪色的衣服,此时你又有什么体会？

（6）师:十多年的冬天,几千个日子,几万里的路程啊,老人与海鸥就是这样相依相伴,在老人的心中,海鸥就像他的——生:儿女;在海鸥心中,老人就是他们的——生:父亲。老人与海鸥,他们就是——生:亲人。这是一份多么深沉的爱啊！请读出这份爱。齐读,一起来将这段话有感情地读一遍。

2. 动作描写

老人把饼干丁很小心地放在湖边的围栏上,退开一步,撮起嘴向海鸥呼唤。立刻便有一群海鸥应声而来,几下就扫得干干净净。老人顺着栏杆边走边放,海鸥依着他的节奏起起落落,排成一片翻飞的白色,飞成一篇有声有色的乐谱。

（1）师:这位同学画的是老人喂海鸥的片段。从这个片段中你读出了老人与一般人喂海鸥有哪些不同？（饼干丁）哪几个词语最能表现出老人对海鸥的关心照顾？

（生抓住几个动词说）

（2）师:那老人喂海鸥的节奏应该是怎样的？

生:老人喂海鸥的节奏是时而快时而慢的。

（3）师:老人喂海鸥为什么时快时慢？

（生：①海鸥多就快,海鸥少就慢。②海鸥吃得快就快,海鸥吃得慢就慢。）

（4）师：多有意思啊！表面上看来,是海鸥依着老人的节奏在起起落落,而事实上是老人在依着海鸥的节奏边走边放。

海鸥来得多了,吃得快了,请你欢快地读读。（生①读）

海鸥来得更多了,吃得更欢了,请你更欢快地读读。（生②读）

海鸥吃得心满意足了,老人也放慢了速度,谁能这样来读读。（生③读）

（5）师：这起起落落的海鸥,翻飞的白色,谱成了一篇有声有色的乐谱。在这乐谱里,你仿佛看到了什么？听到了什么？

（海鸥的鸣叫。海鸥扑翅膀的声音。老人的笑声,他在呼唤海鸥的声音。海鸥在扑着翅膀吃食。海鸥们围着老人飞,老人的笑容洋溢在脸上。）

（6）师：你们看到了那么多,听到了那么多,感受到了那么多,让我们拿起书再来读读这段话。老师读老人的表现,大家读海鸥的表现。（合作读）

3. 语言描写

过渡：

师：这么和谐的画面,让我们感受到的是老人与海鸥浓浓的亲情呀！还有哪儿你感受到老人对海鸥像亲人一样？

在海鸥的叫声里,老人抑扬顿挫地唱着什么。侧耳细听原来是亲昵得变了调的地方话——"独脚""灰头""红嘴""老沙""公主"……

（1）这位同学找的是写老人呼唤海鸥的句子,你觉得老人呼唤海鸥与一般人有什么不同？你从中体会到什么？

（2）通常谁会给谁起名字？（父母会给自己的孩子,长辈给晚辈）

（3）他是用怎样的语调呼唤这些孩子的？

理解"亲昵""抑扬顿挫"。

（4）这哪是在叫啊,这分明一首歌。谁来把这一段读一下。学学老人抑扬顿挫地呼唤海鸥。

4. 神态描写

谈起海鸥,老人的眼睛立刻生动起来。

（1）生动是怎样的表情？

（2）老人为什么谈起海鸥就会有这样的神情？

老人望着高空盘旋的鸥群,眼睛里带着企盼。

（1）师：都说眼睛是心灵的窗户,老人在企盼什么？

（老人在企盼能到海鸥休息的滇池边去看看,企盼着明天海鸥再飞来。）

（2）师：你读懂了老人的心，抓住了"企盼"的眼神就能读好这一自然段。齐读。

（四）品读课文，感悟深情（海鸥对老人的送别）

（1）老人十年如一日，风雨无阻，照顾、喂养海鸥，和海鸥结下了深厚的情谊。可是有一天，老人去世了……当老人的遗像出现在湖边的时候，意想不到的事情发生了。请同学们快速默读课文第15～17自然段，想一想，海鸥的哪些举动让你意想不到。画出令你感动的句子，抓住关键词语，认真体会。

（2）汇报自学所得，教师相机点拨。

1. 遗像旁的景象

一群海鸥突然飞来，围着老人的遗像翻飞盘旋，连声鸣叫。叫声和姿势与平时大不一样，像是发生了什么大事。

（1）为什么叫声和姿势与平时大不一样？

（平时海鸥会以高兴的语调欢迎老人，见到老人是无比快乐的。而此时老人不见了，只剩下遗像，海鸥惊恐、疑惑更感到悲伤。这句话中感受到海鸥已经意识到今天的老人与平时大不一样，不说话，也不给它们喂食，它们明白老人已经去世了，所以它们翻飞盘旋，连声鸣叫，声声在呼唤老人。）

（2）师：是呀，它们连声鸣叫着，是在急切地呼唤自己的亲人哪！你能把这种急切的心情读出来吗？

（抽生读，齐读）

2. 瞻仰遗容

海鸥们急速扇动翅膀，轮流飞到老人遗像前的空中，像是前来瞻仰仪容的亲属。

过了一会儿，海鸥纷纷落地，竟在老人遗像前站成两行。他们肃立不动，像是为老人守灵的白翼天使。

（1）瞻仰、守灵是人类做的事，海鸥做了，为什么？

（为老人守灵，与老人做最后的告别，已经把老人当成了自己的亲人。因为老人十年如一日照顾喂养海鸥，把海鸥当作是自己的亲人，海鸥也把老人当作它们的亲人。）

（2）师：你会联系上下文来理解课文，非常好。从这段话你还感受到了什么？

（生：海鸥也像人一样，它们有着人一样的情感。从"纷纷落地"能够看出海鸥们虽然没有人指挥，却如同有人指挥一样站成两行。从"站成两行"能够看出海鸥们对老人的敬仰和爱戴。它们"肃立不动"能够看出它们对老人的去世非常悲痛、非常难过。我从这句话中感受到了老人去世后,海鸥们对老人的怀念与牵挂。)

(3)师:你能把自己的感受通过朗读表现出来吗?

(学生有感情朗读。)

(4)师:这样的场面,相信无论谁都会为之动容。海鸥们像炸了营似的朝遗像扑过来。他们大声鸣叫着,翅膀扑得那样近,我们好不容易才从这片飞动的白色旋涡中脱出身来。

(在学生找出上述一句时出示下面两句话,让学生阅读、比较,体会"扑"字的深刻含义和作者用词的准确。)

3. 搬动遗像

海鸥们像炸了营似的朝遗像扑过来。他们大声鸣叫着,翅膀扑得那样近,我们好不容易才从这片飞动的白色旋涡中脱出身来。

1. 你觉得课文中的"扑"能不能换成"飞"?

(生:我认为不能换成"飞",因为"扑"的速度快、力量大一些,说明海鸥对老人的感情特别深,舍不得让老人离开。)

2. 它们为什么要这样做?

(海鸥舍不得老人离去,希望老人留下来,永远和它们在一起,哪怕只是老人的一张像也好。因为海鸥和人一样,也是有感情的,而且很丰富,他们和老人建立了深厚的感情,他们失去了一位好朋友,感到伤心、难过。)

3. 你还抓住了那些词,体会出什么?

(从"飞动的白色旋涡中"我体会到了海鸥们是那么舍不得老人,他们在用自己特殊的方式,表达对老人的留恋,体现了海鸥对老人那令人震撼的深情。)

(五)想象情景,诉说心声,随堂练笔

(1)是呀,面对老人的遗像,海鸥们翻飞肃立,声声鸣叫,是在表达着对老人的呼唤,是在诉说着自己的思念。

(2)(出示画面及写话提示)想象一下,海鸥们似乎在想些什么、说些什么呢?假如你是那群海鸥中的一个("独脚""灰头""红嘴""老沙""公主"……),此时此刻你会诉说些什么?先想一想,再写下来吧。

（3）交流写话，升华情感

师：写好后先读给同桌听一听。

师：下面就请同学来代表海鸥站在老人的遗像前，说一说心里最想说的话吧。

师：真心的表白，太感人了！还有谁要说吗？

师：相信老人已经听到了你的呼声。还有谁想倾诉你的衷肠？

师：此时，老人一定听到了懂事的孩子让老人放心而去的话语。

师：这么多的海鸥来给老人送别，哭诉的场面是多么悲壮啊！从同学们的声声倾诉中，可以看出课文深深打动了每一位同学，深深感动了老师，也会深深触动每一位读者的心灵。

（4）师：老人去世后，他心中恋恋不舍的是什么呢？让我们齐读课文的最后一个自然段。

（六）总结全文，升华情感

（1）如今，海鸥老人的事迹感动了昆明的市民们，在翠湖边，市民为了纪念这样一位关爱动物的老人，为他修筑了一座铜像。（出示课件）每到海鸥飞临翠湖边的季节，就会有许多市民像当年的老人一样，给它们喂食。老人虽然已经去世，但他关爱动物的善举将永远在人们中间传承下去！

（2）看着这幅画面，学了这篇课文，你想到了什么，想说些什么呢？

（3）让我们再次有感情地朗读一遍课题。

（七）作业设计

（1）选读一篇最打动你的描写人和动物之间深厚感情的文章，写一篇读后感。

（2）推荐阅读《我的野生动物朋友》。

（八）板书设计

喂

老人（亲人）海鸥

送

《老人与海鸥》教学反思：《老人与海鸥》一文选自人教版六年级上册第七组的第一篇课文。这组文章讲述了发生在人与动物、动物与动物之间的感人故事，展示了动物丰富的情感世界。《老人与海鸥》就是这样的一篇课文。讲述了昆明一位叫吴庆恒的老人十几年如一日，如亲人般照顾喂养翠湖边的海鸥。当老人去世后,海鸥自发为老人守灵,不忍离开自己的亲人。

这节课我的主要教学目的是让学生通过充分的朗读来体会海鸥对老人深深的、犹如亲人般的感情。在教学过程中,师生间配合非常默契,教学活动很流畅,老师和学生都充满了激情,但是这节课读得还不是非常充分。

语文教学要"读"占鳌头,特别是阅读教学中,如果离开了声情并茂的朗读,只是老师串讲,那这样的阅读教学是残缺的。读应该面向全体学生,指名读太多。应该多一些生生间、师生间的对话,进一步指导朗读,体会海鸥对老人的感情。要以读代讲,以读悟情。

整本书阅读，置学习于趣味之海

在《关于亲子共读的十条建议——为什么说阅读影响智力》一书中倡导"整本书阅读"。作为课程的任务，它的进步性和价值究竟表现在哪里？被作为课程任务，作为重要的"亮点"，它是不是也说明我们的教育遇到什么问题了？两千多年以来，人们的阅读并非一直在黑暗中摸索，我们的先人，不但没有人教过他"整本书阅读"，甚至连基本课程也没有，却写下那么多书要我们这代人教"整本书阅读"，而且还要"培训"、要"研讨"，这就不能不直面当下的社会阅读状态。"整本书阅读"的提出并非小题大做，而是不做不行了。

初读一本书后，可以让学生复述内容。教师出示一些句子让学生用自己的话解释词语和表面句意。针对理解全书或章节起重要作用的词语提问。对包含不易理解的词汇、结构复杂的句子设计问题。这属于复述和解释的范畴。

"授人以鱼，不如授人以渔。"做任何事情都要讲究方法，这样才能事半功倍，读书也是如此。然而，小学生年龄小，阅读时往往浮于表面，读书走马观花，随意性强，这样就不能提高阅读的质量。只有教会学生快速、准确运用合适的阅读方法，课外阅读才会有实效。下面以《鲁滨孙漂流记》为例，谈谈应如何引导学生来读整本的书。

【案例分享一】

《鲁滨孙漂流记》好书推荐课设计

一、导入

同学们，老师想先和大家一起来看一个实验。国外一个研究机构开展了一项有趣的挑战实验，只要在他们提供的能保证基本生活需求的房间里待够 30 天，就可以获得 1000 万元的奖励，你猜有多少人报名？有三人报名参加。让我们一起来看看这三个人的实验情况。

两女一男被安排在各自封闭的房间，他们在此与世隔绝，实验才刚开始几个小时，一名女性忽然号啕大哭，坚持不住，就退出了，剩下一男一女状态也很差，接下来又加入一名女性,过了 24 小时,她开始出现奇怪举行,仿佛看到幻觉一样,但是依然选择坚持下去,直到第五天所有人同时选择了放弃。

一个人,在一间生活有基本生活保障的房间里,最多坚持了 5 天。但还有一个人,他在一座孤岛上,坚持了 28 年 2 个月 19 天。这大约是 10299 天,与前面坚持最多的人相比,是他的 2059.8 倍。这个人就叫鲁滨孙,也是这本书的主人公,今天老师要给大家推荐的这本书就是《鲁滨孙漂流记》。

这本书一经问世,就风靡全世界,几乎译成了世界上所有的文字。据说,除了圣经之外,它是世界上出版最多的一本书。

二、整体感知

听说我们班同学都很爱读书,大家也积累了丰富的读书经验,拿到一本新书,你首先是怎样开始阅读的呢?

预设:看目录、看封面、看封底、看前言。

原来我们是这样开始读书的。用你喜欢的方式先来了解一下这本书吧。

(一)封面

谁愿意先和我们来分享一下你从封面上获取的信息。

1. 介绍作者

对于本书的作者笛福,你有哪些了解?

谁能结合课件来介绍一下作者?

2. 创作背景

《鲁滨孙漂流记》这本作者一生之中最成功、最著名的这部小说是如何创作出来的呢? 这来源于一个真实的故事。

在 18 世纪初,英格兰的大街小巷,人们到处议论着一个传奇的人物,讲述着一个离奇的故事……谁来接着往下讲。

了解一下创作背景会让我们更好地走近作者和理解故事。

(二)目录

(1)书的目录也是大家十分关注的地方。请同学们认真看目录,透过目录,猜猜这本书主要写了什么?

是否和你猜测的一样呢? 答案只有走进书中才能揭晓。

(2)同学们,书页已缓缓打开,这个神奇的世界正在邀请你一起去探险,来吧，让我们一起走近书中感受。（板书：一个人、一座岛、28年生存的故事。）

三、片段赏析

（一）初识鲁滨孙

（1）先让我们走近这一个人。

出示课件：1632年，我出生于英国约克市一个体面人家……

（2）老师节选了书的最开始的部分，请用自己喜欢的方式读一读，看看你对本书的主人公有了哪些了解。

（3）你觉得他将来会过一种什么样的生活？为什么？

这真是一个令很多人都向往的将来。但鲁滨孙可不是这样想的。因为——

（4）出示：我心底却埋藏着一颗种子——从小就一心想出洋远游四海。

（5）他是这样想的也是这样做的。让我们先来看看他的第一次航海历程。老师从书中找到了这些关键词，让我们借助关键词，猜测一下鲁滨孙当时遭遇到了什么？

（6）你的猜测是否正确呢？让我们一起来看一段视频感受一下当时的情景。

（7）视频先看到这里，如果你是鲁滨孙，还会继续选择航海远洋吗？

会……

不会……

（8）因为在我心中有一颗种子……

在他的一生中，还经历了许多次险象环生的航海，第四次他遇到更可怕的海难，最终流落到了荒岛上。

同学们想象一下，荒岛是什么样子的？

猜一猜他在这里会遇到什么困难？

他最亟须解决的问题是什么？

（9）美国著名的社会心理学家马斯洛将人的生理需求分为了5个层次。就像同学们所说的，首先要解决生理上的需求。比如吃饭、睡觉。然后我们得有个住所，避免疾病缠身，我们还需要有朋友、家人才会不孤单，还需要得到别人的尊重，最终实现自我价值。

（10）对于鲁滨孙来说，他在荒岛上也要先解决吃的问题。同学们有没有读过这本书的，谁来说说他刚上岛的时候吃什么？

但这毕竟不是长久之计，几年后他不得不考虑要开始制作主食，制作面包。

（11）咱们班同学有没有做过面包的？或者看到过别人做面包、做馒头的？

请举手。

我们来交流一下,做面包需要哪些食材?或者工具?

把你想到的写到卡片上,贴到黑板上。

(12)同学们看,原来我们制作面包需要这么多的材料,那鲁滨孙制作面包也需要这些材料,你有什么疑问?

(13)现在快速阅读第 57 ~ 60 页,看看能不能解决你的困惑。

(14)通过阅读,你解决了哪个困惑?有什么感受?

同学们看,他靠着自己的智慧、坚持、劳动不仅满足了最基本的需求,有了面包,而且他还有了住所和各种工具,还有了伙伴,让自己不再孤独。

(15)你一定也想知道他是如何拥有这一切的?那就结合目录,选择你最感兴趣的章节来阅读吧。

四、制订阅读计划

(1)因为时间关系,我们不能再课堂上把整本书读完,要想更好地了解故事情节,感受人物特点,拓展同类阅读书目,那还需要我们制订一个读书计划。

(2)你们感觉做读书计划,要从哪几个方面入手?同学们,你们看我们班的同学在读书的过程中,通过这些活动丰富了自己的读书过程和体验。

(3)制订计划,并展示。

(4)读完这本书,你会发现,这本书展示给我们的不仅是鲁滨孙荒岛求生的过程,更是他人生价值的自我实现。

那就和鲁滨孙一起走进这个荒岛秘境,你的许多问号终将拉直变成叹号。

小组合学，轻松空间里的高度参与

　　小组合作学习拓宽了学生学习的空间，将学生个体间的学习竞争关系改变为"组内合作""组间竞争"的关系，还将传统教学中的师生之间单向或双向交流改变为师生、生生之间的多向交流，提供了较为轻松、自主的学习环境，学生有更多的机会发表自己的看法，提高了学生的参与度，提升了学习带来的愉悦的情感体验。

　　合作学习把学生由旁观者变为参与者，提高了学习的积极性。合作学习过程中，成员需要共同分担学习任务，集思广益，各抒己见，人人尽其所能，为发展学生的合作品质、提高学生的综合素质以及终身学习的能力打下坚实的基础。

【案例分享一】

《小毛虫》教学设计

一、教材分析

　　《小毛虫》一课，这篇课文是意大利著名的艺术家达·芬奇为小朋友写的寓言故事。一条可怜而又笨拙的小毛虫并不悲观失望，而是尽心竭力地做着自己的工作，终于它变成了一只灵巧轻盈的蝴蝶。通过毛虫的羽化，告诉每个孩子不要因为自己不如别人而感到自卑、失望，要乐观、充满信心。唯有这样才能感受生活的快乐和美好，才能真正有所为。

二、教学目标

（1）正确认读"昆、怜"等16个生字；正确描写"整、抽"等8个生字。

（2）正确朗读课文，在阅读中理解并积累"生机勃勃、尽心竭力"等词语。

（3）能运用"边读边思，展开想象，抓住关键词句"等方法理解课文内容。

（4）懂得在任何时候都不能悲观失望，要尽心竭力做好自己的事的道理。

三、教学重难点

（1）正确读文，识记、书写生字。

（2）能通过有关词句，讲述小毛虫的经历，并懂得在任何时候都不能悲观失望，要尽心竭力做好自己的事的道理。

四、教学过程

（一）课前：诵诗《一万倍》

每个生命都是与众不同的，经过努力都可以用美丽一万倍的姿态出现。露出你的笑容，带上好心情，让我们一起开启一段美好的旅程吧，上课。

今天就让我们一起来认识一条比原来美丽了一万倍的小毛虫。伸出手来和老师一起写课题，齐读课题。

（二）初读课文

请同学们翻开课本第96页把课文读一读，注意读准字音，读通句子。自由读课文，开始吧。

（三）认读生字

（1）课文读完了，这些词语宝宝你们都认识了吗？先借助拼音自己读读吧。

（2）摘掉拼音小帽子，让我们来开火车读一读，我的火车就要开，哪里开？

（3）谁发现了，这个红色的字有什么特点？原来它是个多音字，一起再来读读这两个词。

（4）生字宝宝从词语中出来了，你还认识它们吗？你是用什么方法，记住的哪个生字，我们来交流一下。

（5）原来识字的方法有这么多：加一加、换一换、减一减、归类识字等，只要留心观察，用心积累，你就会认识更多的生字。

（6）相信写字也一定难不倒你们。先来观察一下，你觉得写这个字的时候应该注意什么？（注意在四线格中的位置，注意了它的总体布局）伸出手来和老师一起写写这个字，左右结构的字，偏旁在左边，要把它写得左窄右宽，注意右边的竖撇，起笔写在竖中线上。下边的竖写在竖中线上，横折钩写在靠近横中线的位置。请同学们翻开课本，在课后的田字格中，把这个字描一个，写一个。

（7）评价：让我们一起来看看这位同学写的字，他能把字写得左窄右宽，我要给他奖励一颗小五星，他还能把竖撇的起笔写在竖中线上，我再给他奖励一颗小五星,他还能把字写得工整又美观,我还要给他奖励一颗小五星。

(8)请同学们也学着老师的样子,在写字素养评价表中同桌互相评一评吧。

(9)得到三颗小五星的同学请举手祝贺你们,真了不起。没评价完的同学课后再继续评价,相信你们能把字写得一次比一次有进步。

(四)学习第 1～2 自然段

请同学们坐好,看大屏幕,暖风吹红了花的脸,吹绿了小草的衣服,还吹醒了一群小昆虫,这群大大小小的昆虫正在干什么呢?翻开课本,看看课文中是怎么说的?

青青的草地,柔柔的风,阳光下来了一群小昆虫,你看到了谁,它正在做什么?多么富有生机和活力的画面啊,用文中的一个词来说,这就叫——生机勃勃。齐读这个词,把它积累下来。

当周围一切显得生机勃勃的时候,这条小毛虫的表现又是怎样的呢?(板书小毛虫)(它既不会唱也不会跑更不会飞)

师:当小瓢虫在练习飞行的时候小毛虫——生:既不会唱也不会跑……师:当小蟋蟀在高兴地唱歌的时候,小毛虫——生:既不会唱也不会跑……师:当到处忙忙碌碌生机勃勃的时候,这条小毛虫却——生:既不会唱也不会跑……你觉得这是一条怎样的小毛虫。(可怜)能不能通过你们的朗读,让我们感受到这份生机勃勃和这种可怜?请男女同学合作读。

多可怜的小毛虫啊,那它还是一条怎样的小毛虫呢?请自己读读课文的第 2 自然段,从中找个词来填空。

(笨拙)的小毛虫,你能从文中的哪些地方感受到它的笨拙?

"九牛二虎之力"是什么意思?世界这么大,可对于小毛虫来说只是两片叶子的距离,它可真是太笨拙了。

如果你就是这条可怜、笨拙的小毛虫你会是什么感受呢?

(五)学习 3、4 段

可是我们课文中的小毛虫并没有伤心难过,它不悲观失望,也不羡慕任何人,在可怜笨拙又没人理睬的时候能做到这一点可真是不容易。而且小毛虫还有自己的想法呢,请同学们借助学习提示,自由读读课文的读 3、4 小节,用直线画出小毛虫心里想的句子。用波浪线画出它是怎样做的句子。

画好后可以同桌交流一下。

在笨手笨脚,没有人理睬的时候,这条小毛虫,却有自己的想法,它懂得?

（每个人都有自己该做的事情）这里的每个人,可能指的是谁呢? 原来不管是谁,每个人都有自己该做的事情,粘贴图片板书。

那小毛虫觉得它眼前最要紧做的事是什么呢?

男孩子们,你们说呢? 女子们,你们说呢?

小动物们一定也有眼前自己眼前最要紧做的事情吧? 谁能仿照文中的句式,把句子补充完整?

我们小朋友们也一定有自己眼前最要紧做的事情,谁来说一说?

看来(指板书读句子),每个人都有自己该做的事情。

小毛虫时时刻刻是这么想的,并把它深深地记在了心里,那它接下来做了什么事情呢?

两个连续的"织啊"放在一起,让你感受到了什么? 能带着这种感受读读吗? （2生回答)当太阳已经落山的时候,小毛虫依然在那里(织啊,织啊)当别的小动物在愉快地玩耍的时候,它还在那里(织啊,织啊)它不吃不喝不休息,不停地(织啊,织啊)这叫怎样的工作。倾注了所有的心血和力气,多好的一个词啊,齐读一遍,记在心里。

看,这条尽心竭力工作的小毛虫来了。谁来读读课文的第4自然段,如果你读得很好,小毛虫就会随着你的朗读动起来。感谢你的朗读让我们看到了编织茧屋的过程(板书:茧)。

（六）学习 5、6 自然段

幼小的毛虫在与世隔绝的茧里也许是孤独寂寞的,它担心地问:"以后会怎样呢? "谁能用课文中的话来告诉它?

茧中的毛虫是痛苦的,没有自由,没有力量,你想对它说——

它觉得哪里都是黑暗的,可是它依然在努力。因为它知道——

没有茧中的蛰伏,哪来羽化成蝶的美丽,很多很多黑夜承受过来了,就会长出美丽的翅膀。

（七）学习第 7 自然段

看,时辰到了(教师配合视频读第7段)……

此时你想说什么,你们见证了这个奇迹发生的时刻。把你们的感受带到句子里读一读。多么神奇又美丽的变化啊,让我们一起再来讲讲这个故事吧。

是的,它已经变得比原来美丽了一万倍。

（师生合作读《一万倍》）

希望大家在很多年以后依然能记起这个故事，并永远记得要积极向上，乐观努力，做自己应该做的事情。

课后，可以把这个故事讲给家长听，也可以读读本文作者达·芬奇的故事。感谢同学们和老师一起度过了一段美好的时光，下课。

【案例分享二】

青蛙卖泥塘

一、由生字"卖"导入

（1）指导书写"卖"。
（2）板书课题质疑。看题目，你最想知道什么？

二、初读课文，认识字词

出示带拼音词语，去拼音字，多音字等进行识记。

牌子	采集	播撒	灌足
愣住	游泳	烂泥塘	挺舒服
水坑坑	绿茵茵	缺点儿花	

三、初读课文，质疑问难

（1）青蛙为什么卖泥塘？
处理关键字"烂"，想想烂泥塘是什么样的？把这烂的感觉读出来。
（2）青蛙是怎样卖泥塘的？
指导大声吆喝"卖泥塘喽，卖泥塘！"。
（3）谁来买过？学生找一找，从书中圈画出来。
老牛，野鸭，小鸟，蝴蝶，小猴，小兔，狐狸。
（4）最后卖出去没有？
根据学生回答，出示课文最后一个自然段。
多好的地方，这里有树有花有草有水塘，你可以看蝴蝶在空中飞舞，听小鸟在树上唱歌。
原来是烂泥塘，现在是好地方，那么烂泥塘是怎样变成好泥塘的？

四、品读课文，感悟内容

1. 学习老牛部分

老牛提出了什么建议？"这个水坑坑嘛，在里边打滚倒挺舒服，不过，要是有草就更好了。"指导读出舒服的感觉，不满意的感觉。

理解老牛前面说的是满意，后面说的是不满意，请学生带上体验去读老牛的话。

指名学生分角色朗读。

听了老牛的话，青蛙是怎样想怎样做的？默读第5自然段用横线画出想的句子，用波浪线画出做的句子。指名学生回答。

想：要是在泥塘周围种些草就能卖出去了。

做：于是它就去采集草籽，播撒在泥塘周围的土地上。引导孩子体会"于是"：想到了就马上去做。

男女生分读想和做的句子。

师：日子一天天过去，草籽在泥土中渐渐生根发芽，到了春天泥塘四周长出了绿茵茵的小草。（老师在黑板上出示贴图）

2. 学习野鸭部分

师：面对着绿茵茵的泥塘，野鸭又提了什么建议？

出示野鸭的话：这个泥塘好是好，要是在多点水就更好了。

理解原来野鸭跟老牛一样前面说的是满意，后面说的是不满。如果你是野鸭的话，会觉得哪儿不错？填空。

同桌分角色读一读青蛙和野鸭的对话。

听了野鸭的话，青蛙又是怎样想怎样做的？读第8自然段，用横线画出想的句子，波浪线画出做的句子。

采访小青蛙：你是怎样找到泉水的？你辛苦吗？你的心情是怎样的？请大家再去读，一边读一边做上这些动作，感受青蛙辛苦却又快乐的劳动。

3. 学习其他动物部分

小鸟、蝴蝶飞来了，小猴、小兔跑来了，还有狐狸等等，他们又提了什么建议？请大家自由朗读课文第10自然段，然后任选一种动物仿照老牛和野鸭的话，想象他们会怎样对青蛙说？青蛙又会怎样想怎样做呢？小组商量后指名说。

教师：出示课文，就这样："每次听了大家的话……"

五、总结全文

师：看，这是多好的地方，我们来合作读，再次感受泥塘迷人的景色。

出示：

（齐）多好的地方！

（男）有树，有花，有草，有水塘。

（女）你可以看蝴蝶在花丛中飞舞，

（男）听小鸟在树上唱歌。

（女）你可以在水里尽情游泳，

（男）躺在草地上晒太阳。

（女）这儿还有道路通到城里……

师：孩子们，课文已经学完了，我们的问题还在，烂泥塘是怎样变成好地方的？

师总结：同学们说得真好！听——可以知道不足，想——可以明确目标，做——能让理想变为现实。青蛙听了大家的建议。用自己的勤奋和努力把一个烂泥塘变成一个鸟语花香的好地方，也为自己创造了一个美丽舒适的生活环境。老师也希望大家能善于倾听他人建议用勤奋和努力让自己变得更优秀，让生活变得更美好！

六、布置作业

（1）演一演：跟自己的家人或者小伙伴分角色演一演这个故事。

（2）变一变：听取父母、老师、伙伴的建议，改正自己的不足，让自己变得更优秀。

【案例分享三】

祖父的园子

一、教学目标

（1）学会文中的"蚱、晃"等11个会认字，会写"蝴、蚂"等14个会写字；会读"蚂蚱、樱桃、蚌壳、瞎闹、倭瓜、水瓢、圆滚滚"等词语，通过查字典并结合课文理解不懂的词语。

（2）默读课文，了解课文内容，说说园子里有什么，"我"和祖父在园子里做什么,祖父的园子有什么特别之处。

(3)体会"我"在园子里的自由自在,感受作者童年生活的情趣和对祖父的思念。

二、重点难点

(1)了解课文内容,说说园子里有什么,"我"和祖父在园子里做什么,祖父的园子有什么特别之处。

(2)体会"我"在园子里的自由自在,感受作者童年生活的情趣和对祖父的思念。

三、教学过程

(一)课题导入

为什么萧红对园子如此念念不忘呢?这个园子给童年的萧红留下了什么呢?这节课让我们随着作者美好的回忆,一起走近萧红魂牵梦绕的"祖父的园子",感受她的童年生活。

(二)初读课文,了解大意

(1)学生小声自读课文,勾画出不认识的字,借助拼音读一读。

(2)指名读生字、新词,质疑交流。

(3)指导"拔"的书写。

(4)默读课文,思考:祖父的园子都有些什么?我和祖父在园子里做了些什么?

(三)品味园子的特点

(1)默读课文,用动宾结构的短语概括我和祖父在园子里做的事情。

交流,透过这些事情,你有什么感受?你最感兴趣的事情是什么?(总结,快乐的园子)

(2)此外,这个园子在作者眼里还有什么特点?

(引出自由的园子)

第 16 ~ 19 段,品味语言特色,改写第 17、18、19 段语言训练,并试着谈一谈这样改好不好。

（四）拓补资料，主题升华

探究：明明是我家的大花园，题目为什么要写"祖父的"园子？

补充资料：

（1）给祖父帽子上插花的细节

（2）萧红的身世及课文阅读链接。

升华：祖父给了她爱，这个园子是她精神的家园，她用祖父给予他的幸福童年来治愈她不幸的短暂的一生。

推荐阅读《呼兰河传》。

主问题设计,深层引爆学习活动

　　主问题是经过概括、提炼的,是教师精细阅读课文、精心思考教学的思想结晶,是一种可以引动整体性阅读的教学问题,在教学中起到"提领一顿,百毛皆顺"的效果。主问题对课文内容和教学过程都有着内在的牵引力,每一个问题都能构建起课堂上一个教学活动的"板块",它是深层次课堂活动的引爆点、牵引机和黏合剂。

　　实行主问题教学有利于引导学生整体把握课文,是和串讲说再见的最有效的方法;有利于培养学生深入思考探究的能力和习惯,改进学习方式;有利于凸显教学重点,戒除蜻蜓点水;有利于课堂教学目标快速、有效地达成。

【案例分享一】

《秋天的雨》教学实录

一、导入

　　师:小朋友们爱猜谜语吗?和小朋友们猜三个谜语,请你猜猜它是哪个季节的雨?

　　好雨知时节,当春乃发生。

　　黑云翻墨未遮山,白雨跳珠乱入船。

　　空山新雨后,天气晚来秋。

　　一起说:秋天的雨。

　　对,今天,我们就一起看一下秋天的雨,跟老师一起板书《秋天的雨》,谁起来读题目,你加上了自己的理解,你把"雨"("秋天")强调了一下。

二、初读课文,了解课文大意

　　秋天的雨到底有什么神奇之处,请同学们看课本,读课文,不认识的字借助音节读一下,把课文句子读通顺。同时想一下,秋天的雨是什么样的? 开始读吧!

读课文的时候,有没有遇见这些词语? 谁会读?

来你试一下。

谁来当当小老师? 同学们真棒,尤其是"扇哪扇哪"和"钥匙"这两个词读得可真准确,我们再来一起读一遍。

这些字里有一个"丰",大家一起来了解一下,看视频:"丰"是古代盛放祭品的器物,表示丰盛,丰收的意思。这是象形文字,慢慢演变,一直到金文,小篆,楷书,今天我们要写的是丰的简化字。哪个同学说一下,写这个字要注意什么?

你来,对三横,中间的最短,竖要在竖中线上,竖是(　　　)。

下面请在你的田字格里写两个,写完的对照大屏幕上的评价标准给自己打上小星星吧!

同学们,你觉得秋天的雨是什么样? 生:凉爽的 温柔的……

三、深入课文,品味秋雨

秋天的雨就是一把钥匙,同学们知道钥匙是干什么的吗? (生:开门的)那秋天的雨这把钥匙打开的是什么门? (生:秋天的大门)师画大门。

那么就让我们一起走进秋天的大门,再读课文,课文是从三个方面来写秋天的,你知道是哪三个方面? 开始吧!

谁找到了哪三个方面?

生:秋天的雨,有一盒五彩缤纷的颜料。

师:对这是秋雨的色彩。(板书:色彩)

生:秋天的雨,藏着非常好闻的气味。

师:这是指秋雨的气味。(板书:气味)

生:秋天的雨,吹起了金色的小喇叭。

师:这是秋雨的声音啊。(板书:声音)

你真会找,能告诉我你是怎么找到的吗?

这三个方面你最想了解哪个? (生:颜色、气味、声音)

那我们就一起看一看秋雨的色彩吧。请你和同桌一起快速阅读课文第2段,从中找出的有哪些颜色,并把它们分别送给了谁?

(生读书)

师:你来说都有什么颜色。

生:黄色、红色、金黄色、橙红色、紫色、淡黄、雪白。

师:都分别送给了谁?

生:黄色送给了银杏树……(师出示课件)

师：同学们看大屏幕，谁来说说秋天的雨，有一盒（　　　　）的颜料吗？

生：五彩缤纷……

师：（PPT）把这句话读完整。

这五幅图，你最喜欢哪一副呢？

生：老师，我最喜欢银杏树这一幅，因为……

师：同学们见过银杏叶子吗？看真的像小扇子呢！同学们，闭上眼睛想象一下——在一片茂盛的银杏树下，一片银杏叶落下来（晃晃的叶子就像一把小扇子，扇哪扇哪，扇走了夏天的炎热。两片银杏……）

谁还有喜欢哪一幅？

枫叶，飘哇飘哇……同学们用你的小手当枫叶，一起感受一下枫叶。

金色的田野，大地上一片"丰收"的景象，（板书：丰收）还能用别的词来形容秋天的田野吗？

橙红色有个词，你挤我碰，你有什么感觉，感觉水果很调皮淘气，像个孩子……

你能读出果子们的淘气吗？

菊花仙子得到的颜色就更多了，还有什么颜色？你怎么知道的？公园里见过，图片上看到的，还有"……"，一个不起眼的小标点，也有重要的意义。

这是一幅五彩缤纷的秋天啊！让我们一起合作美美地读一遍吧！

秋雨还有哪些颜色，又给了谁？

你来说：把紫色给了葡萄，紫色的葡萄像一颗颗紫色的水晶，闪啊闪啊，闪来了秋天的收获。

同学你们的想象也可以参照图片，也试着写一句，当个小诗人。

请同学们在课堂作业纸上写下来吧！

（学生展示）

秋天的雨除了有一盒五彩缤纷的颜料还藏着（　　）。

你来读。（课件）

小朋友被什么勾住了脚？

生：香气。

师：谁给了它们香气？

生：秋雨。

在我们山城五莲秋雨把好闻的气味还给了什么？想想？什么勾住了你的小嘴巴？

香甜的玉米，香喷喷的板栗，软糯香甜的地瓜，芋头，小米……

我从小朋友的眼神,口气中感受出满满的欢乐,这都是秋雨带给小朋友的。

师:滴滴答、滴滴答,听,是谁吹起了金色的小喇叭。都有谁听见了? 又做了哪些准备?

四、感情深化,总结课文

师总结:孩子们,回过头来我们看,秋天的雨,是一把钥匙,有一盒五彩缤纷的颜料,藏着好闻的气味,吹起了金色的小喇叭,秋天的雨,带给大地的是一曲丰收的歌,带给小朋友的是一首欢乐的歌。

五、布置作业

这节课的作业:通过想象结合课文描写画一幅秋景图。

【案例分享二】

《水调歌头 明月几时有》教学设计

一、教学目标

(1)围绕"中秋月,团圆情"的主题,引领学生"知明月,赏诗词"。

(2)在品读重要词句中,感受词作的意境;感受古今的中秋月团圆情。

(3)在想象与拓展中,获得乐观、豁达的人生思考。

二、教学过程

(一)导入

结合视频讲解中秋节作为传统节日的意义,并让学生交流自己的中秋节活动进一步了解中秋习俗,中秋印象等,进而赏析中秋的诗词。

(二)古诗世界寻月影

诵读跟月亮有关的古诗名句。

(三)书声琅琅诵明月

(1)今天我们一起走进与月亮有着不解之缘的苏轼写的《水调歌头》,看看它将围绕月亮向我们诉说什么。

（2）学生自由练习朗读。做到：字正腔圆地读、有板有眼地读、有情有味地读。

（3）指名读。

（四）手足情深寄明月

（1）解读从小序入手，问词中借月亮来抒发作者怎样的情怀。读懂怀子由的思念之情，赏析并诵读上阕中的前几句。（补充作者与子由兄弟情深的资料与词作）

（2）重点理解"不应有恨，何事长向别时圆"的含义。

以"不关我月，是君_____"的句式对应"不应有恨，何事长向别时圆"一句的对话练习，来充分理解怀子由的离愁别绪。

（五）透过月亮看苏轼

（1）"兼"字告诉我们作者举杯对月，还另有一番感慨在其中。小序中没有介绍，下面老师也给大家读一次《水调歌头》，你从词中去发现。（配乐朗诵）

（2）赏析上阕，抓住"不知""归去"读懂词人借月怀人的内心祈愿，从"欲""恐"的矛盾中，理解作者的抱负及遭遇，从而体会"寒"字背后的愁苦与幽愤。

（3）作者是否一直陷入这样的幽愤与伤感中？从哪些词句中可读出来？（古难全；但愿）

重点读解"人有悲欢离合，月有阴晴圆缺""但愿人长久，千里共婵娟"的深刻意蕴和旷达情怀。

（理解：人生的聚散离合如明月的阴晴圆缺一样，并非人力所能左右，这是人生无法摆脱的遗憾，既然如此就不必伤悲，在这里作者用形象化的语言表达出一种普遍而深刻的道理，体现了作者对人生的感悟，同时表达了作者的旷达胸襟、乐观精神以及美好的祝愿——希望人人年年平安，虽然远隔千里，也能共享美好的月光。）

（4）体悟拓展。

喜欢月亮的不只是苏轼，有一诗人"痛饮狂歌空度日"，"飞扬跋扈为谁雄，酒入豪肠，七分酿成了月光，绣口一吐，就半个盛唐"，他就是诗仙李白。

出示李白的《把酒问月》和《月下独酌》。

比较诗句：

青天有月来几时？

我今停杯一问之。

明月几时有？

把酒问青天。

我歌月徘徊，

我舞影零乱。

起舞弄清影，

何似在人间。

唯愿当歌对酒时，

月光长照金樽里。

但愿人长久，

千里共婵娟。

问：比较中发现了什么？

（有相似或相近的地方。感受传统文化的传承魅力。）

（5）评述中接着还有一句"好的作品，往往在一个或几个方面给后世之人以启发"。

这就是说好的作品能让我们更好更多地读出自己所思所悟的东西。

学生写写自己的感悟，交流。

用你共鸣感悟到的情感有情有味地再来读读这首东坡词，能背诵就更好了。（配乐朗诵）

六、古今对比盼团圆

诵读《我的思念是圆的》，感受跨越古今的中秋月、团圆情。

七、板书

知明月赏诗词

怀子由

叹人生

明事理

【案例分享三】

《剃头大师》教学设计

一、教学目标

（1）朗读课文，比较老师傅和"我"给小沙剃头过程的不同，感受人物特点，知道小沙称老师傅为"害人精"的原因。

（2）运用多种方法理解词语和句子。

（3）感受童年生活的纯真与乐趣。

二、重难点

（1）运用多种方法理解词语和句子。

（2）感受人物的特点。

三、教学过程

（一）谈话交流，导入新课

题目中有个词是"大师"，大师是什么样的人？你听说过什么大师？剃头大师是怎样的人？今天我们就来认识——剃头大师。

（二）检查预习，整体感知

（1）检查生字词。课前同学们已经预习了课文，这些词语你还认识吗？

① 读字词。

（自读，开火车读）

多音字：差是多音字，在本课中读作 cha，差劲，它还有其他的读音，这样组词，齐读。

② 写字"鬼"。

析字，范写，描一个，写一个。

请同学们对照评价标准给自己打星。

（2）主要内容。

支架填写主要内容。

介绍小沙。

同样是给小沙剃头，为什么老剃头师傅是害人精，而我是剃头大师呢？

（三）品读"老剃头师傅是害人精"

（1）自读提示。

（2）学生画句子。

① 交流剃头工具。

什么是"锃亮"？你们看，猜一猜也能帮助我们理解词语。

"老掉牙的"是什么样的？

② 交流。

"像受刑一样的"剃头是什么感受？

这一会痛一会痒的,一会痛指的是上面的哪件事？

通过结合生活实际,我们就更能体会到小沙剃头的时候有多么痛苦了,带感受读。

同学们,通过联系上文我们明白了,小沙在剃头的时候,一会痛一会痒的,跟受刑一样痛苦。那接下来就让我们观看一下,用剃刀和推剪剃头的真实过程。

③ 看视频。

通过观看视频,我们更能体会到小沙规规矩矩地剃头不是一件好过的事了吧？然而让小沙最耿耿于怀的还是付双倍的钱,为什么付双倍的钱,谁来猜一猜？

同学们,刚才我们通过运用这些方法,理解了老剃头师傅是害人精。接下来请同学们继续运用这些方法,默读课文的第 7 ～ 18 自然段。

四、精读"我是剃头大师"

（1）自学提示。

（2）交流。

a. 我真的像一个剃头大师。

我做的哪些动作比剃头大师熟练？你能联系上文找一找吗？

我还做了哪些动作比老剃头师傅还熟练,你能联系下文读一读吗？

b. 这儿一剪刀,那儿一剪刀。

红色字体这一行有一个秘密,用了什么修辞手法？把什么比做什么？把睡衣比作熊皮,让你感受到了什么？

（3）"我"是真的剃头大师吗？

a. 生读这样随意乱剪……

我开始紧张了。

b. 然而这时候小沙——接读。这时候的小沙在想什么呢？

c. 面对这样的小沙,面对这样的小沙,我敢说,世界上再也没有比他更优秀的顾客了。

d. 层层梯田。

什么是"层层梯田"？透过层层梯田你仿佛看到了什么样的发型？我的理发技术真是糟糕啊。谁来糟糕地读一读？

我开始慌张了,但我还是强作镇静,想告诉小沙这是最时髦的发式,可是小沙_____。

e. 他可能叫着说_____。

我是真的剃头大师吗?

剃头的结果也证明了我的剃头是多么不成功。

(五)对比老剃头师傅和我给小沙剃头的过程

1. 对比剃头过程

老剃头师傅给小沙剃头,小沙像受刑一样痛苦,但是他给小沙剃了一个合格的发型,我给小沙剪头发,小沙很高兴,但是最后却到理发店剃了一个光头。

这样的剃头大师就叫童真童趣。

2. 课文为什么用"剃头大师"做题目?

剃头大师是一种幽默风趣的说法,有调侃的意味,它展示的是一段有趣的童年记忆。一个有趣的故事,应该有一个有趣的题目。

在我们的身边也有很多同学,他们也有有趣的故事,我们也给这些同学起一个有趣的名字。

六、课后作业

(1)写一写。课后观察我们身边同学的特点或者特长,然后起一个有趣的名字,围绕特点写一段话。

(2)读一读。继续读《调皮的日子》或者秦文君的其他作品,体会其中乐趣。

【案例分享四】

《小毛虫》教学设计

一、教学目标

(1)能够认识本课 16 个生字,会写 8 个生字。

(2)能够正确流利地朗读课文,了解并积累"生机勃勃、尽心竭力、九牛二虎之力"等词语。

(3)能够通过抓关键词语、联系生活实际等方法,懂得万事万物都有自己的规律,在任何时候都不能悲观失望,要尽心竭力做好自己的事情的道理。

(4)能借助提示,用自己的话讲小毛虫的故事。

二、教学重点难点

教学重点:识字写字,懂得道理,语言训练。
教学难点:懂得道理,讲故事。

三、教学过程

(一)图片激趣导入

师:孩子们,今天老师给大家带来了一个动物朋友(出示毛虫)。瞧,这是一条——(生:小毛虫)

师:这可是一条了不起的小毛虫,它经历了很多变化。今天让我们一起走进《小毛虫》,伸出手指一起写课题。(板书课题)

(二)初读课文　整体感知

师:小毛虫经历了哪些变化?请自由读课文,注意:读准字音,读通句子。

(1)带拼音词语认字。

(试读,小教师领读)

(2)多音字。

"尽"这个字有两个读音,一个读"jìn"一个读"jǐn"。读"jìn"的时候,它表示用力完成、全部用出。

师小结:我们还可以借助多音字的意思来确定它的读音。

(3)去掉拼音读词语。

(三)写字"纺"

析字:一起来看这个"纺"字。这个字什么结构?写好这个字要注意什么?

师总结范写。生描一写一。

按照评价标准评价一起评价。请同桌互换,按照评价标准进行评价。

补写。

(四)品读课文,感受中心思想

小毛虫经历了哪些变化?相机板贴课文中的插图。

1. 小毛虫阶段

师:这是一条怎样的小毛虫?请同学们自由朗读课文的第1、2自然段,思考这个问题。

学生交流。

（1）这是一条（可怜）的小毛虫。

师：你从哪里看出来的？说说你的感受。出示：只有它，这条可怜的小毛虫，既不会唱，也不会跑，更不会飞。

师：其他的小昆虫都在做什么呢？理解生机勃勃。让我们走进这生机勃勃的昆虫世界，去看一看听一听吧。播放视频。

指导朗读：带着你高兴的心情，表达出生机勃勃的画面。

师：与这些小昆虫相比，这条小毛虫确实可怜。出示：只有它，这条可怜的小毛虫，既不会唱，也不会跑，更不会飞。（板书"可怜"）

师：你能读出这种可怜吗？生读。

（2）这是一只（笨拙）的小毛虫。（板书"笨拙"）

师：你从哪里感受到它笨拙？说说你的感受。

出示："小毛虫费了九牛二虎之力，才挪动了一点点。"

抓住"九牛二虎之力"指导朗读。

（3）师：这条可怜、笨拙的小毛虫，一直是这样的吗？它最后什么样？你想用什么词来形容它？（多么惊喜的蜕变呀）

2. 成茧阶段

那小毛虫经历了什么？它是怎样想的？怎样做的？请同学们自由默读课文的第3～6段，画出相关句子（语言提示）。

师：小毛虫是怎样想的？

（1）出示：它懂得，每个人都有自己该做的事情。（粘贴板书）

师：小蜜蜂该做的事情是什么？

那小毛虫该做的事情是什么呢？出示：它，一条……为自己编织一间牢固的茧屋。（粘贴茧屋）

师：有了这个目标之后，小毛虫是怎样做的？

（2）（预设）生读出示句子：……它织啊，织啊……

师：从两个"织啊"你体会到了什么？（织得时间长，织得辛苦）

它不停地"织啊，织啊"，这叫怎样地工作？（辛苦、尽心竭力等）

因为它懂得：每个人都有自己该做的事情。

（3）出示茧的图片。

师：瞧，茧屋编织好了，这是什么样的茧屋？

创设情境理解"与世隔绝"。

孩子们,请闭上眼睛,紧紧抱住自己。假如你在一个黑黑的、小小的、密不透风的屋子。没有食物、没有水、没有玩具、没有朋友……什么都没有。

师:小毛虫在茧屋里会想什么呢?正当它思考着,此时它听到一个什么声音?出示:"万事万物都有自己的规律!你要耐心等待,以后会明白的。"(板贴:万事万物都有自己的规律)

创设情境:当它害怕时,它对自己说——;当它寂寞时,它对自己说——师:万事万物都有自己的规律!太阳的规律是东边升,西边——(落),禾苗的规律是春天播种,秋天——(收获)。

师:小毛虫的也有自己的规律,它长大后变成了——生:(预设变成蝴蝶)师:孩子们,小毛虫长大可能变成蝴蝶,也可能变成蛾子。简介不同。

3.羽化阶段

孩子们,让我们通过一段视频看看小毛虫变化的过程吧。

教师配合视频读:这条了不起的小毛虫,它有坚定的信念。它知道:每个人都有自己该做的事情。它坚信:万事万物都有自己的规律。经过漫长的等待,它终于从茧子里挣脱出来。它再也不是那条笨手笨脚的小毛虫了,它经历了一场华丽的蜕变,蜕变成了一只轻盈灵巧的蛾。

(指导朗读)

谈话:孩子们,从小毛虫身上,你学到了什么?

升华:老师希望你们像小毛虫一样……你会遇见最美的自己。一起朗读诗歌《最美的自己》。

(五)拓展延伸

(1)你喜欢这个故事吗?借助图片把这个故事讲给大家听。

(2)如果你对小毛虫变蝴蝶还是变蛾子感兴趣的话,就走进大自然、走进图书馆去深入了解吧。

(3)推荐给你们一本书:《爱做梦的小毛虫》。你们会对小毛虫有更深刻的了解。

嵌入式评价，课堂有了"学习监理"

嵌入式评价是根据课程性质、教学目标和学生自身发展的需要，对学生的整个学习过程进行的综合评价。它将评价嵌入整个学习过程之中。嵌入式评价将监控学生的学习过程，扮演"学习监理"的角色。它不仅起到了裁判的作用，还发挥了教练的功能。

嵌入式评价的精细化解决了评价指标粗糙、空泛的问题，可以让学生在学习的过程中方便、切实地评价自己和他人，自我检验学习的成果。嵌入式评价能从多角度、多维度立体地描绘和评价学生的学习过程。在使用嵌入式评价时，教师要合理调节评价的力度，及时跟踪学生的学习情况，让学生体会到成功的喜悦，提高学习的兴趣和动力。

【案例分享一】

《威尼斯的小艇》教学设计

一、教学目标

（1）认识小艇在威尼斯水城的作用，了解威尼斯美丽独特的风情。学习作者观察事物的方法。

（2）了解小艇的特点及它同威尼斯水城的关系，领会抓住事物特点写的表达方法。

（3）学会本课生字，认识生词。

（4）熟练地朗读课文。

二、重点难点

了解小艇的特点及它同威尼斯水城的关系，学习作者是怎样抓住特点描写事物的。

三、教学过程

（一）课前导入

（1）课前三分钟演讲。

（2）师：谢谢刚才的同学和我们分享了这么美丽的风景。人生就是一场旅行，不断行走才能看到别样的风景。今天老师就和大家邂逅一座小城，领略一下那里别样的风情。（播放课件）

（3）板书课题：威尼斯的小艇。（"尼"是本课的一个生字，在写的时候注意它的笔顺。提醒"艇"字的写法）齐读课题。

（二）检查预习，交流收获

（1）检查生字词的掌握情况。

同学们，课前我们已经做了前置性学习，这些词语一定难不倒大家。请同学们先自己读一读。谁来读？重点关注其中的两个多音字（哗、叉）。

（2）学写生字。

在这些词语中请同学们重点关注一下红颜色的字，这是本课要求我们会写的生字。这节课我们先来学习其中的一个"翘"，提醒"翘"字的写法。请伸出你们的手和老师一起写。（写两个，展示，评后再写一个）

（3）同学们的词语读得很棒，字也写得很漂亮。相信课文大家一定能读好！

（三）初读课文，整体感知

师：下面就请同学们打开课本 153 页自由地读一遍课文，注意读准字音，读通句子，边读边思考，课文是从哪几个方面来写小艇的？

交流总结。

板书：样子、技术、作用。

（四）细读课文　深入感悟

1. 学习第 2 自然段领悟其表达方法

（1）来看小艇的样子，为什么威尼斯小艇如此吸引作者？请同学们认真读第2 自然段，把表示小艇特点的词语画出来，开始吧。

①"威尼斯的小艇有二三十英尺长，又窄又深。"我画的"又窄又深"。

师小结："二三十英尺"大概是七八米长，相当于一间教室的长度。

②"船头和船艄向上翘起。"我画的"向上翘起"。

③"行动轻快灵活。"我画的"轻快灵活"。

师引导:来看小艇的三个特点,我们一起来读一下。

出示:威尼斯的小艇有二三十英尺长,又窄又深,船头和船艄向上翘起,行动轻快灵活。

(2)小艇的三个特点,作者是这样写的吗? (不是)

出示:威尼斯的小艇有二三十英尺长,又窄又深,有点儿像独木舟。船头和船艄向上翘起,像挂在天边的新月,行动轻快灵活,仿佛田沟里的水蛇。

(3)你认为哪个写得好? 为什么?

生:作者的好,因为作者运用了比喻的修辞。

(4)小艇极具特点,作者通过细致观察,采用比喻手法,生动地描写了小艇,这种表达方法值得我们学习。

看来小艇真是威尼斯一道独特的风景!

2. 学习第4自然段感受船夫高超的驾驶技术

(1)同学们,我们能够如此轻松惬意地坐在小艇里欣赏美景,这必然少不了谁的功劳? (船夫)接下来我们就去体验一下作者笔下船夫的高超技术!

看第4自然段,我们合作读。老师来读第一句,请同学们读剩下的部分。思考两个问题:

① 我们为什么这样读?

② 课文展示了船夫哪些情况下的高超技术? 用简练的语言概括出来。

(2)师提问:我们为什么这样读?

因为整个第4自然段都是围绕第一句话写的。

师引导:像这种句子叫什么? (中心句)

师继续引导:那本段的结构是什么? (总分结构)板书:总分结构。

因为第一句话是中心句!

师引导:真好! 也就是说整个第4自然段都是围绕第一句话写的。那本段就是什么结构? (总分结构)

(3)再看一下,课文展示了船夫哪些情况下的高超技术? 用简练的语言概括出来。(出示:第4自然段。)

船夫的驾驶技术特别好。行船的速度极快,来往船只很多,他操纵自如,毫不手忙脚乱。不管怎么拥挤,他总能左拐右拐地挤过去。遇到极窄的地方,他总能平稳地穿过,而且速度非常快,还能作急转弯。两边的建筑飞一般地往后倒退,我们的眼睛忙极了,不知看哪一处好。

师小结:能用简练的语言概括出来,我们只找情况和船夫表现,请试一下。

生:速度快,船只多——船夫操纵自如,毫不手忙脚乱。

师鼓励:很好! 就是这样。

生:拥挤的情况,船夫左拐右拐挤过去。极窄的情况,船夫平稳穿过,做急转弯。

我找的是"船只多,操纵自如","拥挤的情况,船夫挤过去","极窄的地方,平稳穿过,做急转弯"。(学生边说教师边把词语变红)

师小结:找的准确,语言很简练! 概括能力很强。

(4)师出示并引导:你看在这么复杂的交通情况下,船夫依旧(操纵自如)。

我想对船夫说:＿＿＿＿＿＿＿＿＿＿＿＿＿。

(船夫你的技术这是太棒了! 我也要坐你的船!)

师小结:嗯,船夫的高超技术! 再加上小艇的轻快灵活,因此有了在纵横交叉的河道穿梭自如,人船合一的境界。

(5)大家再看该段最后一句,并没有直接写船夫,去掉可不可以?

出示:"两边的建筑飞一般地往后倒退,我们的眼睛忙极了,不知看哪一处好。"

生:不可以,从乘客的感受就可以想象出行船的速度快,船夫技术高。

师继续引导:我们学过这叫什么?

师引导:如果说前面是正面描写船夫技术好,那么这一句就是(侧面描写船夫技术好!)教师板书:侧面描写。

(6)我是小船夫:这一部分写得非常精彩,请大家把自己当成一个船夫,招揽一下生意,你会怎样说呢?

学生交流展示。

3.深入理解第 5、6 自然段

(1)自主学习:人们都用小艇干什么呢?

小组合作填写表格。小组展示交流。

(2)在威尼斯人人离不开小艇。你觉得在威尼斯还能看到哪些人乘坐小艇去干什么?

(3)是啊,威尼斯的白天是一番多么热闹的景象,但是夜晚的威尼斯却是?

① 欣赏图片。(威尼斯夜晚图)

② 同学们什么感觉? (美,静)

③ 找到文中相关的描写,带着这种感觉我们一起读一读这一部分:

水面上渐渐沉寂,只见月亮的影子在水中摇晃。高大的石头建筑耸立在河边,古老的桥梁横在水上,大大小小的船都停泊在码头上。静寂笼罩着这座水上城市,古老的威尼斯又沉沉地入睡了。

(4)是啊,小艇威力真大。可以说:艇动城动,艇静城静。"又沉沉地入睡了",日复一日,年复一年,威尼斯总是白天喧闹,晚上静寂。这就是威尼斯独有的风情。

(五)拓展总结,知识树呈现

(1)威尼斯就是如此地有魅力,去过的人都像着了魔一样对它念念不忘。课后大家可以读一读《威尼斯》《威尼斯之夜》等作品,进一步感受它迷人的风情。

(2)呈现知识树,课堂小结。

【案例分享二】

《文具的家》教学设计

一、认识文具,导入课题

(1)出示:转笔刀、尺子、铅笔,他们都有一个共同的名字——(文具)。

(2)写"文"。

① 引导学生观察关键笔画的位置:点在竖中线上,横、撇从竖中线起笔,捺和撇要舒展,教师范写。

② 学生把字在练习纸上描一个写一个。

③ 评价:老师示范叫教大家当小老师评一评,然后同桌换过来互评。根据同桌给你评的,再写一个。

(3)文组词文具,这就是"具",记住它你有什么好办法吗?老师介绍"具"的演变及组词。

二、初读课文

(1)板书文具的家,齐读课题。看到课题,你有问题要问吗?

(2)打开课本 82 页,自由读课文,注意读准字音,读通句子,遇到不认识的字借助拼音多读几遍。

三、认读生字

(1)出示带拼音的词语,学生借助拼音自己读一读。请一名小老师领读。

（2）去掉拼音开火车检查认读。

（3）出示本课的生字，交流识字方法。同时交流难记的字。

（4）认识"斤字旁"，带"斤字旁"的字，大多与斧头有关。"新"本义就是用斧头砍柴烧，是薪火相传的意思，后来才引申为新旧的新。它可以组词：新书、新年、新手、清新。并开火车读"新"的组词。

（5）用"平"组词开火车。

（6）总结识字方法。

四、再读课文，重点体会

（1）再次读课文，找一找：文具的家在哪里呢？

（2）文具的家在哪儿呢？——文具盒，大家都找到了。可是刚开始的贝贝却不知道，贝贝刚开始是怎么做的呢？请在课文中找一找。

① 指名读"丢铅笔"的话，并引导学生把红色的字读的重一点把句子读好。

② 她还丢了什么？再次引导学生读，读出可惜。

③ 师生配合读第 1 和第 2 自然段。

④ 贝贝可不只丢了铅笔和橡皮，她还丢了其他的文具呢，请你选择一样文具，模仿上面的句式说一句话。

⑤ 这真是一个（　　　　　）的贝贝呀？

（3）后来贝贝变了，你们看——（老师读）

① 现在的贝贝养成了什么好习惯？

② 贝贝只仔细检查了一天吗？（每天）

③ 引导学生读出对贝贝的夸赞。

（4）是谁让贝贝变了呢？（妈妈）她是怎样变得呢？请同学们自己读一读第 3 自然段，找一找妈妈说了什么？贝贝说了什么？用直线画出来！

① 引导学生借助插图读好妈妈说的话。

② 贝贝是怎么回答妈妈的？引导学生加上表情动作读贝贝说的话。

③ 老师和学生合作读。

（5）妈妈告诉了她一个什么好方法？请自己读读第 4 自然段。

① 借助插图读好妈妈的话，读出亲切与温柔。

② 同桌一个当妈妈，一个当贝贝练习一下她们的对话吧！学生表演读。

③ 妈妈告诉贝贝每天放学后都平平安安地回家。"平平安安"是什么意思？文具怎样才平平安安地回家呢？

（6）贝贝听了妈妈的话,也想起来了,师引读:她书包里的文具盒,就是这些文具的家。

五、总结,明白道理

（1）通过贝贝这个小故事,你知道了什么?
（2）一起读《爱护文具》儿歌。

六、布置作业

【案例分享三】

《竹节人》教学设计

一、教学目标

（1）自主学习"豁、凛"等16个生字,随文读准20个难认字,联系上下文理解词语的意思。

（2）借助阅读任务,在阅读实践中,学习有目的地阅读,明白阅读的目的不同,关注的内容、采用的阅读方法也会有所不同。

二、教学过程

（一）读书交流

最近大家都在读什么书? （博览群书)对书中什么内容感兴趣? 你是用什么方法去读的? （速读、跳读、精读、猜测、联想、提问等,师解读方法)今天我们继续阅读,掌握更多的阅读方法。

（二）学习课文

（1）同学们,本单元我们就进入阅读策略学习。如果拿到一篇文章,给你任务,你会用怎样的方法来读好呢? 这节课,我们就以《竹节人》为例,来练就阅读本领,掌握阅读方法。齐读。

（2）我们这节课有三个阅读任务,你能读明白吗?

a. 写玩具制作指南,教别人玩这种玩具。

b. 体会传统玩具给人们带来的快乐。

c.讲一个有关老师的故事。

（3）要完成这三个任务,我们怎么来读这篇文章好呢?首先应该做些什么呢?

（学生回答）

预设:回忆一下,平时我们是怎样学习一篇课文的?

为了方便大家更好更快地掌握课文内容,老师给你做了注释。（学生读,出示词语解释）快开始吧。

浏览课文对文章有个大致的了解,把握文章的大体内容,为完成学习任务提供帮助。（概括的有条理）

（4）学习一种新的阅读方法,需要共同先完成一个阅读任务,你们觉得选择哪个好?

（通过初步读,觉得竹节人的趣味性特别强。）

既然大家选择任务二,那要完成这个任务,我们该怎样读这篇文章?结合以前我们的阅读经验,谁能尝试着谈一谈?

其他同学还有补充吗?你说得很全面了,那我们就用这个办法来读课文,看看大家把这个任务完成得怎么样?遇到不明白的问题,可以交流。开始学习。

（5）汇报交流。

通过刚才的学习,你一定对任务二有了一个更清晰的了解了,现在我们来汇报一下我们的学习成果。哪位同学先来汇报?

出示交流要求:

我关注的内容是（　　　　）,最感兴趣的是第（　　　　）自然段（读有关的句子）,它给了我（　　　　）的乐趣。在学习过程中我用到了（　　　　）阅读方法。

对这个内容,我要补充。我体会到的乐趣是（　　　　）。在学习过程中我用到了（　　　　）阅读方法。

（是啊,读文章时,与阅读目的关联性不强的内容,不需要逐字逐句地读,这样可以提高阅读速度。）

教师总结并随机板书:

知识树:速读（略读、浏览）精读、跳读、猜读、联想、批注、提问

我们一起来感受一下当时的情景吧。（视频）

刚才那位同学完成得真好,可是有人说,不同的思维能够碰撞出更多的火花,其他同学肯定也有好的学习方法,谁还有补充?

（1）我快速地浏览课文,找到第5～19段。这几个自然段讲的是玩竹节人的乐趣。

（2）然后，我放慢速读去读，当读到第5自然段时，我反复读了几遍，从这个比喻句中感受到当时条件的简陋，但玩得快乐。

（3）我用的学习方法是：展开想象，抓重点句段品读，做批注。

（三）任务不同，关注的内容、方法也不相同

如果让你选择任务一或任务三来解决，你打算如何去阅读呢？指名答。

想得真全面，那就带着任务，运用这样的方法，去学习吧。

指名交流。（真会学以致用，会学习）

（四）拓展运用

同学们，同一篇文章，阅读的目的不同，我们关注的内容和采用的阅读方法也会有所不同，这就是有目的的阅读。

这节课，我们用这种方法，和以前学过的方法解决了三个任务，现在老师设置了一个阅读大擂台，我们来大显身手吧！看谁能在最短的时间内准确完成任务。

下面我们来看一看同学们手中的材料：想一想，要完成这个任务，你会怎么读这篇文章？（科学家是怎么判断其他星球有没有生命的？）

（① 速读全文，② 找到相关的部分，③ 精读，找出答案，④ 记方法）

小结：今天，我们初步尝试了有目的地阅读，相信在接下来的学习中，我们会逐渐地去实践和运用。

（五）布置作业

让读书成为精神的名片

夏夜的沉思

偏爱于回首的我,总喜欢铺开以前的日子,悄悄漫步其间,自酌自饮,诉说片片心事。也许生活如梦,忧郁的心情本就谱写不出激越的旋律,沉浸在虚幻的网络之中,悲也从容,爱也从容,生活却永不得轻松。

"心似双丝网,中有千千结"难道仅仅是"天不老情难绝"的爱情写照吗?我们的生活有又何尝不是呢?在那满天繁星的日子里,总有挥之不去的失落和莫名的惆怅,迷茫、彷徨在一条没有方向的路上,被放逐的生命上下求索……

独处时喜欢一个人淹没在优美的萨克斯旋律之中,沉迷在百读不厌的散文中,我欣赏《廊桥遗梦》的那份刻骨爱恋,怀想《挪威森林》那多情而孤独的年代及大胆的反叛,留恋林清玄的清水无香……在静谧和迷幻中放飞无限的潜意识,寻找精神的乐园……

寂寞时我会闲看流云——美丽而飘逸的流浪者,云里蕴涵生命的浮沉沧桑,"云无心以出岫,鸟倦飞而知还。"世间一切都是飘荡不定、瞬息万变的云,而经历风雨沙尘的我却无法成为一只倦飞而知还的小鸟……

最好的生活在路上

你背上行囊开始漂泊的时候，便注定你与孤寂相伴；也许你会很沉重，但你无法将心中的责任卸掉，即使无人替你背上一程，那么也不要迷茫，因为漂泊才是你生活的真正内涵。

随风漂泊在风尘之中，别指望有谁会去替你安排那温馨的行程，因为生命是你自己的，无权苛求别人为你做些什么。哲人说过：别人帮你是你的幸运，别人不帮你是你的命运！也许你不信命，但你无法不信现实。孤寂的旅程中，不必再有什么奢望，昂起头，向着未知的人生之路前行。既然选择了远方就请风雨兼程，既然我们选择了地平线，我们留给世界的只能是背影。

漂泊很累，也很想找一个温馨的避风的港湾，可是稍一停息，便会错过落日或是朝阳，所以有所得必有所失，漂泊的日子里知足常乐。

"性本爱丘山"，质本洁来还洁去，你不甘平凡，所以你选择了漂泊；你不想放弃心中的渴望与追求，所以你选择了漂泊……

漂泊是一场无言得风，漂泊很美也很累……

滴水哲思

（一）

记得读过这样一则故事：两只蚂蚁遇到一起，只是彼此碰了一下触须，然后向着相反的方向爬去，爬了好久突然都感到遗憾，在这样广袤的时空里，体形如此微小的同类不期而遇，可是它们竟没有彼此拥抱一下，难道不是一件憾事吗？

是啊，茫茫尘世间，走到一起就是幸福。爱人、朋友、同事…… 所以在您忙碌的空间里，别忘了停歇一下您的脚步，拥抱一下身边的幸福。世间有许多无奈的事情，错过了就注定一生无法挽回，朋友，不要等失去了才发现他的美丽。

（二）

有这样一个故事。

有一个渔夫每天为充饥而临波垂钓。

一个过往的商人问："你为什么不多钓几条呢？"

渔夫问："为什么？"

"可以卖很多钱买张网多捞鱼啊？"

"要那么多鱼干吗？"

"可以买条船，捞很多钱，办个渔业公司，发财啊！"

"那又为什么呢？"

…………

最终商人无言以对。

生活中我们也许不欣赏渔夫知足常乐的做法，现实生活中我们有时为了欲求，让自己的步履匆忙，忙于应酬，忙于斤斤计较，忘记了把闲适的生活空间留给自己，忘记了回家跟亲人团聚，忘记了陪着爱人散步……

我们乃是沧海一粟，地球离了我们不可能不转，世间多了我们也不可能改变多少，但我们可以像渔夫那样闲暇之余临波垂钓，解除自己心灵的重重枷锁。

人的一生需要的东西许多许多，但我们至少应该懂得储蓄真情。

让生活成为一种艺术

信步于操场,远离一天的喧嚣,思绪随风而飘。生命流程中的纯净水,弥漫过来,我的思绪在深夜闪着火花,执着地飞翔着。人生本来就是一杯喝不尽的酒,喝得越多反而忘却了它真正的滋味,而真正的醉酒又充满了透彻心肺的痛苦……功名利禄不过是一种无奈而幼稚的游戏,那亘古不变的爱情亦不过是凄婉梁祝的代言……

我是一个迷惘又不垮掉的人,拥有浪漫的意识流,当生命之水浓于酒时,我才深深感到,活着不是为了平静而平静,而是在追求之后才平静下来,往往热烈的是生命,苍白的是人生。

岁月如水,逝者如斯。生命中无法选择和必须选择,同样有着太多的无奈和悲伤,在这物欲横流尘土飞扬的世间,人们似乎难以活得真实。飘荡的身影展示着生存的疲惫,自酌自醉的美酒游离着你我的心灵。

我在漫漫的长夜里,轻燃一支香烟,等待出售自己心灵的负荷,躲进情感的红房子,微微闭上双眼,聆听曾经心动的温暖,似乎有哲人留意我人格的底片。

在沉静中沉淀出痛苦的渣滓,让彼此的灵魂栩栩如生;在沉静中冷却自己的热情,但不要将他燃成灰烬,因为流动的生命不会等待你不能自拔的沉沦!!

成功是一种极致的坚持

　　昨天,偶尔翻开相册,看到了我的几位好友,感触颇深。毕业时同住在一起,疯玩的几个朋友现如今已是各奔东西,两个考上大学,一个今年考上研究生,而我却依旧如故奔波在教学的生活中……

　　回忆过去,我感受最大的就是他们那种持之以恒的精神。不停地弹着吉他,不停地绘画生活,不停地阅读古文……我有考研究生的想法是在 2000 年,因为感觉英语不行而半途而废。其实我们的水平差不多,试想一下,我同学几年如一日地苦读那生涩的外文,那是多么了不起呀!

　　人的成功需要一种贵在坚持的精神! 而我却没有!

　　我常常为自己的失败找一大堆借口和理由,这也正是阻碍我自己成功的绊脚石。想做一件事情就不要为自己找任何借口。无论在这个前进的道路上出现多么大的困难和遭遇多么大的挫折,也不能阻挡为理想去努力的脚步!

　　成功的开始就是你没有任何借口的那一刻!

　　世界上的任何事都不是轻而易举就能做成的,上帝只偏爱那些坚持不懈的人,如果你不想,不努力,任何的机会都会和你失之交臂。

　　"只有想不到的,没有做不到的"。只要你想到了,相信你在某一天就会做到。

　　朋友,人生贵在坚持。

心灵的宁静

六月的轻风中,又见芙蓉花漫天飞舞。

办公室门口有两颗芙蓉树,树姿优美,开的粉红色的小花儿,粉嘟嘟的,伞形的花絮,毛茸茸的缨,如含羞少女的脸。柔风细雨过后,落红满地,不由得想起那句"落红不是无情物,化作春泥更护花"。而树上的芙蓉花依旧竞相开放,没有因为不久后的飘落而感到惶恐,依旧将沁人的芬芳留给人们。

我忙碌的闲暇,经常看看窗外的芙蓉花,敞开门,打开窗户,让那股淡淡的香味随风而进,办公室里便弥漫着一股芙蓉花的清香,在欣赏她们的时候,感觉她们也在看你的每一天,每一件事。

偶尔会站立在树下,嗅着芙蓉花的清香,久久不忍离去。她花色清秀,花香清幽,有一种高雅高贵的气质,她奉献给人们的花香、绿荫从来就那样的恬淡,总是默默无闻地奉献着自己清香。人生难道不该如此吗?

人如芙蓉该多好! 生活中为了家人、朋友、工作忙碌着,有时候无法顾及身后的那些暗影。生活中要做的就是"闲谈莫论人非,静坐常思己过"啊。

"年年岁岁花相似,岁岁年年人不同",明年芙蓉花依旧花开如锦,而我们呢?

心中有片海

　　哪怕见过一千种描述海的美丽的方式,你仍可以在海边,遇到属于你的第一千零一种。诚觉万念新生,皆可从海开始。

　　"我想我是海,冬天的大海,心情随风轻摆,潮起的期待,潮落的无奈,眉头就皱了起来;我想我是海,宁静的深海,不是谁都明白,胸怀被敲开,一颗小石块都能让我心潮澎湃……"

　　不知道什么时候突然喜欢上黄磊的《我想我是海》,自然、平和、沙哑空灵的嗓音就如同大海一样,充满了平静、包容与泰然,歌词中如诗的语言准确地描述了人生的希冀与无奈。

　　我喜欢大海,喜欢他的宁静,深沉。看着儿子蹒跚地走在沙滩上,偶尔用嫩细的小手捧起一点细沙,突然想起读师范的时候每周都去海边玩耍,光脚走在软软的沙滩上,留下步履凌乱的脚印,工作的闲暇之余也总是喜欢到海边看看。望着儿子嬉戏的背影,想到自己已经过了在海滩疯跑的年龄,只是坐在海边静静地看它那潮起潮落的循环,去释放自己的心情。

　　望着蔚蓝的大海,领悟这人世的真谛。不知道从什么时候起,我们开始赶着青春的脚步在忙碌地踏寻着什么:在碌碌中感受着生命的赐予和爱恋,在哭笑中沐浴着人间的真情与无奈,在懵懂中分享着难得的纯真和幸福……

　　泰然与包容的海,一切都是云淡风轻、宠辱不惊的随和,风来拂面,不着痕迹;雨来刷身,不觉清凉。其实我们每个人的人生都是一片宁静的大海,关键看你如何去诠释它,生活本来是无法预见的,太多的无奈都会过去,就看你以如何的心境去面对。

　　我想我是海,宁静的深海……

幸福是一种方向

记得很小的时候就曾梦想写一本书,于是就写了日记、周记,再后来写了博文,再后来想了想,啥也没写,一切空白。

我们总在匆匆前行,在忙碌的工作中忽略了身边美丽的风景,在不安的世界里忘记了曾经惬意的情怀。回头想一想不知是我们忙碌了生活,还是生活忙碌了我们。

不自觉中经历了许许多多生活的酸甜苦辣,有感动、幸福,也有悲伤,失意,经历过才知道:幸福是一种方向,而不是一个时间。

很多时候我们不需要冷暖自知,其实身边有很多疼爱我们的人,只是自己忙碌中没有发现。

当我们习惯了身边一切的时候就会顿感觉生活的乏味,工作的枯燥,所以在这个还有思维的季节,拿起笔去记录那些源于心灵深处幸福的点点滴滴。有一些故事,定格在风吹云淡的季节里;有一些朋友,铭记在风吹云淡的日子里;有一些幸福,飘在风吹云淡的岁月里……

岁月里,既有嘈杂的琐事,亦有宁静的文字;既有枯燥的烦闷,亦有赏心的墨香。

走过,就请留下那些属于繁华生命的痕迹。

或许我们真的应该拿起笔,记录点什么……

开始,就是一种幸福。

让孩子的美商高起来

在这多姿多彩的校园里,美丽的紫藤,枝条摇曳的柳树,迎春相映的诸子百家文化墙……孩子却很少顾及,对美好的事物总是缺乏感知,缺少对美的感觉。记得木心先生曾说过:"没有审美力是绝症,知识也解救不了。"

那么,学生的美商哪儿去了呢？美商并非指一个人的漂亮程度,而是一个人对自身形象的关注程度,对美学和美感的理解力,甚至包括一个人在社交中对声音、仪态、言行、礼节等一系列涉及个人外在形象因素的控制能力。

当我们只关注学生的学习成绩而忽视学生审美力的培养时,学生的眼睛将失去了发现美的能力;当我们一心只想提高学生的技巧训练而忽视艺术修养时,学生的心灵也会逐渐僵化麻木,失去了感知美的能力。学生艺术课认识不足,更少看文史哲一类的书籍,内心便会趋于贫乏,灵魂便会失去滋养,没有了内心的丰富和高贵,美商从何而来？

吴冠中先生曾经说过:现在中国的文盲不多了,但美盲很多,现在很多人穷,不是物质,也不是文化,而是审美。没有恰当的审美,生活就会显露出最粗俗的一面,生活就会越来越无趣,越来越枯萎,枯萎的生活里哪还有美的存在？

我认为拓展艺术课的课程范畴,引导学生博览群书至关重要,学生在艺术和墨香的熏染下自然而然会拥有审美力,有了审美力,学生才能发现生活的美好,才能珍惜自己的优美环境,才能注重自己的卫生习惯,而这会关系着学生一生的幸福,有什么比一生的幸福更重要呢？

愿所有热爱艺术的孩童心中那颗美好的种子都将伴其一生。

花开便是幸福

学校墨田水韵有一处蔷薇墙,每次上下班同事们都愿意从此经过,盛开的蔷薇沁人心脾,所有人都洋溢着幸福和欢喜。每天走在花香小径,能让阳光温柔地照射是一件多么美好的事情。

其实每一片叶子和花一样,都是一个个精灵,都是一个个关于岁月的印记。记起林清玄的一个故事。

有个孩子问 他:"花,到底是怎么开起的呢?"

他被这突来的问题问住了,说:"是春天的关系吧。"

对他的答案,孩子并不满意,接着说:"可是,有的花是在夏天开,有的是在冬天开呀!"

"那么,你觉得怎样开起的呢?"

"花自己要开,就开了嘛!"孩子天真地笑着:"因为它的花苞太大,撑破了呀!"

是呀!对于一朵花和对于宇宙一样,我们都充满了问号,因为我们不知它的力量来自何处。花的开放,是它自己的力量在因缘里的自然展现。

花开是一种有情,是一种幸福,是一种内在生命的完成!

我们的孩子也是一朵朵花,我们应努力让他们蓄积、饱满、开放,让他们"自己要开",永远追求完美。

"水因有月方知静,天为无云始觉高。"我们让每一个孩子绽放的时候,也努力让自己心空温柔而明亮,繁华而有致,如花开一般幸福吧!

一枚会唱歌的杏核

德国教育学家斯普朗格曾经说过:"唤醒,是一种教育手段。教育的最终目的不是传授已有的东西,而是要把人的创造力量诱导出来,将生命感、价值感唤醒。孩子们一旦得到更多的信任和期待,内在动力就会被激发,会更聪明、能干、有悟性。"

校园里一切有积极因素的事物都是课程,都可以给儿童的心灵留下美好的影响,是实现孩子成长的重要载体。我们理想中的校园应该是孩子生活的植物园,孩子发展的动物园,孩子锻炼的运动场,孩子思维的宇宙站,孩子迈向未来的银河系……

学校格致楼后,有几棵杏树,满树金黄,琳琅满目,看着一个个快乐的小杏子,想起了小时候经常玩耍的杏核口哨。儿子从没有玩过,中午回家和儿子商议下,他也很好奇,觉得杏核怎么会成为口哨,决定尝试下。说做就做,我们找到一块砂纸(小时候是用砖头或者粗糙的石块),挑出饱满的杏核,捏着杏核磨啊磨,直到把坚硬的杏核壳从中间磨出一个小洞,磨好了,用曲别针把杏核里面的杏仁掏干净,然后把杏核洗干净,这样一个小巧精致的杏核哨子就做好了。不过要想吹响也是一门技术活。得把握口型大小、位置远近、出气得多少等等,才能让这个小物件出声。

儿子喜欢,就让我也教他们班的同学制作。于是我和班主任沟通下,利用他们班级孩子午读的时候,给孩子们现场讲解了如何制作一枚杏核口哨,并现场用它吹奏了两首熟悉的歌曲。孩子们高兴极了,感觉太新鲜,太奇特了。短短的20分钟,孩子认真地听,用力地磨,用力地吹,用心思考。那种认真、投入、吃力、着迷、开心的样子,让我们懂得根植孩子内心的快乐、体验才是教育活动的真谛。

语文老师也因势利导告诉孩子,课堂之外应该去找关于红杏的经典古诗词、名家散文品读;去巧挥笔墨亲手绘杏,将美景定格;去果园采摘几个,体验下爬树的感觉;闭上眼睛吮吸下雨中榛杏的清香;张开嘴巴品尝下杏肉的酸甜;想想奶白的杏仁还可以做啥中药;研究下杏核口哨如何吹出美妙的歌声……

法国作家圣埃克苏佩里曾经说:"如果你想让人造一艘船,不要让他去收集木头,也不要发号施令,更不要分配任务,而是要激发他对海洋的渴望。"我们应该打破学科界限,打破教材界限,融通课堂,导通校园内外的一切正向的教育资源,让学生有互联网思维,以一物联通世界,全面发展学生的综合素养。

万物皆课程。我们应该以校园的积极因素为原点,以孩子个体需要为出发点,重归儿童的视角,向内审视所有教育活动的本质,让每个生命寻找到自身价值;向外建构积极的创新磁力场,筑造明亮的精神家园。

新时期文学审美意识的嬗变

摘要：随着 20 世纪 80 年代西方女权主义理论传入，中国的女性写作开始有了性别意识，开始通过女性化写作突围经典的男性话语，女性主义文学的审美意识也发生了显著变化。如果把这变化比作生命个体的成长过程，那么这个过程大致可以分为三个阶段：20 世纪 80 年代初是少女期，女作家追求的是纯洁与温情的真善美，她们的审美意识带有理想主义色彩，总体表现为纯真的审美情趣；80 年代中期到 90 年代初是成年期，女作家们抛弃了传统观念中的"性＝丑"说，大胆裸露人性深层的本真，审美意识更趋成熟和深入；90 年代末，进入更年期，女性意识在她们这里只剩下本能、欲望和感官满足，她们追求的是商业化的"即时审美"。

引言

20世纪80年代初文坛掀起女作家的创作高潮，这是继以冰心、庐隐、冯沅君、丁玲等为代表的"五四"时期女作家创作高潮的又一迅猛发展，即新时期女性主义文学的创作热潮。这里的女性主义文学，是单指女作家描写女性生活的作品，即在强调作家的性别因素的同时强调作品内容、题材、主题也是女性的。新时期女性文学的特征不仅仅在于女性作家队伍的不断壮大、题材范围的广泛和人物形象的丰腴，女性自主意识的生长和自我世界的拓展，女性独特的审美创造与嬗变，才真正形成其内在结构。研究新时期女性文学审美意识的嬗变，对于我们把握新时期女性文学审美特征，繁荣女性文学批评，促进女性文学发展，具有当下和长远的双重意义。

"审美是心理处于活跃状态的主体，在特定的心境时空中，在有历史文化渗透的条件下，对客体的美的关照、感悟、判断。"审美意识是对于审美现象的感性直观的认识。人类审美意识的产生是一个历史过程，从根本上说是与人类生产劳动分不开的。当人类开始把自己与自然区别开来，并按照"美的规律"创造物体，并在自己的创造物中直观自身，看到了自己的创造能力的时候，人类的审美意识也就形成了。

　　以女作家的创作为主体的新时期女性主义文学的审美意识以女性的独特感知方式,不断丰富艺术形式规范,不断拓展审美形式,致使审美发展呈多元形势。一类女作家倾向于从历史文化和传统文化中吸吮养分,展现女性视角在多种层面上的复现;另一类女作家则敏于吸吮世界潮流的有用成分,审美上较多借鉴西方现代派艺术形式技巧,并横移现代荒诞、幽默、审丑等艺术形态,创造出前所未有的文学景观。在她们的审美选择与拓展中,呈现了女性审美"融西方于中国"的又一审美趋向。女性意识的萌生,女性自我的复位,形成了独特的女性审美意识。

　　随着新时期女性文学的不断发展,女性主义文学审美意识也在持续地发展变化,如果用生命个体的成长过程来形容这一变化,那么这个过程大致可以分为三个阶段:20世纪80年代初,是女性主义文学审美意识的少女时期,这一时期,女作家追求的是纯洁与温情的真善美,她们的审美意识带有理想主义色彩,总体表现为纯真的审美情趣;80年代中期到90年代初,女性文学处于审美意识的成年期,女作家们的性别意识增强,她们抛弃了封建伦理观念残留于意识中的"性=丑"说,大胆裸露人性深层的本真,显示出她们的审美意识更趋成熟和深入;90年代末,"美女作家"们将女性文学审美意识带入更年期,女性意识在她们这里只剩下本能、欲望和感官满足,在她们的审美选择中,时尚趣味,能够满足消费者需要的作品就是美的,她们追求的是商业化的"即时审美"。

一、纯真的审美情趣

　　在人道主义大潮裹挟下,女性文学首先呼唤爱与美,并由此萌生自觉的女性意识。冰心曾说:"世界上若没有女人,这世界至少要失去十分之五的'真',十分之六的'善',十分之七的'美'。"的确,如果没有女性,世界将黯然无色。女性给世界带来了活力、温馨、爱与生命。传统的妇女文学的审美情趣较为单一,千百年间,历代才女们吟唱的大都是哀怨、缠绵、凄婉、忧伤的歌,其作品常以闺怨情愁为主要内容,以致成为男性文学的附庸。由于"爱"失落得太长久,对它的寻觅充溢着历史悲怆感和理想的热力。在新时期之初,许多女作家总在特定历史政治背景下,叙说爱的缺失和煎熬,抒发对爱情权利的渴望。她们对爱和美的呼唤与探求,终于接通了"五四"以来女性文学的断层,延续了视女性为真善美象征的传统,渐次使"女性自我"得以复位,形成独特的女性审美意识。

　　率先表现出纯洁与温情的女性审美意识的是张洁。从《爱,是不能忘记的》开始,她的主要作品都立足于女性自身:《波希米亚花瓶》《祖母绿》《方舟》……

逐一读来，我们看到的是一个"痛苦的理想主义者"（张洁语）——既追求贞节淑静、温婉柔顺的传统女性美，又承受着几千年文化传统对女性的贬低、弱化、压抑、歪曲。《爱，是不能忘记的》从祖母两代来探索不同的情爱观，呼唤一种理想的灵与肉完美结合的爱情①。《祖母绿》以曾令儿这个饱受情感折磨、世人冷眼和生活艰辛的女性坚强而隐忍的生活，显示出女性面对挫折的博大胸襟和巨大的承受力，探讨女性在情爱与婚姻分裂后爱的升华的可能。"无穷思爱"（《祖母绿》）虽然并非完美答案，但至少体现了作者对理想的执着②。张洁热切地呼唤着浪漫、理想的柏拉图式的爱情，她的写作所提供的女性自我，从外在的行为规范到内心的道德理念是真实的，充分展示了现实女性生活和精神的困境。

20世纪80年代初期，王安忆的作品主要是"雯雯系列"小说，描绘了一个纯真、质朴、美丽的富有诗情的"少女世界"，表现个人少女时代的经验和感受，例如《雨，沙沙沙》③《69届初中生》④等。这个阶段的创作主要写一个叫雯雯的纯真、善良而又幼稚的女孩子的痛苦和希望——对生活的热爱、对未来的幻想和渴望温情理解的心理，她以单纯热情的少女的眼光来看世界，这是王安忆的"自我抒发"阶段，风格单纯宁静，情感细腻真诚，体现了作家力求倾吐少女的纯美、明丽、坚贞的审美意识。

以《哦，香雪》⑤为标志，铁凝这个时期创作的一些小说在审美追求和作品艺术风格上所呈现出来的特点，使人自然地联想到以孙犁为代表的"荷花淀"派的"诗意小说"。这一时期铁凝在审美和艺术打磨上所着力追求的是表现一种少女般自然、清新、纯真的"美"和"情"。她是以一种审美的少女的眼光和艺术表现上"有意味的形式"来传达出对现实生活的诗意的关注和体贴的。正如雷达所说："铁凝把生活的'块垒'抱在怀里，用自己的心溶解成'情'这种流水般、月光般的东西，再凝成自己的小说，形成一种意境深邃的画面：我们看到了，她不长于冷静的客观描写，而偏重于主观感觉的诗意抒发；我们还看到，她不善于写政治、经济内容浓厚的现实关系，而善于写道德和情感范畴的微小波澜。"铁凝这时期在审美与艺术追求上所要力图营造的正是这样一种既来自现实生活又高于现实生活的"优美境界"。这里没有撼天动地的宏大场面，没有惊心动魄的矛盾冲突，

① 张洁《爱，是不能忘记的 小说散文集》，花城出版社，1980年。
② 张洁《祖母绿》，江苏文艺出版社，2017年。
③ 王安忆《忧伤的年代》，新世界出版社，2002年，第69页。
④ 王安忆《69届初中生》，人民文学出版社，2018年。
⑤ 铁凝《哦香雪》，中国盲文出版社，2008年。

有的只是一种对人类的理解和对生活的体贴,表现了女作家致力于对生活中诗意美的感受、开掘和表现的可贵艺术探索精神。这样一种极富女性审美特色的"少女"风格,我们在以冰心、丁玲为代表的"五四"时代女性作家群落那儿能够发现较为清晰的审美渊源,这一审美渊源延续到新时期之初,成为这一时期以铁凝为代表的一批女性作家在小说艺术审美追求上的主要特点。

新时期女性自我意识萌芽的一个重要标志,无疑就是对几千年的男性价值标准的自觉反叛和放弃。在她们的审美意识中,贤惠、温柔等被社会认定的价值标准已不再是女性美的唯一衡量标准,"贞节"这一关乎传统女性名节的大忌也丧失了其神圣性。但我们又会发现 20 世纪 80 年代初期的小说创作中,女性审美意识还没有摆脱对男性社会审美意识形态的依附心理。张洁的《方舟》①的深刻之处在于,小说从女性自我意识的初步觉醒与整个社会价值标准和审美意识的依然男性化的巨大落差中,看到了女性生存处境的无奈以及女性解放之路的漫长与艰辛。小说中三位女主人公作为离过婚的女人不得不忍受无处不在的社会无意识的歧视:"在一般人眼中,离过婚的女人,都是不正经的女人。"在男性价值主导的社会文化语境中,"不正经"对女人而言无疑是最严重的判决,它意味着被判决的女人从此将成为异类,被男性社会永远放逐。而且,在这一代女性作家的潜意识深处,她们依然对传统的男性审美规范有着一种惯性般的认同和依附。王安忆的《弟兄们》②中的三个女主人公曾感叹"当今男性的畏缩与衰落",表现了对男性雌化的遗憾与失望。而这恰恰表明这些女性仍保持着传统社会对"男子汉"标准尺度的期待,在骨子里并没有彻底走出男性社会的审美范畴。更为甚者,为了在社会中争得一席之地,得到男性社会的认同,这些女性有着或多或少被"雄化"的倾向。她们在生活、工作、学习上处处以男性作为参照物,以此来定位自己的价值。而且在性生活方面,这一代女性仍未摆脱男性的潜在文化意识而认为性只是男性的专利,对她们而言,其只是女性为人妻的一种义务。

总而言之,20 世纪 80 年代初,无论是追求温婉柔顺的传统女性美,还是讴歌纯洁善良的少女美,无论是《爱,是不能忘记的》(张洁)的温馨,还是《雨,沙沙沙》(王安忆)的纯洁,或者是《哦,香雪》(铁凝)的纯真,都散发着理想主义的气息,体现了这一时期作家以讴歌人性美和人情美,追求纯洁与温情的文学审美意识。

---

① 张洁《方舟》,北京十月文艺出版社,1988 年。
② 王安忆《弟兄们》,上海文艺出版社,2013 年。

二、悲怆的以"丑"为美

如果说创作主体审美意识追求是从创作之内对作品施加影响的话,那么一个时代的文化语境的变异和迁移则是更多地从创作之外影响和制约着作品的审美倾向和艺术风格。20世纪80年代中期席卷文坛的文化寻根热潮难免不对处于这一时期的作家审美取向造成一定的冲击。在现代人的生存充满困惑、孤独、焦虑、荒诞、受虐与施虐、绝望与虚无等复杂的情绪体悟与意识体验面前,女性主义文学审美意识发生转变,它以女性的自审意识为基础,用自觉的女性眼光,以女性的立场和姿态,描写女性的生活,剖析女性独特的心理、心态,揭示其生存的困境,展示其奋斗的风采。

张抗抗曾指出,"'女性文学'有一个重要的内涵,就是不能忽视或无视女性的性心理","假若女作家不能彻底抛弃封建伦理观念残留于意识中的'性=丑'说,我们便永远无法走出女人在高喊解放的同时又紧闭闺门,追求爱情却否认性爱的怪圈"。从20世纪80年代中期到90年代初,以王安忆、铁凝、陈染、林白等为代表的女作家们打碎了张洁们所构建的禁欲的爱情理想,敢于从自然层面以女性之躯去体验感情,认识世界。她们肯定了女性欲望的合理性,抛弃了封建伦理观念残留于意识中的"性=丑"说,陈染用一种平静的口吻说,"性,从来不成为我的问题","我的问题在别处"。正是因为有着这份对女性性别的认同和坦然,在她们的笔下,女性躯体的秘密展露无遗。她们的创作已经开始进入女性在步入成熟之后的突显个性自觉意识的创作阶段,她们审美意识的触角超越了传统的社会道德层面而深入女性心灵最为隐秘也最为真实的地方——她们的性欲、潜意识以及梦想。因此其审美选择表现为诗意美的追求与开掘人性隐秘处丑陋的冷峻两种审美风格的并存,并逐步趋向私人化。通过对人物隐私的窥视,对人性中让人反胃的、悲琐的、丑陋的东西的描写,挖掘出人作为个体生命存在的更原始也更深邃的"真"来。虽然这一时期的女作家们的性别意识已经增强,但她们也只能以赤裸裸的性爱描写为手段,来颠覆男性社会的审美标准,摆脱传统文化的禁锢,因此她们的作品常常流露出无奈与悲伤。

王安忆作为第一代突破传统写作模式,大胆闯进性禁忌的雷区的作家,曾这样说过:"如果写人不写性,是不能全面表现人的,也不能写到人的核心,如果你是一个严肃的,有深度的作家,性这个问题是无法逃避的。"她的性爱小说最大的贡献是以美的笔触写了人类性的美好,性与生命力的神秘交融。她曾说过:"在中国传统文化中不可能用审美的态度对待'性'。"由于千百年来的传统文化的性蒙昧教育和压抑,能够感觉到并通过自己的口说出性是快乐的,这确实是时代的一个巨大的进步。而更让人震撼的是，王安忆在"三恋"①（《荒山之恋》《小城之恋》《锦绣谷之恋》）和《岗上的世纪》）里，让几位女主人公在性行为中掌握了主动权，对照传统文化中女性的被动地位，透露出了一种女性意识的真切觉醒。她不但将女人的性别从迷茫和混沌不清的状态中拉出来，而且将女人与男人放在同一平台上，思考和建构新的两性关系，体现她女性审美意识的成熟。

就在肯定香雪纯真、明丽、向往的同时，批评家王蒙对铁凝的《哦，香雪》又发出了这样的声音："她的香雪式的难能可贵的对善与美的追求是她的长处，但她不能老是用一种比较幼稚的方式去处理复杂得多的题材。""应该在不失赤子之心的同时，艰苦地、痛苦地去探寻社会、人生、艺术的底蕴。"批评家雷达在充分肯定了《哦，香雪》的成功之后也对铁凝的创作提出了类似的期望，希望她"在关心灵魂的同时关心大千世界的沉浮变化，在钟爱'真诚'的同时更加钟爱'真理'，树雄心，立壮志，向大手笔学习"。这些居于主流话语评判位置的声音在客观上构成了促使铁凝创作转变的力量。她开始踏上了艰难的审美抉择之途，因为"少女"终要"成熟"的。从 1986 年的《麦秸垛》②开始，一种不同于初期风格的审美选择已经比较明显地透出了这一审美嬗变的端倪。麦秸垛既是农民传统文化心理结构的一种象征又是人类原始状态下本真的生命力的象征，它作为一种全然让男性缺席，尽情张扬女性自身灵与肉的解放、自由与自我享用的崭新的审美试验，标志着铁凝的创作已经开始进入突显个体自觉意识的创作阶段。《玫瑰门》③通过"文革"中一个孩子的眼睛，深入刻画了生活的残酷和人性的丑恶。小说中并不存在女性对自我的欣赏，而是女性对自我的严峻的剖析，玫瑰门里并没有"玫瑰色"，有的是说不尽的压抑、悲哀和痛苦。玫瑰门不是通向希望之门，也不是青春的象征，玫瑰门里是一片女性性心理的世界。铁凝所完成的是对笔下女主人的自审过程，而不是自赏。她审丑，但绝不是暴露丑，而是审出丑的造成原因，表现丑的后面那在压制着或燃烧着的女性蓬蓬勃勃的生命本身的欲望和力量，或者说，铁凝在《玫瑰门》中所写出来的女性的丑陋，正是女性的扭曲挣扎和反抗。《大浴女》④对于人性的善与恶、美与丑、爱与性、情与理等方面所构成的人性各个层面的剖析都达到了惊人的广度和深度，这也显示出铁凝个性化的审美追求更趋成熟和深入。

① 王安忆《三恋 王安忆小说》，浙江文艺出版社，2001 年。
② 铁凝《铁凝作品精选》，长江文艺出版社，2001 年。
③ 铁凝《玫瑰门》，春风文艺出版社，2003 年。
④ 铁凝《大浴女》，春风文艺出版社，2010 年。

　　陈染对女性意识、性感受的描写肆无忌惮，她有意颠覆了男人的性特权，而把性看成是一种男人与女人平等共享的权利。在她看来，性只是一个男人和一个女人彼此贡献了一部分身体，一些器官。从《私人生活》①中不难看出，在两性关联中，女性不再是一个纯粹被动的客体而成为真正意义上的主体。同时，性也成为女人了解男人、了解世界、最后了解自己的方式。

　　林白将表现女性隐秘的性心理世界作为作品的中心内容。她刻意剥离了附加在性爱身上的社会的、文化的以及道德的内涵和意义，而执意使性爱变得纯粹起来，她以女性特殊复杂的生命体验为审美观照对象，从而构筑了一座座神秘又奇异的艺术殿堂。《一个人的战争》②中，幼年的多米通过与阁楼上一大堆生殖器模型的长久对视而完成了对性的初步认识。由于从少年天真的好奇心理这一独特的审美意识视角出发，性被赋予了一个全新的阐释，它不是生来就是邪恶的。而这种心态无疑动摇了几千年来男性社会的审美意识形态和道德规范的权威地位，打破了男性对性的霸权和垄断，以一种贴近人性、贴近自然的形式让女性的审美意识脱离了男性的视野，走向自我与独立。

　　此外，为了彻底避开传统的男性审美视角，这一时代的女作家们还走向了另一极端——拒斥千百年来被男性审美意识所认同的异性之恋，而大加赞美同性之爱。像陈染《私人生活》中的倪拗拗和乔之间，就有一种情爱和母爱兼容的感情。作品对女主人公的精神世界及性欲望的渲染，尤其是对她的非伦理化的同性爱的描写，在很大意义上都可算是一种离经叛道、惊世骇俗的叙事，并相应地带来了某种新颖的审美风格：大量的独白自赏、对躯体及器官的感受、纯粹精神上的白日幻想等等，显露出了女性生命体验中极为偏执的迷狂色彩。《一个人的战争》是林白"个人化写作"的范本，她把女性的成长比喻为一场看不见硝烟的战争，主人公多米在性意识的成熟过程中不断遭到男性世界的打击与伤害，最终转向了自我恋，如小说题记中所说："一个人的战争意味着一个巴掌自己拍自己，一面墙自己挡住自己，一朵花自己毁灭自己。一个人的战争意味着一个女人自己嫁给自己。"作品里直接地写出了女性感官的爱，刻画出女性对肉体的感受与迷恋，营造出了至为热烈而坦荡的个人经验世界。在陈染、林白的笔下这些被传统文化视为禁区的描写是那么的自然流畅、意象饱满、充满诗意与美感。这种对女性美的独特关怀和女性审美意识，也正是她们想传达给20世纪90年代的一份女性情怀。

---

① 陈染《私人生活 陈染最新访谈 插图本》，作家出版社，2004年。
② 林白《一个人的战争》，春风文艺出版社，2006年。

"对丑的揭露、谴责和批判,是令人愉快的",这种以美判丑而激起快感的说法,是审丑的基本原则之一。为了颠覆父权制意识形态,改写以男性为中心的历史与现实,对父权制意识形态下种种丑的性格、丑的事物进行批判就成为这一时期女性写作的又一个焦点。张洁20世纪90年代的创作,彻底反叛了她创作《爱,是不能忘记的》那一阶段古典主义的浪漫情绪,而是以犀利尖锐甚至刻薄的笔触揭露、撕破男性中心文化意识形态下某些男人人性中的虚伪与丑陋。王安忆的《叔叔的故事》①也是一篇具有鲜明的审丑意识的作品。王安忆通过对"叔叔"这个全知全能的知识分子形象的解构和对其灵魂中丑陋因素的审视,"重述"了一个"成功男人"的故事,实现了对男权理想主义和男性话语的双重颠覆,包含着对一个时代的总结与检讨。不仅日渐强化的审丑意识普遍存在于这一时期女作家的作品中,而且一种浓重的苍凉感与悲怆感也弥漫于诸如残雪的《突围表演》②、池莉的《小姐,你早! 》③等作品中,形成女性小说特有的悲剧性的美感形式。孤立无援、忐忑不安地混居在敌意包围之中,是残雪小说中几乎每一人物的处境和不可摆脱的命运;人们在不合理的社会运行机制、荒诞的生活秩序与人的文化价值追求相对立的生存状态中挣扎着,并且无奈地体验着理想的幻灭和追求的失落,这是池莉小说的一般特点。女性文学作品中无处不在的悲剧意识实则是女性写作当代命运的历史写照和真实反映。

三、商业化的"即时审美"

就在文坛还沉浸在陈染、林白等的"私语化"女性写作中时,20世纪90年代末的文坛又涌现了一批70年代后出生的年轻女作家,如卫慧、棉棉等,她们又被称为"美女作家"。她们的女性小说创作以心理独白、个人倾诉的叙事策略,以及对女性性经历和私密生活体验的无遮拦讲述,使之似乎可以名正言顺地归入陈染、林白等的"私人化写作"。但是,70后的这些女性写作中的那种对身体欲望的痴迷,比之陈染、林白等已发生了悄然的质的变化。陈染认为自己的写作更多的是一种精神上的自省与怀疑,而"美女作家"们更多的是一种对身体本能的迷恋和失控。

伍尔夫说过:"要在那些几乎没有灯光的历史长廊中去寻找,在那儿,幽暗朦胧的,忽隐忽现的,可以看见世世代代妇女的形象。"而在70后女性小说中的青

---

① 王安忆《叔叔的故事》,人民文学出版社,2006年。
② 残雪《突围表演》,上海文艺出版社,1990年。
③ 池莉《小姐 你早》,作家出版社,1999年。

春女性已不属于这一世代妇女的谱系,她们是颠覆了男性神话、意识形态神话直至女性神话之后的消费时代的宠儿。她们成长于物质极端丰富的 90 年代,市场经济大潮、实利主义精神冲走了一切历史的印迹,在她们的记忆中根本没有传统男性审美意识的霸权这一概念,因而也就不需要建立什么独立的女性审美意识。在她们那儿,"私人化'身体'已不再是政治解放的现实场所,而是成为经济开放享受的最终栖居域"。在她们眼中,生活天生就是美好的,异性之间天生就是平等的,服从内心的欲望,顺乎自己的本性,享受高度发达的物质人生,便是她们为人处世的哲学和审美追求。在"美女作家"眼中,性已褪尽了一切文化意识的因袭还原成自然的性本身,性之于她们不再含有奴役及抗争的两性内在紧张关系,而是一种必不可少的审美需求。

　　"美女作家"们大都不约而同地把目光聚焦在洋溢着消费文化气息的现代都市中,并都能站在现代都市文明的立场,对消费社会的价值观念进行深入体察,并由此书写了一大批展现消费社会人生景观的都市文本。她们对时尚有着近乎偏执的喜好,喜欢在小说里堆积层出不穷的新异时尚。时尚有时是浮光掠影式的,有时干脆构成了她们的小说本体。尤其是当酒吧作为时尚的休闲场所在消费社会异军突起,遍地开花时,她们对之表现出情有独钟的偏好,纷纷将之作为叙事背景。女作家们青睐这些都市场景,其实也不难理解,因为正是这些耀眼无比的都市意象承载着人们在消费文化时代喷涌而出的无数的物质欲望。"时代不同了,一切都不再神圣,人们心中的精神绿洲永远是海市蜃楼,真正的现实是金钱意识充斥着所有的空间。"[1] 在这个"掘金时代",张欣《爱又如何》中一贯清高孤傲的可馨"想不到自己见到一大包钱和见到初恋时的沈伟一样,脸红、心跳、额角冒汗,莫名其妙地紧张",卫慧、棉棉小说中的人物更是坦然地将"物质"当作崇拜的图腾。卫慧《上海宝贝》中的倪可们以及棉棉《糖》中的"白粉女孩"们,沉浸于对各种时尚名牌物品的追逐中,她们甚至还声言:我们都没什么理想,"不关心别人的生活,我们都有恋物癖"。

　　由此足见,在消费文化时代里,对物质欲望的追逐已经渗透到都市人的灵魂深处,而一旦这种欲求盘踞在人们心中时,那么就必然导致人们精神维度的淡化和人格尊严的丧失。事实上,在女作家们的笔下确实存在着一大批这样的都市女性,她们为了满足自己日益膨胀的物质欲望,甘愿把身体作为金钱的交换品。人们在咖啡店里优雅的讨论实施抢银行的细节,在和情人性交时用一种温柔的语气给丈夫打电话。自康德《判断力批判》发展起来的"非投入式审美"被"通过

---

[1]　张欣《掘金时代》,《你没有理由不疯》,北京出版社,1999 年,第 397 页。

欲望表达来投入到直接的体验"的所谓"即时审美"所取代,通俗地说,美感消失了,只剩下欲望满足后的快感。没有明天,没有永恒,没有诸如道德、理想、责任等使人沉重的东西,有的只是现在、瞬时性、欲望的放纵与狂欢。英国著名学者M.费瑟斯通指出:"在艺术中,与后现代主义相关的关键特征便是:艺术与日常生活之间的界限被消解了,高雅文化与大众文化之间层次分明的差异消弭了,人们沉溺于折中主义与符码之繁杂风格之中, ……对文化表面的'无深度'感到欢欣鼓舞;艺术生产者原创性特征衰微了。"

比照以卫慧和棉棉为代表的"美女作家"的创作,我们不难发现其"后现代"的症候——凸出了其中的"即时行乐"原则。她们的创作正是因其表现形式的"庸常"而迎合了"大众"那并不太高的审美目光。她们的审美追求是一种迎合、讨好男性的审美自觉,她们极为务实,把写作变成时尚,与商业联系在一起,迎合消费者的需要,女性意识在她们这里只剩下本能、欲望和感官满足。在她们的审美追求中,有趣有味,能够满足消费者需要的作品就是美的,有价值的。

综上所述,从20世纪80年代初到90年代末,新时期女性主义文学体现的审美意识经历了一个山坡形的发展轨迹,即走向一个高峰后又呈现一种回落的势态。这种现象的出现,既有社会思潮、文学思潮影响,又受文学自身发展规律的制约。女性文学审美意识的起伏涨落,事实上也证明了,一种"新"的思潮的出现及运用,并不意味着文学创作的必然进步。更何况,即使是一种真正具有创造性的思潮,其理论倡导与创作实践之间也会出现某种程度的错位。谨慎地对待每一种"新"的思潮,明辨其优劣及实际应用的种种条件,是文学家面临的一个问题。

黑格尔曾说:"审美具有令人解放的性质。"纵观新时期女性主义文学的发展,我们发现女性创作表现出审美的嬗变性、多元性,无论是对社会的剖析,对自然的描摹,还是表现爱情、婚姻、妇女命运,都透着女性丰厚、丰满的挚情,显示出独特的审美风格,女性视角从无形到有形的演变,也凸现出女性的神秘与美丽。循着新时期女作家审美意识的嬗变轨迹,可以概览时代变迁,感受女作家的奋斗追求,感悟女作家的审美情趣,窥测女作家的心灵世界,探寻女作家的创作规律。新时期女性主义文学的创作仍在继续,而与之相适应的女性文学的审美意识也将不断变化。研究新时期女性主义文学审美意识的演变,对于我们把握新时期女性文学审美特征,繁荣女性文学批评,促进女性文学发展,具有当下和长远的双重意义。